Restituição do Enriquecimento sem Causa

Restituição do Enriquecimento sem Causa

2024

Henrique Stecanella Cid

ALMEDINA

RESTITUIÇÃO DO ENRIQUECIMENTO SEM CAUSA

AUTOR: Henrique Stecanella Cid

DIRETOR ALMEDINA BRASIL: Rodrigo Mentz
EDITORA-CHEFE: Manuella Santos de Castro
EDITOR PLENO: Aurélio Cesar Nogueira
PRODUTORA EDITORIAL: Erika Alonso
ASSISTENTES EDITORIAIS: Laura Roberti, Tacila da Silva Souza e Patrícia Romero

DIAGRAMAÇÃO: Almedina
DESIGN DE CAPA: Roberta Bassanetto

ISBN: 9788584937202
Junho, 2024

Dados Internacionais de Catalogação na Publicação (CIP)
(Câmara Brasileira do Livro, SP, Brasil)

Cid, Henrique Stecanella
Restituição do enriquecimento sem causa /
Henrique Stecanella Cid. – 1. ed. – São Paulo :
Almedina, 2024.

ISBN 978-85-8493-720-2

1. Código civil – Brasil 2. Direito civil –
Brasil I. Título.

24-201589 CDU-347(81) (094.4)

Índices para catálogo sistemático:

1. Brasil : Código civil 347(81) (094.4)

Aline Graziele Benitez – Bibliotecária – CRB-1/3129

Coleção IDiP
Coordenador Científico: *Francisco Paulo De Crescenzo Marino*

Este livro segue as regras do novo Acordo Ortográfico da Língua Portuguesa (1990).

EDITORA: Almedina Brasil
Rua José Maria Lisboa, 860, Conj.131 e 132, Jardim Paulista | 01423-001 São Paulo | Brasil
editora@almedina.com.br
www.almedina.com.br

AGRADECIMENTOS

Gostaria de agradecer, primeiramente, à Universidade de São Paulo pelo acolhimento nos cursos de graduação e pós-graduação em direito, bem como ao Professor Cristiano de Sousa Zanetti pela confiança e orientação do presente trabalho.

Agradeço à Professora Catarina Monteiro Pires e aos Professores Giovanni Ettore Nanni e Francisco Paulo De Crescenzo Marino pelas valiosas observações durante a banca examinadora.

Sou igualmente grato pelas sugestões dos Professores Francisco Paulo De Crescenzo Marino e José Fernando Simão, no exame de qualificação, que muito contribuíram para o desenvolvimento da pesquisa.

À Professora Renata C. Steiner agradeço a oportunidade de expor as ideias deste trabalho em seu curso de pós-graduação, quando minha pesquisa ainda se encontrava em estágio inicial de desenvolvimento.

Sou grato, ainda, ao amigo Bruno Panarella pela leitura e discussão do projeto submetido ao exame de qualificação, bem como aos amigos Maria Beatriz Rizzo Delamuta, Beatriz Uchôas Chagas e André Luiz Pignatari Filho pelo debate sobre os resultados da pesquisa.

Agradeço, por fim, aos meus pais, Isabel e Paulo, pelo suporte que sempre me ofereceram e, em especial, à minha esposa Natalie, pela cuidadosa leitura do texto e por todo o apoio durante sua elaboração.

NOTA DO AUTOR

O presente trabalho, originalmente apresentado como dissertação de mestrado no programa de pós-graduação em direito civil da Faculdade de Direito da Universidade de São Paulo, investiga o sentido, o âmbito de aplicação e as consequências jurídicas da regra geral subsidiária de enriquecimento sem causa prevista no art. 884, *caput*, do Código Civil. Para esse fim, o primeiro capítulo ocupa-se do sentido do instituto, tanto em seu desenvolvimento histórico quanto no direito comparado. No segundo capítulo, busca-se precisar a disciplina dedicada ao enriquecimento sem causa no direito nacional. Identificados os problemas relacionados à matéria, em particular à aplicação do enriquecimento sem causa como princípio, o estudo passa a analisar os limites à incidência da regra geral subsidiária prevista no art. 884, *caput*, do Código Civil. No terceiro capítulo, são investigados os pressupostos necessários à sua incidência. No quarto capítulo, são expostos os tipos de enriquecimento sem causa sujeitos à regra geral, com especial destaque para o enriquecimento por intervenção. No quinto capítulo, por fim, são delineados os contornos da obrigação de restituir.

PREFÁCIO

No âmbito do direito privado, poucas figuras são invocadas com tanta frequência como o enriquecimento sem causa. Nesse sentido, o enriquecimento sem causa é amiúde tratado como se fosse um critério de fixação de indenização de dano material ou de compensação por dano moral. Não raro, a figura também é empregada para justificar a redução de cláusula penal. O enriquecimento sem causa chega até mesmo a ser considerado como instrumento apropriado para promover a revisão contratual. A partir desse uso difuso, defende-se, inclusive, que o enriquecimento sem causa seja um princípio do ordenamento jurídico brasileiro.

O recorrente emprego da figura contrasta, contudo, com seu rigor dogmático e, por isso, não resiste ao escrutínio a que lhe submete Henrique Stecanella Cid.

Depois de se ocupar de seus antecedentes no direito romano e da maneira como a figura foi construída na França, Itália e Alemanha, o autor refuta a caracterização do enriquecimento sem causa como princípio e passa a discorrer sobre os seus pressupostos, a saber, o enriquecimento, a falta de causa, a obtenção de vantagem à custa de outrem e o caráter subsidiário da figura.

Na sequência, o autor cuida dos tipos de enriquecimento sem causa, quais sejam, o enriquecimento por intervenção, o enriquecimento por prestação e o enriquecimento forçado.

Por fim, o autor aborda a obrigação de restituição oriunda do enriquecimento sem causa, cujo caráter objetivo ressalta.

Nesse percurso, o autor demonstra que a precisão conceitual é a melhor maneira para assegurar que o enriquecimento sem causa desempenhe o papel que lhe é reservado pelo ordenamento jurídico brasileiro.

Os argumentos do autor impressionaram a banca que examinou a versão original do trabalho, apresentado como dissertação de mestrado junto à Faculdade de Direito da Universidade de São Paulo.

À altura, a Professora Catarina Monteiro Pires, da Universidade de Lisboa, o Professor Giovanni Ettore Nanni, da Pontifícia Universidade Católica de São Paulo, e o Professor Francisco Paulo De Crescenzo Marino, da Universidade de São Paulo, aprovaram o trabalho com louvor e recomendaram sua publicação, ora concretizada por meio da prestigiosa editora Almedina.

Ao contribuir à definição dos contornos de uma figura tão importante, o autor se credencia como jurista, cujo papel, por mais tempo do que se possa contar, consiste em qualificar de maneira ordenada e coerente os comportamentos humanos, a partir das balizas que lhe são impostas pelo texto legal.

Por tudo isso, a obra de Henrique Stecanella Cid merece um lugar na biblioteca de todo estudioso do direito brasileiro.

São Paulo, 25 de abril de 2024

CRISTIANO DE SOUSA ZANETTI
Professor da Faculdade de Direito da USP

SUMÁRIO

INTRODUÇÃO

O presente trabalho tem por objeto a análise do sentido, do âmbito de aplicação e das consequências jurídicas da regra geral subsidiária de enriquecimento sem causa prevista no art. 884, *caput*, do Código Civil.[1]

Em direito privado, o termo *causa* reveste-se de sentidos variados. Pode, por exemplo, ser compreendido como causa motivo, ou impulsiva, e é assim que se faz presente no art. 166, III, do Código Civil, segundo o qual é nulo o negócio jurídico cujo motivo determinante é ilícito.[2] Pode, igualmente, ser tomado como função típica do negócio jurídico ou como a razão prática concretizada no regramento do negócio jurídico.[3] Assim

[1] "Art. 884. Aquele que, sem justa causa, se enriquecer à custa de outrem, será obrigado a restituir o indevidamente auferido, feita a atualização dos valores monetários. Parágrafo único. Se o enriquecimento tiver por objeto coisa determinada, quem a recebeu é obrigado a restituí-la, e, se a coisa não mais subsistir, a restituição se fará pelo valor do bem na época em que foi exigido."

[2] Cf. Junqueira de Azevedo, Antonio. *Negócio jurídico: existência, validade e eficácia*. 4ª ed., São Paulo: Saraiva, 2008, p. 153.

[3] Tomado nesse sentido, nas palavras de Betti, "em cada negócio, analisado no seu conteúdo, pode-se distinguir logicamente uma regulação de interesses nas relações privadas e, concretizada nela – quando, como é normal, não tenha sido eliminada – uma razão prática típica a ela imanente, uma 'causa', um interesse social objetivo e socialmente controlável, ao qual deve corresponder". Tradução do original, assim redigido em língua italiana: "In ogni negozio, analizzato nel suo contenuto, si può distinguere logicamente un regolamento d'interessi nei rapporti privati e, concretata in esso – quando, com'è normale, non ne sia stata stralciata – una ragione pratica tipica ad esso immanente, una 'causa', un interesse sociale oggettivo e socialmente controllabile, cui esso deve rispondere" (Betti, Emilio. *Teoria generale del negozio giuridico*. Reimp. da 2ª ed., Nápoles: Edizioni Scientifiche Italiane, 2002, pp. 171-172).

compreendida, a causa é sobretudo critério de qualificação do negócio jurídico.[4]

No que diz respeito ao enriquecimento sem causa, o sentido do termo é ainda outro. Refere-se, inicialmente, à noção de causa da prestação. Nessa acepção, a causa é o fundamento jurídico de uma atribuição patrimonial.[5] Corresponde, em regra,[6] à existência de vínculo obrigacional a

[4] PAIS DE VASCONCELOS, Pedro. *Contratos atípicos*. 2ª ed., Coimbra: Almedina, 2009, p. 130. Nesse sentido, denominado objetivo, interessam ao tema da causa as noções de função econômico-social típica, ou abstrata, e de fim individual, ou concreto, do negócio jurídico (cf. MARINO, Francisco Paulo De Crescenzo. *Interpretação do negócio jurídico*. São Paulo: Saraiva, 2011, pp. 120-126).

[5] Nas palavras de Werner Flume, "todas as atribuições jurídico-negociais demandam um fundamento jurídico, uma causa, por meio da qual a atribuição se justifique como atribuição na relação das partes do negócio jurídico. A atribuição jurídico-negocial pode obter seu sentido através de uma regra negocial ou legal. Tomemos como paradigma de negócio de atribuição a transmissão da propriedade. A transmissão da propriedade demanda um fundamento jurídico por meio do qual se justifique que, em lugar do transmitente, o adquirente deva ser o proprietário. A transmissão da propriedade não acontece por si mesma. O fundamento jurídico pode ser uma regra negocial, de modo que, por exemplo, o transmitente tenha vendido a coisa ao adquirente, ou então uma regra legal, de modo que o transmitente, por força de lei, esteja obrigado a transmitir a propriedade ao adquirente. O conceito de causa pode assim ser definido como o fundamento por meio do qual o negócio de atribuição se justifica como jurídico, seja imediatamente através da lei, seja por meio de um negócio jurídico reconhecido pela ordem jurídica". Tradução do original, assim redigido em língua alemã: "Alle rechtsgeschäftlichen Zuwendungen bedürfen eines Rechtsgrundes, einer causa, durch welche die Zuwendung als Zuwendung im Verhältnis der Partner des Rechtsgeschäfts gerechtfertigt wird. Die rechtsgeschäftliche Zuwendung kann ihren Sinn erhalten durch eine rechtsgeschäftliche oder eine gesetzliche Regelung. Nehmen wir als Paradigma des Zuwendungsgeschäfts die Eigentumsübertragung. Die Eigentumsübertragung bedarf eines Rechtsgrundes, durch welchen es gerechtfertigt wird, daß anstelle des Übertragenden der Erwerber Eigentümer sein soll. Die Eigentumsübertragung erfolgt nicht um ihrer selbst willen. Der Rechtsgrund kann eine rechtsgeschäftliche Regelung sein, indem z. B. der das Eigentum Übertragende kraft Gesetzes dem Erwerber zur Übertragung des Eigentums verpflichtet ist. Der Begriff der causa ist hiernach dahin zu bestimmen, daß die causa der Grund ist, welcher beim Zuwendungsgeschäft die Zuwendung als Rechtens rechtfertigt, gleich ob diese Rechtfertigung unmittelbar durch das Gesetz oder durch ein von der Rechtsordnung anerkanntes Rechtsgeschäft begründet wird" (FLUME, Werner. *Allgemeiner Teil des Bürgerlichen Rechts*, vol. II: *das Rechtsgeschäft*. 4ª ed., Berlim: Springer-Verlag, 1992, pp. 152-153).

justificar juridicamente dada prestação.[7] Se inexiste obrigação a justificar a prestação, sua retenção pelo receptor é *sem causa* e a lei determina a restituição. A essa pretensão restitutória os romanos denominaram *condictio indebiti*, figura que foi recepcionada em nosso sistema jurídico sob o nome de pagamento indevido e que, historicamente, consiste na principal hipótese de enriquecimento sem causa.

Em virtude da expansão da tutela restitutória para além das hipóteses de recebimento de uma prestação sem causa, outros ordenamentos preferiram a expressão enriquecimento injustificado, a qual se mostra mais adequada a explicar hipóteses nas quais o enriquecimento não se dá por um ato do empobrecido. Nomeadamente, se o enriquecimento não decorre de uma prestação, não há sentido em investigar a existência de vínculo obrigacional a servir-lhe de causa. Não há, em suma, atribuição patrimonial. Daí que, como observa Pontes de Miranda, "enriquecimento injustificado" seja "expressão mais larga do que enriquecimento sem causa".[8]

[6] Exceção feita à denominada *datio ob rem*, hipótese em que a causa da prestação é final, isto é, não reside na existência de obrigação, conforme se analisará ao longo do trabalho. Nas palavras de Flume, "tradicionalmente, distingue-se nos negócios abstratos de atribuição, conforme o conteúdo da causa, numa tripartição, as causas *credendi, solvendi* e *donandi*, isto é, os fundamentos jurídicos da constituição ou do cumprimento de uma pretensão e o fundamento jurídico da doação. Essa classificação segundo o conteúdo da causa não é taxativa. Não inclui especialmente a *datio ob rem* ou *ob causam*". Tradução do original, assim redigido em língua alemã: "Traditionsgemäß unterscheidet man bei den abstrakten Zuwendungsgeschäften hinsichtlich des Inhalts der causa in einer Dreiteilung die causa credendi, solvendi und donandi, d. h. die Rechtsgründe der Begründung oder Erfüllung einer Forderung und den Rechtsgrund der Schenkung. Diese Gliederung nach dem Inhalt der causa ist nicht erschöpfend. Insbesondere fügt sich ihr nicht ein die datio ob rem oder ob causam" (FLUME, Werner. *Allgemeiner Teil des Bürgerlichen Rechts*, vol. II: *das Rechtsgeschäft*, cit., pp. 154-155). Também na hipótese de ilicitude do fim visado pelo receptor (*ob turpem causam*), prevista no art. 883 do Código Civil, a falta de causa não consiste na inexistência de obrigação.

[7] PENTEADO, Luciano de Camargo. *Doação com encargo e causa contratual*. 2ª ed., São Paulo: Revista dos Tribunais, 2013, p. 41.

[8] PONTES DE MIRANDA, Francisco Cavalcanti. *Tratado de direito privado*, tomo XXVI. 3ª ed., São Paulo: Revista dos Tribunais, 1984, p. 120.

Principal exemplo da adoção da expressão encontra-se no código civil alemão, o *Bürgerliches Gesetzbuch* (BGB), de 1900, cujo título 26 da parte especial do direito das obrigações, composto pelos §§ 812 a 822, denomina-se *ungerechtfertigte Bereicherung*, isto é, enriquecimento injustificado. No mesmo sentido, no código civil francês, o capítulo III do subtítulo dedicado às outras fontes de obrigações, formado pelos arts. 1.303 a 1.303-4, introduzidos por ocasião da reforma do direito das obrigações, em 2016, denomina-se *l'enrichissement injustifié*.

No Código Civil brasileiro de 1916, diversamente do BGB, que em seu § 812 I 1 dedicou uma regra geral à disciplina do instituto, o tratamento legal da matéria concentrou-se no regime do pagamento indevido. Apenas com o advento do art. 884, *caput*, no Código Civil de 2002, o direito positivo brasileiro conheceu uma regra geral subsidiária destinada a ocupar-se de todas as hipóteses de enriquecimento injustificado não disciplinadas de maneira específica na legislação.

Embora a regra geral não se dirija à hipótese de pagamento indevido, que continuou a gozar de disciplina legal específica entre os arts. 876 e 883 do Código Civil, o legislador não empregou, no art. 884, *caput*, a expressão mais correta enriquecimento injustificado, mas optou pela expressão tradicional enriquecimento sem causa. Por essa razão, é necessário reconhecer ao termo *causa*, no art. 884, *caput*, do Código Civil, sentido mais largo do que o de causa de atribuição patrimonial, pertinente ao pagamento indevido. Causa, no art. 884, *caput*, do Código Civil, deve ser compreendida como a justificação ou fundamento jurídico para a retenção, pelo enriquecido, daquilo com que, seja por ato do empobrecido, seja por ato próprio, se enriqueceu. A noção de causa será mais bem precisada no terceiro capítulo.

Ainda no que se refere à terminologia, cumpre desde logo destacar que o enriquecimento sem causa não possui qualquer relação com ilicitude. Como evidencia a noção de causa enunciada acima, ao desencadear consequências jurídicas para a hipótese de inexistência de fundamento jurídico para retenção de dado enriquecimento, o instituto não tem em mira eventual licitude do fato que desencadeou tal enriquecimento, mas a alocação dos bens segundo a ordem jurídica. Por essa razão, no estudo do art. 884, *caput*, do Código Civil, deve-se descartar a expressão enriquecimento ilícito.

Isso não significa que o fato gerador do enriquecimento não possa simultaneamente caracterizar ato ilícito, no sentido do art. 186 do Código Civil. Devido, porém, à subsidiariedade do enriquecimento sem causa, expressamente prevista no art. 886 do Código Civil,[9] sempre que caracterizado ato ilícito, a tutela restitutória deverá ceder lugar à tutela indenizatória. Pense-se, por exemplo, no consumo de coisa alheia. Aquele que, sem autorização, consome algo que pertença a outrem, usurpa faculdade que a ordem jurídica destina com exclusividade ao proprietário da coisa consumida e, por esse modo, enriquece-se sem causa à sua custa. Ao mesmo tempo, porém, em virtude do consumo da coisa, o enriquecido provoca um dano ao proprietário e fica obrigado a indenizar-lhe o valor da coisa. Em semelhante hipótese, em razão da subsidiariedade do enriquecimento sem causa, o proprietário deve se valer da tutela indenizatória.

Se a caracterização de ato ilícito afasta a incidência do art. 884, *caput*, do Código Civil, é forçoso concluir que a ilicitude não é relevante ao preenchimento do suporte fático do enriquecimento sem causa. Tal irrelevância é ainda mais evidente nas hipóteses em que o enriquecimento sem causa resulte de um ato do próprio empobrecido.

Feitas essas observações, o presente estudo não utilizará nem a expressão enriquecimento injustificado, embora mais precisa, nem enriquecimento ilícito, pois equivocada. Por se tratar da expressão empregada na lei, o texto se referirá ao instituto como enriquecimento sem causa e ao art. 884, *caput*, do Código Civil, como regra geral subsidiária de enriquecimento sem causa.

O presente estudo não tem por objetivo realizar uma análise global do instituto do enriquecimento sem causa no direito brasileiro. O caráter subsidiário da regra geral, expresso no art. 886 do Código Civil, desde logo evidencia que a norma não disciplina toda a matéria, mas, tão somente, aquelas hipóteses que não foram previstas de maneira específica pelo legislador em outras disposições, também dedicadas a hipóteses de enriquecimento sem causa e, em sua maioria, reproduzidas do Código anterior, a exemplo da disciplina do pagamento indevido.

[9] "Art. 886. Não caberá a restituição por enriquecimento, se a lei conferir ao lesado outros meios para se ressarcir do prejuízo sofrido."

A aplicação que o enriquecimento sem causa encontra na prática jurídica brasileira impõe, porém, alguma dificuldade à adequada compreensão do instituto.

No Brasil, doutrina e jurisprudência consolidaram-se no sentido de que o enriquecimento sem causa tem caráter dúplice, de modo a atuar não apenas como fonte de obrigação restitutória, como exposto até aqui, mas também como princípio.[10] Parte da doutrina questiona-lhe inclusive o papel de fonte de obrigação.[11]

[10] Nesse sentido, em recente monografia sobre o tema, afirma-se que "é justamente pelo teor enxuto e pelos poucos requisitos estabelecidos pelo artigo 884 do Código Civil que a norma acaba adquirindo âmbito de incidência extenso, possuindo, ao mesmo tempo, função de regra e princípio" (Moraes, Renato Duarte Franco de. *Enriquecimento sem causa e o enriquecimento por intervenção.* São Paulo: Almedina, 2021, p. 193). De modo semelhante, em comentário ao art. 884 do Código Civil, sustenta-se que o enriquecimento sem causa "(i) atua como princípio, que serve tanto como fundamento quanto como critério interpretativo para diversas regras que tratam de aspectos específicos de institutos de direito privado e mesmo, em diversos casos, para regras de direito público; e (ii) como fonte obrigacional autônoma, figurando ao lado dos negócios jurídicos, especialmente os contratos, e da responsabilidade civil, subjetiva (ato ilícito) ou objetiva" (Melo, Diogo Leonardo Machado de. *Comentários ao Código Civil: Direito privado contemporâneo.* Coord. Giovanni Ettore Nanni, São Paulo: Saraiva, 2019, p. 1247). Em importante monografia sobre o tema, afirma-se que o tratamento do enriquecimento sem causa como fonte obrigacional "não é suficiente para definir o amplo espectro em que o tema em estudo atua". Designadamente, "qualquer relação jurídica obrigacional pode fazer uso do enriquecimento sem causa como um corretivo principiológico, ou seja, um elemento com força normativa para purgar os desequilíbrios e as desproporcionalidades, cuja aplicabilidade é espraiada, em princípio, de forma ilimitada, desde que não contrarie a lei" (Nanni, Giovanni Ettore. *Enriquecimento sem causa.* 3ª ed., São Paulo: Saraiva, 2012, p. 193). De modo semelhante, sustenta-se que "o art. 884 do Código Civil é uma cláusula geral, instrumento de atuação judicial para todos os casos de enriquecimento sem causa. Porém, quando não for possível a propositura da ação e do uso da cláusula geral, nem por isso deixa o preceito de funcionar como expressão do princípio de que ninguém deve se beneficiar à custa de outro, aplicável para todas as situações em que tal se verificar, ainda que não se trate de ação de enriquecimento" (Aguiar Júnior, Ruy Rosado de. *Comentários ao novo Código Civil,* vol. VI, tomo II. Coord. Sálvio de Figueiredo Teixeira, Rio de Janeiro: Forense, 2011, pp. 170-171). Em edição atualizada de tradicional manual de direito civil, consta que o enriquecimento sem causa "se traduz de duas maneiras: a) como princípio que, na jurisprudência, recebia atuação até superior às normas legais; b) como fonte da obrigação de restituir o que foi indevidamente objeto de locupletamento" (Pereira, Caio Mário da Silva. *Instituições*

Tomado o enriquecimento sem causa como princípio, não são poucas as decisões judiciais que afirmam fixar indenização sem "gerar enriquecimento ilícito",[12] que reduzem a cláusula penal estipulada pelos contratantes "sob pena de afronta ao princípio da vedação do enriquecimento sem causa",[13] que reduzem o valor de astreintes "a fim de evitar possível enriquecimento sem causa do credor"[14] ou que procedem a revisão do pactuado "para preservar os princípios da proibição do enriquecimento sem causa, da boa-fé objetiva e da função social do contrato".[15]

Em matéria de correção monetária, de modo semelhante, a jurisprudência tornou-se pacífica no sentido de que a atualização "não constitui um *plus*, sendo somente a reposição do valor real da moeda, devendo,

de direito civil, vol. II. 24ª ed. atual. por Guilherme Calmon Nogueira da Gama, Rio de Janeiro: Forense, 2010, p. 276). Na melhor doutrina, afirma-se que "o enriquecimento sem causa (ou como princípio ou como figura, arts. 884 a 886)" corresponde "à manutenção da ideia do preço justo" (JUNQUEIRA DE AZEVEDO, Antonio. *Contrato de opção de venda (put option) de ações. Conflito entre o critério de determinação do valor das ações e o piso mínimo estipulado para transferência. Interpretação do conceito de preço justo. A boa-fé e os usos, visando evitar o enriquecimento sem causa.* In: Novos estudos e pareceres de direito privado. São Paulo: Saraiva, 2009, p. 278). Apesar de tal concepção revelar-se generalizada, parte dos autores reconhece que "a ampliação exagerada da abrangência do princípio, assim como seu posicionamento como norma constitucional, não vem desacompanhada de um certo esvaziamento de seu conteúdo e uma maior imprecisão em seus termos, o que acarreta um aumento da insegurança jurídica" (KONDER, Carlos Nelson. *Enriquecimento sem causa e pagamento indevido.* In: Obrigações: estudos na perspectiva civil-constitucional, coord. Gustavo Tepedino, Rio de Janeiro: Renovar, 2005, p. 377).

[11] "O enriquecimento sem causa representa justamente a ausência de fonte obrigacional. O dever de restituição nasce precisamente do fato de que alguém recebeu benefício patrimonial de outra pessoa, sem que se possa identificar a fonte obrigacional. A prestação se deu sem título jurídico, sem causa. O enriquecimento sem causa não se enquadra, por isso, entre as fontes obrigacionais; é antes o resultado da ausência de qualquer fonte. Em todo o caso, a discussão é de fundo e não altera a eficácia do princípio de proibição do enriquecimento sem causa, positivado nos arts. 884 a 886 do Código Civil" (TEPEDINO, Gustavo; SCHREIBER, Anderson. *Fundamentos do direito civil*, vol. 2: *obrigações*. 2ª ed., Rio de Janeiro: Forense, 2021, p. 6).

[12] STJ, AgInt no AREsp n.º 1.352.950-MG, 3ª Turma, rel. Min. Ricardo Villas Bôas Cueva, j. 25.03.2019.

[13] STJ, REsp 1.212.159-SP, 3ª Turma, rel. Min. Paulo de Tarso Sanseverino, j. 19.6.2012.

[14] STJ, REsp n.º 1.528.070-SP, 3ª Turma, rel. Min. Nancy Andrighi, j. 13.11.2018.

[15] STJ, REsp 1.158.815-RJ, rel. Min. Paulo de Tarso Sanseverino, j. 07.02.2012.

portanto, ser aplicada, integralmente, sob pena de enriquecimento sem causa de uma das partes".[16]

Os exemplos de aplicação do enriquecimento sem causa como princípio são inúmeros. De acordo com a doutrina, tais soluções explicam-se pelo fato de o enriquecimento sem causa ser "princípio informador de todo o direito brasileiro, de larga amplitude, com efeitos em qualquer relação jurídica obrigacional".[17]

Fundamento para tanto é buscado em ponderações de equidade e até mesmo na Constituição Federal. Em trabalho a propósito do tema, lê-se, por exemplo, que "a Constituição de 1988, ao consignar, como fundamentos do Estado, princípios até então reputados implícitos, vem suscitando exegeses cada vez mais pautadas pela equidade, a dignidade da pessoa humana e, em última instância, a justiça social. Dentre tais exegeses, parece inserir-se a ideia de que se deve restituir aquilo com que alguém se enriqueceu sem uma razão justa, sendo considerada irrelevante a procedência legal ou contratual desta razão".[18]

A procedência legal ou contratual de dado enriquecimento corresponde precisamente à sua causa. Em princípio, considerar tal procedência como irrelevante é contrário à própria razão de ser do instituto.

A ideia não é nova. Como será exposto no curso do trabalho, por ocasião do julgamento do caso Boudier, em 1892, a Corte de Cassação francesa recorreu à equidade para elencar apenas dois pressupostos à denominada ação *de in rem verso*: o enriquecimento de uma parte e o empobrecimento da outra. Sob esse fundamento, acolheu-se ação ajuizada contra terceiro indiretamente beneficiado por prestação feita a contratante inadimplente. Embora tenha sido objeto de crítica,[19] a decisão

[16] STJ, REsp n.º 1.786.183/SP, 2ª Turma, rel. Min. Herman Benjamin, j. 26.02.2019.

[17] Nanni, Giovanni Ettore. *Enriquecimento sem causa*, cit., p. 215.

[18] Negreiros, Teresa. *Enriquecimento sem causa: aspectos de sua aplicação no Brasil como um princípio geral de direito*. In: Revista da Ordem dos Advogados, Lisboa, vol. 55, n. 3, dez/1995, pp. 841-842.

[19] Como anota Valle Ferreira, em monografia de 1950, "logo depois das primeiras decisões contrárias ao locupletamento, proferidas pelos Tribunais franceses no fim do século passado, a ação de enriquecimento foi considerada qual nova panacéia, capaz de remover todos os males, e nesta qualidade apareceu frequentemente invocada, sempre que os casos concretos não se enquadravam nos tipos que a lei descrevia. Todos os autores levam

é ainda hoje referida em diversas obras pertinentes ao tema como caso paradigmático de enriquecimento sem causa.[20]

Em todas as hipóteses referidas acima, o fundamento para invocação do enriquecimento sem causa como princípio é pouco claro.

Parte dessas hipóteses, como a redução da cláusula penal, a onerosidade excessiva e a determinação da extensão da indenização, goza de disciplina legal específica em disposições como as dos arts. 413, 478 a 480 e 944 do Código Civil. Tal circunstância torna não apenas metodologicamente inadequado o recurso a uma solução principiológica, mas contraria o art. 4º da Lei de Introdução às Normas do Direito Brasileiro.[21]

Noutras situações, as soluções buscadas na vedação ao enriquecimento sem causa contrariam diretamente disposições legais expressas, a exemplo da imposição de correção monetária em detrimento do princípio nominalista, previsto no art. 315 do Código Civil,[22] ou anteriormente

semelhante exagero à conta da conhecida decisão, dada em 1892 pela Côrte francesa, cuja fórmula proclamava a existência autônoma da ação, bastando para o exercício desta que o prejudicado demonstrasse a ocorrência, apenas, de dois elementos puramente materiais: o enriquecimento e o empobrecimento" (VALLE FERREIRA, José G. do. *Enriquecimento sem causa*. Belo Horizonte: Livraria Oscar Nicolai, 1950, p. 163). No mesmo sentido: NORONHA, Fernando. *Enriquecimento sem causa*. In: Doutrinas essenciais Obrigações e Contratos, vol. 1, junho/2011, pp. 1085-1122, consultado em www.revistadostribunais.com.br.

[20] Assim: MELLO, Diogo Leonardo Machado de. *Comentários ao Código Civil: Direito privado contemporâneo*, cit., pp. 1249-1250; BDINE JR., Hamid Charaf. *Código Civil comentado*. 12ª ed., coord. Cezar Peluso, Barueri: Manole, 2018, pp. 872-873; Venosa, Sílvio de Salvo. *Direito civil*, vol. II. 13ª ed., São Paulo: Atlas, 2013, p. 223; BARROS MONTEIRO, Washington de. *Curso de direito civil*, vol. 5. 37ª ed., atual. por Carlos Alberto Dabus Maluf e Regina Beatriz Tavares da Silva, São Paulo: Saraiva, 2010, pp. 546-547; MICHELON JR., Cláudio. *Direito restituitório: Enriquecimento sem causa, pagamento indevido e gestão de negócios*. In: Biblioteca de direito civil, vol. 8, coord. Miguel Reale e Judith Martins-Costa, São Paulo: Revista dos Tribunais, 2007, pp. 207, 216, 225; RODRIGUES, Silvio. *Direito civil*, vol. 3. 28ª ed., São Paulo: Saraiva, 2002, p. 422.

[21] "Art. 4º. Quando a lei for omissa, o juiz decidirá o caso de acordo com a analogia, os costumes e os princípios gerais de direito."

[22] "Art. 315. As dívidas em dinheiro deverão ser pagas no vencimento, em moeda corrente e pelo valor nominal, salvo o disposto nos artigos subsequentes."

à constituição do devedor em mora, em violação ao art. 395, *caput*, do Código Civil.[23]

Nesse cenário, é inevitável que se coloque a pergunta sobre se é adequado o modo com que o enriquecimento sem causa vem sendo empregado na prática jurídica nacional. Daí se segue pergunta mais ampla, sobre qual o efetivo alcance do art. 884, *caput*, do Código Civil.

Para respondê-las, o presente trabalho incialmente se ocupará do sentido do instituto, seja em seu desenvolvimento histórico, seja no direito comparado. O objetivo desse primeiro capítulo é obter a pré-compreensão necessária à análise do texto legislativo brasileiro. No segundo capítulo, o trabalho buscará precisar a disciplina dedicada ao enriquecimento sem causa no direito nacional. Uma vez identificados os problemas relacionados à aplicação do enriquecimento sem causa como princípio, o estudo buscará precisar os limites à incidência da regra geral subsidiária prevista no art. 884, *caput*, do Código Civil. Para esse fim, no terceiro capítulo, serão investigados os pressupostos necessários à sua incidência. No quarto capítulo, serão expostos os tipos de enriquecimento sem causa efetivamente sujeitos à regra geral. No quinto capítulo, por fim, serão delineados os contornos da obrigação de restituir.

O método empregado no estudo do tema combina a pesquisa jurisprudencial e doutrinária. Dado o elevado número de julgados que fazem menção ao enriquecimento sem causa, revela-se impraticável a análise de todas as decisões relacionadas ao tema, ainda que apenas no âmbito do Superior Tribunal de Justiça. As decisões referidas no curso do trabalho constituem, portanto, mera amostragem da aplicação da figura pelos tribunais. A pesquisa doutrinária, a seu turno, vale-se tanto de fontes brasileiras quanto de fontes europeias. Dentre estas, são referidas em maior número obras publicadas a propósito dos direitos português e alemão.

[23] "Art. 395. Responde o devedor pelos prejuízos a que sua mora der causa, mais juros, atualização dos valores monetários segundo índices oficiais regularmente estabelecidos, e honorários de advogado."

1.
PRÉ-COMPREENSÃO DO INSTITUTO

O sentido do enriquecimento sem causa revela-se de maneira mais clara ao se atentar a seu desenvolvimento e à função que exerce em outras ordens jurídicas. Por essa razão, antes de se adentrar o estudo do art. 884, *caput*, do Código Civil, convém passar os olhos sobre as bases histórica e comparada do instituto. Como bem observa a doutrina portuguesa, o que se visa, nesta primeira parte do trabalho, é estabelecer "uma pré-compreensão que terá de ser tomada em conta na interpretação dessa norma".[24]

Neste capítulo, para além da *condictio* e da *actio de in rem verso* romanas, merecem destaque figuras do direito comum que culminaram, em França e Itália, no desenvolvimento da ação *de in rem verso* como ação geral de enriquecimento. Em contraposição a este modelo, aqui denominado franco-italiano, serão expostas as particularidades do sistema das *Kondiktionen* do direito alemão.

A delimitação do estudo comparado justifica-se precisamente pela identificação de dois grandes modelos de enriquecimento sem causa a influenciar o direito brasileiro: de um lado, o modelo franco-italiano, marcado por juízos de equidade e amplamente acolhido em nossa doutrina; de outro, o modelo alemão, fundamentalmente dogmático. Como se verá adiante, embora não o admita na exposição de motivos, os pressupostos previstos pelo legislador brasileiro no art. 884, *caput*, do Código Civil mais se aproximam daqueles da regra geral do § 812 I 1 do BGB.

A exposição aqui proposta dar-se-á, assim, apenas na medida necessária à melhor compreensão do instituto no direito brasileiro. Por essa

[24] Menezes Leitão, Luís Manuel Teles de. *O enriquecimento sem causa no direito civil*. Coimbra: Almedina, 2005, p. 50.

razão, não serão abordadas disposições presentes nos instrumentos internacionais de uniformização do direito privado, tampouco peculiaridades dos sistemas da *common law*. Embora o trabalho frequentemente recorra a fontes doutrinárias portuguesas, também não será abordada a disciplina da matéria em Portugal, que em, em alguma medida, assemelha-se à do direito alemão.

Estudos histórico e comparado aprofundados podem ser encontrados nas obras de António Menezes Leitão[25] e Peter Schlechtriem.[26]

1.1. Antecedentes históricos

Como observa Zimmermman, pode parecer irônico que a origem do enriquecimento sem causa, instituto tão frequentemente tomado como área nebulosa do direito das obrigações, remonte às *actiones stricti iuris* do direito romano.[27]

De fato, é a *condictio* romana que introduz a noção de falta de causa de retenção, cerne do instituto. Suas semelhanças com o enriquecimento sem causa contemporâneo tendem, porém, a limitar-se ao suporte fático das hipóteses de enriquecimento originado de uma prestação do empobrecido. Principal exemplo é a *condictio indebiti*, recepcionada entre nós sob o nome de pagamento indevido.

Por sua vez, a ação *de in rem verso* acolhida pela jurisprudência francesa como ação geral de enriquecimento não corresponde àquela criada pelo pretor romano. Tampouco a *actio de in rem verso* romana tem por pressuposto a falta de causa, que é característica à *condictio*. Na realidade, o desenvolvimento das figuras restitutórias é gradual e a obrigação que originam nem sempre limitada por um enriquecimento patrimonial efetivo.[28]

[25] MENEZES LEITÃO, Luís Manuel Teles de. *O enriquecimento sem causa no direito civil*, cit., pp. 59-438.

[26] SCHLECHTRIEM, Peter. *Restitution und Bereicherungsausgleich in Europa*, vol. I. Tübingen: Mohr Siebeck, 2000; SCHLECHTRIEM, Peter. *Restitution und Bereicherungsausgleich in Europa*, vol. II. Tübingen: Mohr Siebeck, 2001.

[27] ZIMMERMANN, Reinhard. *The law of obligations: Roman foundations of the civilian tradition*. Oxford: Oxford University Press, 1996, p. 835.

[28] ZIMMERMANN, Reinhard. *Bereicherungsrecht in Europa: eine Einführung*. In: Grundstrukturen eines Europäischen Bereicherungsrechts. Tübingen: Mohr Siebeck, 2003, pp. 23-25.

1.1.1. Direito romano clássico

Por meio das *legis actiones*, o direito romano antigo desenvolveu diferentes meios de reconhecimento e satisfação de direitos. Dentre os meios dirigidos ao processo de conhecimento, a *legis actio per condictionem* servia ao reconhecimento de pretensão sobre quantia em dinheiro e, posteriormente, também ao reconhecimento de pretensão sobre coisa certa. Presume-se que seu desenvolvimento esteja relacionado à *mutui datio* sem *stipulatio*, originalmente desprovida de ação.[29] Seu nome relaciona-se ao *iudicis capiendi causa condicere in trigesimum diem*, por meio do qual o credor informava que o devedor seria formalmente demandado em trinta dias, caso não entregasse determinada soma em dinheiro ou certa coisa nesse prazo.[30]

Sob o processo formulário, a *legis actio per condictionem* foi sucedida pela *condictio certae pecunia* e *certa rei*. Tal como sua antecessora, a *condictio* é a única ação cuja fórmula não nomeia um fundamento obrigacional. Por essa razão, os autores a qualificam como abstrata.[31] Desse modo, a *condictio* podia ser aplicada a todos os casos em que se buscasse fazer valer pretensão dirigida a determinada quantia em dinheiro ou coisa certa.[32]

Os pressupostos da *condictio* eram fundamentalmente dois: (i) atribuição patrimonial (mediante uma *datio*); e (ii) inexistência de fundamento jurídico para que o receptor retivesse consigo aquilo que lhe fora atribuído.[33]

A *datio* deveria operar a transmissão da propriedade, de sorte que o autor da *condictio* já não pudesse se socorrer da reivindicação. Se a pres-

[29] Kaser, Max; Hackl, Karl. *Das römische Zivilprozessrecht*. 2ª ed, Munique: C.H.Beck, 1996, pp. 111-113.

[30] O verbo latino *condicere* significa "combinar algo", "convencionar". Em sentido jurídico, "resilir", "terminar", "exigir restituição". Em sentido aproximado, "determinar um prazo" (Hähnchen, Susanne. *Die Causa Condictionis*. Berlim: Duncker & Humblot, 2003, p. 42).

[31] Kaser, Max; Hackl, Karl. *Das römische Zivilprozessrecht*, cit., p. 234.

[32] Kupisch, Berthold. *Ungerechtfertigte Bereicherung*. Heidelberg: Decker & C.F. Müller, 1987, pp. 2-3.

[33] Kaser, Max; Knütel, Rolf. *Römisches Privatrecht*. 20ª ed. Munique: C.H.Beck, 2014, pp. 286-287.

tação fosse em dinheiro, a aquisição das moedas se operava através da *consumptio nummorum*.[34]

Por serem abstratas, no sentido de que a propriedade do objeto da prestação se transferia mesmo que ineficaz o fundamento da dívida, a *mancipatio* e a *in iure cessio* eram meios de transmissão da propriedade propícios a desencadear a aplicação da *condictio*.[35] A *traditio*, diversamente, era ato real causal. Quem recebesse algo mediante tradição apenas adquiria a propriedade se houvesse *iusta causa*, isto é, apenas através de acordo finalístico reconhecido pelo direito e dirigido à atribuição patrimonial. A *iusta causa traditionis* remetia assim à compra e venda (*causa emptionis*), à doação (*causa donandi*), ao cumprimento de uma obrigação (*causa solvendi*). Nos dois primeiros casos, contrato e tradição formavam um suporte fático unitário, de modo que a ineficácia do pacto importava também a ineficácia da transmissão. Na *causa solvendi*, diversamente, a *traditio* se dirigia à satisfação de obrigação já existente, fundada em negócio anterior, como a *stipulatio*. Nesse caso, a *iusta causa traditionis* não remetia ao vínculo original, mas residia na própria *solutio*, como novo negócio. Assim, se a tradição ocorresse para adimplemento de uma obrigação, transferia a propriedade da coisa prestada, ainda que tal obrigação não existisse de fato (*indebitum solutum*). Fundamento para a transmissão era a própria *solutio*, que acabava por assumir feição abstrata.[36]

A depender da finalidade da atribuição patrimonial, desenvolveram-se diferentes hipóteses de aplicação da *condictio*. Como observado, aquele que, por erro, efetuasse prestação não devida, podia exigir sua restituição (*condictio indebiti*). Também fazia jus à restituição quem houvesse prestado tendo em vista um resultado futuro que não se realizou (*condictio ob rem*). Exemplo dessa hipótese é a restituição do dote pago em função de casamento futuro, que não chegou a se realizar. Como subespécie da *condictio ob rem*, igualmente cabia restituição contra quem houvesse recebido uma prestação *ob turpem vel iniustam causam*, a não ser que o fim ilícito fosse comum ao autor da prestação. Nesse caso, prevalecia a máxima *in*

[34] Kaser, Max; Knütel, Rolf. *Römisches Privatrecht*, cit., p. 286.

[35] Kaser, Max. *Das römische Privatrecht*, vol. I. 2ª ed., Munique: C.H.Beck, 1971, p. 596.

[36] Kaser, Max. *Das römische Privatrecht*, vol. I, cit., pp. 412-417.

pari turpitudine melior est causa possidentis.[37] A restituição fundada na *condictio ob turpem vel iniustam causam* tinha lugar, por exemplo, na hipótese de prestação feita para que o receptor não praticasse um delito.[38] Paralelamente, verificou-se uma *condictio furtiva*, hipótese anômala, porque não fundada numa *datio*, mas na qual, de acordo com a doutrina, pode ser identificado um antecedente do hoje denominado enriquecimento por intervenção.[39]

O segundo pressuposto da *condictio* reclama distinções. Como observa a doutrina, não se pode utilizar o termo *causa* sem que antes se esclareça *causa de que* ou *causa para que*.[40] A causa cuja ausência justifica a *condictio* não é a *causa traditionis*. A função da *causa traditionis* é determinar os efeitos reais da tradição (*causa dandi* ou *causa proxima*). A *condictio* tem aplicação se inexiste fundamento para retenção da prestação por seu receptor (*causa retinendi* ou *causa remota*).[41]

A *causa retinendi* pode ser anterior à tradição, como na *solutio*, simultânea, como na compra e venda clássica, ou posterior, como na *datio ob rem*. Assim, embora a *causa traditionis*, na *solutio*, resida no próprio ato voltado ao cumprimento, a *causa retinendi* remete à obrigação que ela visa a satisfazer. Se inexiste vínculo obrigacional, falta causa para retenção da prestação pelo receptor e tem lugar a *condictio indebiti*, para sua restituição.[42]

No que se refere à *condictio indebiti*, a natureza da *causa retinendi* desperta alguma controvérsia, entretanto. Para parte dos romanistas, é na pretensão do credor que reside o fundamento jurídico para retenção da

[37] KASER, Max. *Das römische Privatrecht*, vol. I, cit., pp. 594-597; Kaser, Max; Knütel, Rolf. *Römisches Privatrecht*, cit., pp. 288-289.

[38] KUPISCH, Berthold. *Ungerechtfertigte Bereicherung*, cit., p. 14.

[39] ELLGER, Reinhard. *Bereicherung durch Eingriff*. Tübingen: Mohr Siebeck, 2002, pp. 28-29. De acordo com Pontes de Miranda, "a *condictio furtiva* não era ação de enriquecimento injustificado, e sim ação de indenização" (PONTES DE MIRANDA, Francisco Cavalcanti. *Tratado de direito privado*, tomo XXVI, cit., p. 144).

[40] SCHWARZ, Fritz. *Die Grundlage der* condictio *im klassischen römischen Recht*. Münster: Böhlau, 1952, p. 221.

[41] KASER, Max. *Das römische Privatrecht*, vol. I, cit., p. 596.

[42] SCHWARZ, Fritz. *Die Grundlage der* condictio *im klassischen römischen Recht*, cit., pp. 223-330.

prestação.[43] Contra essa concepção, objetou-se que a prestação extingue a pretensão.[44] Como observa a doutrina atual, ademais, há fundamento para retenção da prestação mesmo quando o credor não disponha de pretensão, como ocorre na hipótese de obrigação natural.[45]

Mais pertinente é a divergência entre as denominadas teorias subjetiva e objetiva da causa. Para os defensores da primeira, o fundamento para retenção da prestação é a realização da finalidade de cumprimento visada pelo prestante. Se inexistia dívida, não se cumpriu a finalidade da prestação e, pois, cabe a restituição.[46] De acordo com a segunda, a pretensão restitutória fundada na *condictio indebiti* decorre da mera inexistência da dívida, irrelevante o que esteja por trás disso.[47] Embora conduzam a resultados convergentes, a teoria objetiva da causa parece oferecer explicação mais satisfatória ao pressuposto da falta de fundamento jurídico.[48]

Nas demais hipóteses de aplicação da *condictio*, o problema da causa coloca-se de maneira diversa. Na *datio ob rem*, a causa para retenção da prestação não reside na existência do vínculo jurídico de base, mas na realização do fim acordado pelas partes. Por outras palavras, a existência

[43] SCHWARZ, Fritz. *Die Grundlage der* condictio *im klassischen römischen Recht*, cit., pp. 223-330.

[44] KUPISCH, Berthold. *Zum Rechtsgrund*, NJW 1985, pp. 2370 e ss.

[45] LARENZ, Karl; CANARIS, Claus-Wilhelm. *Lehrbuch des Schulrechts*, vol. 2, tomo II. 13ª ed., Munique: C.H.Beck, 1994, p. 138.

[46] KASER, Max. *Das römische Privatrecht*, vol. I, cit., p. 595.

[47] FLUME, Werner. *Die Unterschiedlichkeit des römischen Kondiktionsrecht und des modernen Bereicherungsrechts am Beispiel des Wegfalls der Bereicherung*. In: *Studien zur Lehre von der ungerechtfertigten Bereicherung*, org. Wolfgang Ernst, Tübingen: Mohr Siebeck, 2003, p. 56.

[48] Segundo Kupisch, a teoria subjetiva da causa tem origem em inadequada generalização de peculiaridade da *solutio indebiti*. A *causa solvendi*, como observa o autor, tinha por função típica a liberação do devedor, isto é, a realização da finalidade de cumprimento. Antes da introdução da *condictio indebiti*, a *solutio* justificava não apenas a transferência, mas também a retenção da prestação. A partir da aplicação da *condictio* à *solutio indebiti*, a *causa retinendi* passou a ser vista não mais na *solutio*, mas na obrigação subjacente. Isso não se deu como solução técnica, mas como solução prática, a fim de conferir tutela restitutória em caso de inexistência de obrigação. Desse modo, apesar de a *traditio* ser causal, a *solutio* passou a ter efeitos práticos de transmissão abstrata, isto é, transmitia a prestação, mesmo que inexistente a dívida. Não há dúvida de que, se não existe dívida, a finalidade de cumprimento não se realiza. É na inexistência da dívida, no entanto, que reside ausência de *causa retinendi* (KUPISCH, Berthold. *Zum Rechtsgrund*, NJW 1985, pp. 2370 e ss.).

do vínculo obrigacional não é colocada em discussão. Antes, é o próprio vínculo que determina que dado resultado há de se verificar para que o receptor possa reter a prestação. Desse modo, não realizado o casamento, no caso do pagamento do dote, ou não cumprido o encargo, na doação onerosa, cabe a restituição.[49] Na *condictio ob turpem vel iniustam causam*, por sua vez, o problema da causa está associado à licitude do fim que o receptor da prestação pretendia atingir.[50]

No que diz respeito às consequências, por fim, em todas as hipóteses de aplicação da *condictio*, o objeto da restituição é aquilo que se recebeu, e não uma diferença patrimonial positiva, conforme regra que se estabeleceu em alguns ordenamentos modernos.[51]

Ao lado da *condictio*, o *ius honorarium* desenvolveu outros mecanismos restitutórios.

Dentre tais mecanismos, merece menção a denominada *actio de in rem verso*, dirigida à restituição, pelo *pater familias*, do proveito que obteve em virtude de prestação recebida por seu filho ou escravo, inadimplentes em contrato celebrado com terceiro, autor da prestação.

Por faltar ao filho patrimônio próprio, eventual condenação ao cumprimento era infrutífera. O escravo, por sua vez, sequer podia ser demandado. Dado que a situação conduzisse a insegurança jurídica, o pretor conferiu ao terceiro, credor da contraprestação inadimplida, uma *actio adjecticia* contra o *pater familias*. Assim, na *actio de in rem verso*, o *pater famí-*

[49] É certo que, no direito clássico, a *condictio ob rem* tinha, ainda, aplicação mais ampla. Servia também à tutela da parte que, num contrato inominado sinalagmático, tivesse efetuado sua prestação sem que viesse a receber a correspondente contraprestação. Isso porque, apenas com o surgimento da *actio praescriptis verbis*, no direito justinianeu, tornou-se possível acionar a parte contrária para exigir o cumprimento. (MENEZES LEITÃO, Luís Manuel Teles de. *O enriquecimento sem causa no direito civil*, cit., pp. 164, 500).

[50] Cf. JUNQUEIRA DE AZEVEDO, Antonio. *Negócio jurídico e declaração negocial*. Tese, Universidade de São Paulo, 1986, p. 127.

[51] Como esclarece Flume, a pretensão fundada na condictio era orientada concretamente pela prestação, pelo auferido, e não, de modo abstrato, pelo patrimônio do enriquecido. Nas palavras do jurista alemão: "der Kondiktionsanspruch ist für die Kompilatoren konkret an der hingegebenen Leistung oder allgemeiner bei der *condictio sine causa* konkret an dem Erlangten, nicht aber abstrakt am Vermögen des Bereicherten orientiert" (FLUME, Werner. *Die Unterschiedlichkeit des römischen Kondiktionsrecht und des modernen Bereicherungsrechts am Beispiel des Wegfalls der Bereicherung*, cit., pp. 49-50).

lias é demandado pelo montante em que os valores recebidos pelo filho ou pelo escravo acresceram seu patrimônio. A responsabilidade do *pater familias* é limitada por seu enriquecimento patrimonial, compreendido como aquisição útil ou necessária, ou como poupança de despesas. Cumpre notar que, diversamente da *condictio*, na *actio de in rem verso*, a restituição não é por falta de causa. Trata-se, na realidade, de espécie de garantia relacionada à falta de contraprestação.[52]

1.1.2. Do direito justinianeu ao direito comum

Sob o direito justinianeu a *condictio* foi associada à ideia de que ninguém deve se locupletar em detrimento de outrem. A ideia não era desconhecida dos clássicos. Os bizantinos procuraram, porém, generalizá-la e relacioná-la a concepções de moral cristã e filosófica.[53]

Com o desaparecimento do processo formulário e do conceito clássico de ação, reconheceram-se, a partir das hipóteses de aplicação da *condictio*, diferentes pretensões. Tal como no direito clássico, as pretensões mais relevantes eram dadas pela *condictio indebiti*, para restituição do pagamento equivocado de dívida inexistente, pela *condictio causa data causa non secuta*, nova denominação que os bizantinos atribuíram à *condictio ob rem*,[54] para restituição do que se prestou por conta da expectativa de um dado resultado, e pela *condictio ob turpem vel iniustam causam*, para restituição da prestação recebida com fim imoral ou ilícito. Reconheceu-se, igualmente, uma *condictio sine causa* de caráter geral.[55]

A *actio de in rem verso*, por sua vez, foi aproximada à gestão de negócios e ambas foram ordenadas sob a categoria dos quase-contratos. A partir de então, a *actio de in rem verso* passou a ser aplicada também para responsabilizar o dono do negócio pelo inadimplemento do gestor em contrato

[52] Kupisch, Berthold. *Die Versionsklage*. Heidelberg: Carl Winter Universitätsverlag, 1965, pp. 11-14; Kaser, Max. *Das römische Privatrecht*, vol. I, cit., p. 607.

[53] Kaser, Max. *Das römische Privatrecht*, vol. II. 2ª ed., Munique, C.H.Beck, 1975, pp. 421-422.

[54] Kupisch, Berthold. *Ungerechtfertigte Bereicherung*, cit., p. 13.

[55] Kaser, Max. *Das römische Privatrecht*, vol. II, cit., pp. 422-425.

celebrado por este com um terceiro, desde que o gestor houvesse atuado no quadro de uma gestão de negócios (*actio de in rem verso utilis*).[56]

Com a recepção da compilação justinianeia, entre os séculos XI e XII, os juristas medievais mantiveram-se fiéis às hipóteses previstas no *Corpus Iuris Civilis* e procuraram esclarecê-las.[57]

A *condictio sine causa* transformou-se então em hipótese geral aplicável sempre que uma prestação fosse efetuada sem causa. A causa era então compreendida em sentido escolástico, como pressuposto de eficácia. Aplicada às *condictiones*, a expressão *sine causa* significava a inexistência dos pressupostos de um deslocamento patrimonial. Como exceção, explicitaram-se as hipóteses de prescrição e de usucapião. Nesses casos, o direito tutela a aquisição sem causa.[58]

Dada a obscuridade de seu efeito abstrato, os glosadores tiveram dificuldade em compreender a *solutio indebiti* operada por meio de tradição.[59] Procuraram, assim, esclarecer a compatibilidade entre o pagamento indevido e a transmissão causal por meio dos conceitos de *causa putativa* e de *causa nulla*. A *causa putativa* consiste na crença errônea na existência de uma relação causal, que, no entanto, funciona como *iusta causa traditionis*. Por sua vez, a *causa nulla*, isto é, a inexistência de obrigação, justifica a restituição da prestação.[60]

Também a *actio de in rem verso utilis* foi relacionada à ideia de que ninguém deveria se enriquecer em detrimento de outrem. Como no direito justinianeu, o intermediário que contratasse com o autor da ação deveria ter atuado como gestor de negócios do devedor da restituição. Objeto da ação era a restituição daquilo que o gestor, mediante prestação recebida do empobrecido, houvesse aplicado no patrimônio do dono do negócio.[61]

[56] KASER, Max. *Das römische Privatrecht*, vol. II, cit., p. 107; No mesmo sentido: KUPISCH, Berthold. *Die Versionsklage*, cit., pp. 13-14.

[57] KUPISCH, Berthold. *Ungerechtfertigte Bereicherung*, cit., pp. 30-31.

[58] MENEZES LEITÃO, Luís Manuel Teles de. *O enriquecimento sem causa no direito civil*, cit., pp. 151-160.

[59] CORTESE, Barbara. *Indebiti solutio ed arricchimento ingiustificato*, Pádua: Cedam, 2009, p. 121.

[60] KUPISCH, Berthold. *Ungerechtfertigte Bereicherung*, cit., pp. 32 e ss.; COING, Helmut. *Europäisches Privatrecht*, vol. I, Munique: C.H.Beck, 1985, pp. 494-495.

[61] KUPISCH, Berthold. *Ungerechtfertigte Bereicherung*, cit., pp. 37-40.

Paralelamente à *actio de in rem verso utilis* desenvolveu-se a denominada *versio in rem* atécnica, dirigida à restituição de valor mutuado a contratante incapaz. Nessa hipótese, não obstante a invalidade, a restituição devida pelo incapaz limita-se ao proveito útil auferido. Na *versio in rem* atécnica, diversamente da *actio de in rem verso utilis*, o autor da ação contrata diretamente com o devedor da restituição. Daí sua qualificação como atécnica, uma vez que, desde sua origem, a *actio de in rem verso* envolvia três sujeitos. Com o afastamento da exigência de um intermediário, a *versio in rem* tornou-se o único requisito da ação.[62]

O fim da exigência de uma gestão de negócios é consequência de tendência de se fazer da *actio de in rem verso* uma ação geral de enriquecimento destinada à restituição daquilo que, por meios diretos ou indiretos, empregou-se no patrimônio de outrem.[63] Tal tendência fez-se sentir nas legislações fundadas no direito comum, de modo que a *versio in rem* (*nützliche Verwendung*) acabou por ser recepcionada tanto pelo *Allgemeines Landrecht* (ALR) prussiano, de 1794, quanto pelo *Allgemeines Bürgerliches Gesetzbuch* (ABGB) austríaco, de 1811.[64]

Prevista em termos muito amplos, a *nützliche Verwendung* do § 262 I 13 do ALR[65] conferia ao autor a restituição *in natura* ou em valor daquilo que, sendo proveniente do seu patrimônio, tivesse sido empregado de maneira útil no patrimônio de outrem. De acordo com a doutrina, na prática, a *nützliche Verwendung* prussiana aproximava-se de uma *condictio sine causa*. Repudiada, porém, pela doutrina alemã do século XIX, a ação não encontrou acolhida no BGB.[66]

62 Kupisch, Berthold. *Die Versionsklage*, cit., pp. 38-40.

63 Coing, Helmut. *Europäisches Privatrecht*, vol. I, cit., pp. 500-501.

64 Kupisch, Berthold. *Ungerechtfertigte Bereicherung*, cit., pp. 40-41.

65 "§ 262. Aquele de cujo patrimônio algo é aplicado em proveito de outrem, é legitimado a exigir a restituição *in natura* ou a indenização do valor." Tradução do original, assim redigido em língua alemã: "§. 262. Derjenige, aus dessen Vermögen etwas in den Nutzen eines Andern verwendet worden, ist dasselbe entweder in Natur zurück, oder für den Werth Vergütung zu fordern berechtigt."

66 Kupisch, Berthold. *Die Versionsklage*, cit., p. 15.

No ABGB austríaco, código civil ainda hoje em vigor, a *nützliche Verwendung* prevista em seu § 1.041[67] acabou por se tornar fundamento à restituição do enriquecimento auferido mediante intervenção em esfera patrimonial alheia, em contraposição às hipóteses de enriquecimento fundadas numa prestação do empobrecido.[68]

Por essa razão, a doutrina austríaca atual conceitua a *Verwendung* não mais como o emprego de algo no patrimônio de outrem, mas como o uso, consumo ou disposição de um bem alheio em contradição com a destinação (*Zuweisung*) que lhe é dada pela ordem jurídica.[69]

Desse modo, sujeitam-se à pretensão restitutória fundada no § 1.041 do ABGB, por exemplo, aquele que furtou um automóvel e o utilizou para si ou o alugou a outrem, o proprietário do gado que invadiu e se alimentou do pasto vizinho, ou o sujeito que se enriqueceu com patente alheia.[70]

Ainda a propósito do direito austríaco, importa destacar que o pagamento indevido encontrou disciplina autônoma, nos §§ 1.431 a 1.437 do ABGB, entre as regras destinadas ao cumprimento das obrigações, e, como reconhece Bevilaqua, é, nessa parte, a principal fonte do Código Civil brasileiro de 1916.[71] Em comentário a tais disposições, o codificador austríaco, Franz von Zeiller, afirma que "o preceito de que, em regra, se pode exigir indenização do receptor do pagamento de uma dívida suposta, realizado simplesmente por erro, não é fundado nem na mera

[67] "§ 1.041. Se, sem gestão de negócios, uma coisa é aplicada em proveito de outrem, o proprietário pode exigi-la *in natura* ou, se isso não mais puder ocorrer, exigir o valor que ele tinha ao tempo da aplicação, embora o proveito tenha sido posteriormente frustrado." Tradução do original, assim redigido em língua alemã:"§ 1041. Wenn ohne Geschäftsführung eine Sache zum Nutzen eines Andern verwendet worden ist, kann der Eigenthümer sie in Natur, oder, wenn dieß nicht mehr geschehen kann, den Werth verlangen, den sie zur Zeit der Verwendung gehabt hat, obgleich der Nutzen in der Folge vereitelt worden ist."

[68] Kupisch, Berthold. *Die Versionsklage*, cit., p. 15.

[69] Koziol, Helmut; Welser, Rudolf. *Grundriss des bürgerlichen Rechts*, vol. II. 13ª ed., Viena: Manz, 2007, p. 287.

[70] Bydlinski, Peter. *Grundzüge des Privatrechts*. 3ª ed., Viena: Manz, 1997, p. 222.

[71] "O systema seguido pelo Codigo Civil brasileiro é o mesmo adoptado pelo austríaco, que trata do pagamento de uma divida inexistente (*Zahlung einer Nichtschuld*), ao desenvolver a materia do pagamento das obrigações" (Bevilaqua, Clovis. *Código civil comentado*, v. IV, 5ª ed., Rio de Janeiro: Livraria Francisco Alves, 1938, p. 125).

equidade, nem em um quase-contrato, mas se funda na justiça natural, declarada pela lei positiva, de que não se deve enriquecer com detrimento de outrem".[72]

1.2. Direito europeu continental

Nesta parte do trabalho, passa-se a expor as linhas gerais dos modelos franco-italiano e alemão de enriquecimento sem causa, os quais, embora tenham se desenvolvido de maneiras distintas, exerceram influência significativa sobre o direito brasileiro.

1.2.1. Modelo franco-italiano

Por modelo franco-italiano quer-se designar concepção de ação geral de enriquecimento marcada por ampla tradição de equidade. Fundado na *versio in rem*, tal modelo admite restituição inclusive contra terceiro indiretamente enriquecido por prestação feita a contratante inadimplente. Essa particularidade desde logo evidencia que as noções de falta de causa e de subsidiariedade – pressuposto criado pela jurisprudência francesa – assumem aqui formulações fluidas. Nesse modelo, a influência da *condictio*, por sua vez, ficou limitada à disciplina apartada do pagamento indevido.

1.2.1.1. A ação *de in rem verso* francesa

Sob a categoria dos quase contratos, o código civil francês, de 1804, limitou-se a disciplinar o pagamento indevido e a gestão de negócios. Apenas em 2016, por ocasião da reforma do direito das obrigações, foi introduzida no código regra geral dedicada ao enriquecimento injustificado e formulada nos seguintes termos:

[72] Tradução do original, assim redigido em língua alemã: "der Rechtssatz, daß man für die bloß aus Irrthum geleistete Zahlung einer vermeinten Schuld von dem Empfänger in der Regel Ersatz fordern könne, ist weder in einer bloßen Billigkeit, noch in einem Quasi-Contracte, sondern in der natürlichen, von dem positiven Gesetze ausgesprochene, Gerechtigkeit, mit fremdem Schaden sich nicht zu bereichern, gegründet" (VON ZEILLER, Franz. *Commentar über das allgemeine bürgerliche Gesetzbuch für die gesammten deutschen Erbländer der Oesterreichischen Monarchie*, vol. IV. Viena: Geistinger, 1813, p. 156).

"Art. 1.303. Fora dos casos de gestão de negócios e de pagamento indevido, aquele que se beneficia de um enriquecimento injustificado em detrimento de outrem deve ao empobrecido uma indenização igual ao menor entre os dois valores do enriquecimento e do empobrecimento." [73]

A recente disposição legal preserva o sentido da ação *de in rem verso* desenvolvida pela jurisprudência. Ponto de partida de tal ação é o denominado caso Boudier, julgado pela Corte de Cassação em 15 de junho de 1892.[74]

Naquele caso, certo proprietário rural arrendara imóvel destinado à produção agrícola. Posteriormente, devido ao não pagamento da renda, o contrato de arrendamento foi resolvido e os 15.000 francos devidos pelo arrendatário ao proprietário do imóvel foram compensados com o valor dos frutos pendentes, remanescendo ao proprietário, ainda, crédito de 5.376 francos contra o arrendatário. No curso do contrato de arrendamento, Boudier, comerciante de insumos agrícolas, vendera ao arrendatário os adubos necessários ao cultivo da terra. Depois de extinto o contrato de arrendamento e já insolvente o arrendatário, Boudier não logrou obter o pagamento do preço relativo aos adubos, no montante de 324 francos. Tendo em vista que os adubos foram aplicados no imóvel, Boudier decidiu exigir do proprietário rural o pagamento do preço devido pelo arrendatário. O pedido foi julgado procedente. Com fundamento no princípio de equidade natural de que ninguém deve se enriquecer em detrimento de outrem, a Corte de Cassação condenou o proprietário do imóvel a pagar a Boudier o preço dos adubos.[75]

Na decisão, a Corte de Cassação enunciou que, por não estar regulada em nenhum texto legal e derivar do princípio de equidade que proíbe o enriquecimento em detrimento de outrem, o exercício da denominada

[73] Tradução do original, assim redigido em língua francesa: "Art. 1303. En dehors des cas de gestion d'affaires et de paiement de l'indu, celui qui bénéficie d'un enrichissement injustifié au détriment d'autrui doit, à celui qui s'en trouve appauvri, une indemnité égale à la moindre des deux valeurs de l'enrichissement et de l'appauvrissement".

[74] ZIMMERMANN, Reinhard. *Bereicherungsrecht in Europa: eine Einführung*, cit., 2003, p. 26.

[75] MENEZES LEITÃO, Luís Manuel Teles de. *O enriquecimento sem causa no direito civil*, cit., pp. 293-294. CAMPOS, Diogo José Paredes Leite de. *A subsidiariedade da obrigação de restituir o enriquecimento*. Reimp. da edição de 1974, Coimbra: Almedina, 2003, pp. 151-152.

ação *de in rem verso* não se submete a qualquer condição determinada. Basta que o autor alegue a existência de uma vantagem que, através de um sacrifício ou fato pessoal, tenha proporcionado ao demandado.[76] Inspiração para tanto foi buscada à obra de Aubry e Rau, cuja teoria da ação *de in rem verso* como ação de enriquecimento remete ao manual de direito civil francês publicado pelo alemão Karl Salomo Zachariae, em 1808.[77]

Como observou a doutrina posterior, ao elencar apenas dois pressupostos para o exercício da ação, o enriquecimento de uma parte e o empobrecimento da outra, a jurisprudência francesa converteu a ação *de in rem verso* em "panacéia, capaz de remover todos os males",[78] ou "na explicação cómoda de quase todas as instituições".[79]

Devido à insegurança jurídica criada, já em 1914, por ocasião do julgamento do caso Clayette, a Corte de Cassação passou a exigir, como pressupostos adicionais da ação *de in rem verso*, a falta de causa legítima e a subsidiariedade. O caso foi o seguinte: a viúva Clayette mutuara ao abade da congregação dos Missionários de La Sallete 81.000 francos, a serem aplicados em construções nos imóveis pertencentes à congregação. Dissolvida a congregação, o abade ajuizou ação reivindicatória contra o liquidatário, para ver reconhecido seu direito de propriedade sobre tais imóveis. A viúva Clayette interveio na ação para exigir que os 81.000 francos lhe fossem restituídos pelo abade, caso ele viesse a ser reconhecido como proprietário dos imóveis, ou pelo liquidatário dos bens da congregação, em caso contrário. A Corte de Cassação rejeitou a pretensão da viúva Clayette, sob o fundamento de que a ação *de in rem verso* não poderia substituir a restituição fundada no contrato de mútuo.[80]

[76] MENEZES LEITÃO, Luís Manuel Teles de. *O enriquecimento sem causa no direito civil*, cit., p. 294, nota 786. CAMPOS, Diogo José Paredes Leite de. *A subsidiariedade da obrigação de restituir o enriquecimento*, cit., p. 152.

[77] KUPISCH, Berthold. *Die Versionsklage*, cit., p. 117.

[78] VALLE FERREIRA, José G. do. *Enriquecimento sem causa*, cit., p. 163.

[79] CAMPOS, Diogo José Paredes Leite de. *A subsidiariedade da obrigação de restituir o enriquecimento*, cit., p. 153.

[80] MENEZES LEITÃO, Luís Manuel Teles de. *O enriquecimento sem causa no direito civil*, cit., pp. 295-296. CAMPOS, Diogo José Paredes Leite de. *A subsidiariedade da obrigação de restituir o enriquecimento*, cit., pp. 158-159.

Desde então, o direito francês relaciona cinco pressupostos para a ação de enriquecimento: três de ordem factual, consistentes no enriquecimento do demandado, no empobrecimento do autor da ação e na relação de causalidade entre ambos, e dois de ordem normativa, consistentes na ausência de causa e na falta de outra via para obter a restituição.[81]

O enriquecimento pode se revelar não apenas num acréscimo patrimonial, mas em qualquer vantagem avaliável em dinheiro e há de ser aferido no momento em que a ação é proposta. Também o empobrecimento não se resume a uma diminuição patrimonial, mas pode consistir na ausência de contraprestação ou na utilização gratuita de uma coisa. Em razão do chamado duplo limite, expressamente previsto no atual art. 1.303 do código civil francês, a restituição há de corresponder ao menor valor entre o enriquecimento patrimonial de uma parte e o empobrecimento da outra.[82] Como exceção, o art. 1.303-4 do código civil francês[83] prevê que, em caso de má-fé do enriquecido, a indenização devida será igual ao maior dos dois valores.[84]

Quanto ao nexo de causalidade entre enriquecimento e empobrecimento, o direito francês admite não apenas movimentações patrimoniais diretas, mas também indiretas, como ocorrido no caso Boudier.[85]

No que se refere à causa, o direito francês apresenta dificuldade em defini-la.[86] Por vezes relacionada à noção de causa dos contratos,[87] os autores invocam, a propósito do tema, não apenas a ausência de um título

[81] Menezes Leitão, Luís Manuel Teles de. *O enriquecimento sem causa no direito civil*, cit., p. 301.

[82] Menezes Leitão, Luís Manuel Teles de. *O enriquecimento sem causa no direito civil*, cit., pp. 301-302.

[83] " Art. 1303-4. [...] En cas de mauvaise foi de l'enrichi, l'indemnité due est égale à la plus forte de ces deux valeurs".

[84] Dissaux, Nicolas; Jamin, Christophe. *Projet de réforme du droit des contrats, du régime général et de la preuve des obligations: Commentaire article par article.* Paris: Dalloz, 2015, p. 158.

[85] Schlechtriem, Peter. *Restitution und Bereicherungsausgleich in Europa*, vol. I, cit., pp. 4-5.

[86] "La cause était difficile à cerner" (Dissaux, Nicolas; Jamin, Christophe. *Projet de réforme du droit des contrats, du régime général et de la preuve des obligations: Commentaire article par article*, cit., p. 157).

[87] Menezes Leitão, Luís Manuel Teles de. *O enriquecimento sem causa no direito civil*, cit., pp. 302-303.

justificativo,[88] mas também a falta de contraprestação[89] e, até mesmo, critérios morais ou subjetivos.[90]

Com o advento do art. 1.303-1, introduzido no código civil francês em 2016, fixou-se que o enriquecimento é injustificado "quando não proceda nem do cumprimento de uma obrigação pelo empobrecido nem da sua intenção de efetuar uma liberalidade".[91] Conforme observa a mais recente doutrina brasileira a respeito do tema, o art. 1303-1 é suficientemente amplo para incluir o enriquecimento indireto.[92]

Nesse particular, nos casos em que a ação de enriquecimento é dirigida contra um terceiro, assentou-se que não há causa se o enriquecimento obtido pelo terceiro não tiver fundamento na relação contratual

[88] Ao escrever sobre o direito francês, na década de 1930, Wilburg observou que "*cause*, no enriquecimento sem causa, tem, segundo a opinião dominante, um outro sentido. Aqui, a reconhece inclusive Planiol como '*conception vraie et solide*'. Dado que a doutrina naturalmente pense primeiro nos casos de enriquecimento por prestação, considera como *cause* o contrato que está à base da atribuição, o qual esclarece e justifica a aquisição, ou, de modo semelhante, a relação obrigacional que embasa a prestação". Tradução do original, assim redigido em língua alemã: "im Bereicherungsrecht soll die cause nach herrschender Meinung einen anderen Sinn haben. Hier erkennt auch Planiol sie als 'conception vraie et solide' an. Indem nun die Bereicherungslehre naturgemäß zunächst an die Leistungskondiktion denkt, betrachtet sie als cause den der Leistung zu Grunde liegenden Vertrag, der den Erwerb erklärt und rechtfertigt, oder in ähnlicher Weise das der Leistung zur Seite gestellte Schuldverhältnis" (WILBURG, Walter. *Die Lehre von der ungerechtfertigten Bereicherung nach österreichischem und deutschem Recht: Kritik und Aufbau*. Graz: Leuschner & Lubensky, 1934, p. 88).

[89] "Dentro da teoria do enriquecimento injustificado, a palavra causa, no sentir dos autores, tem exatamente, a acepção que lhe empresta a doutrina clássica francesa, ou seja, o de contraprestação. Causa, portanto, é aquilo que pode explicar o enriquecimento; é a contrapartida. Se não há causa, ou se a causa não é justa, o enriquecimento está condenado" (ALVIM, Agostinho. *Do enriquecimento sem causa*. In: Doutrinas essenciais Obrigações e Contratos, vol. 1, junho/2011, pp. 911-953, consultado em www.revistadostribunais.com.br).

[90] CAMPOS, Diogo José Paredes Leite de. *A subsidiariedade da obrigação de restituir o enriquecimento*, cit., pp.392-398.

[91] Tradução de VICENTE, Dário Moura. *Direito comparado*, vol. II: *Obrigações*. Coimbra: Almedina, 2017, p. 558. No original, em francês: "Art. 1303-1. L'enrichissement est injustifié lorsqu'il ne procède ni de l'accomplissement d'une obligation par l'appauvri ni de son intention libérale".

[92] MORAES, Renato Duarte Franco de. *Enriquecimento sem causa e o enriquecimento por intervenção*, cit., p. 155.

existente entre ele e o intermediário que contratou com o empobrecido, autor da ação. De acordo com a doutrina de direito comparado, todavia, não há consenso sobre se essa era a hipótese do caso Boudier.[93]

A propósito do tema, a doutrina de direito comparado aponta que, em decisão de 1996, a Corte de Cassação julgou procedente ação ajuizada pelo fornecedor de uma subcontratada em face da contratante desta, sob o fundamento de que o enriquecimento da contratante, oriundo de prestação recebida pela subcontratada inadimplente, não tinha causa legítima na relação contratual existente entre a contratante e a subcontratada.[94]

A incerteza em torno da causa fez da subsidiariedade o requisito mais importante da ação *de in rem verso*.[95] O objetivo visado pela jurisprudência com a criação desse pressuposto foi o de impedir a aplicação ilimitada da ação de enriquecimento, que seria passível de desvirtuar o ordenamento. A esse respeito, o art. 1.303-3, introduzido no código civil francês em 2016, prevê que não deve haver outra ação com base na qual o empobrecido possa deduzir a sua pretensão, inclusive no caso de a ela se opor impedimento jurídico, como a prescrição.[96]

[93] "Hoje o caso Boudier seria decidido diferentemente, sobretudo porque não existe enriquecimento sem causa, se o enriquecimento do terceiro encontra fundamento na sua relação com o intermediário; sobre ser esta a hipótese do caso Boudier, a doutrina responde de maneiras diversas." Tradução do original, assim redigido em língua alemã: "der Fall Boudier [würde] heute möglicherweise anders entschieden [...], insbesondere mit Blick darauf, daß kein *enrichissement sans cause* vorliegt, wenn die Bereicherung des Dritten ihren Rechtsgrund in dessen eigenem Vertragsverhältnis mit dem Mittelsmann (*intermédiaire*) findet; ob dies in der Sache Boudier der Fall war, wird in der Literatur unterschiedlich beantwortet." (Schlechtriem, Peter. *Restitution und Bereicherungsausgleich in Europa*, vol. II, cit., pp. 295-296). Na doutrina brasileira mais recente, afirma-se que "é justamente essa a hipótese do *arrêt Boudier*, na qual o contrato de arrendamento celebrado entre o proprietário e o arrendatário não conferia ao primeiro justa causa para o benefício proporcionado pelos adubos fornecidos pelo terceiro" (Moraes, Renato Duarte Franco de. *Enriquecimento sem causa e o enriquecimento por intervenção*, cit., p. 155). O ponto será retomado no item 3.3.4.1 abaixo.

[94] Schlechtriem, Peter. *Restitution und Bereicherungsausgleich in Europa*, vol. II, cit., p. 296.

[95] Schlechtriem, Peter. *Restitution und Bereicherungsausgleich in Europa*, vol. I, cit., p. 7.

[96] "Art. 1303-3. L'appauvri n'a pas d'action sur ce fondement lorsqu'une autre action lui est ouverte ou se heurte à un obstacle de droit, tel que la prescription."

De acordo com a doutrina, todavia, a ação de enriquecimento poderá ser exercida se, a despeito de existir outra ação à disposição do empobrecido, houver um obstáculo de fato ao seu exercício, a exemplo da insolvência do devedor contratual, como no caso Boudier.[97] Tal sentido atribuído à subsidiariedade, denominado *concreto*, é defendido também pela doutrina brasileira[98] e encontra-se presente inclusive no Enunciado 36, aprovado na I Jornada de Direito Civil, promovida pelo Centro de Estudos Judiciários do Conselho da Justiça Federal em 2002.[99]

Como anota a doutrina portuguesa, o caráter subsidiário da ação de enriquecimento, que acabou por se transmitir aos direitos italiano, português e brasileiro, não é fruto de reflexão aprofundada sobre as necessidades do ordenamento jurídico confrontado com o princípio do enriquecimento sem causa, "mas antes o resultado, de justificação

[97] "A subsidiariedade da ação de in rem verso significa que a ação não pode ser exercida quando o empobrecido dispõe de uma outra ação, seja contra um terceiro – uma caução, por exemplo; seja contra o enriquecido, que se choca contra um obstáculo de direito. Ela é, ao contrário, admissível, se essa outra ação se choca contra um obstáculo de fato. (...) A ação de in rem verso pode ser exercida se a outra ação se choca com um obstáculo de fato como a insolvência do devedor contratual, o que era precisamente a hipótese do caso Patureau-Mirand." Tradução do original, assim redigido em língua francesa: "La subsidiarité de l'action *de in rem verso* signifie que l'a action ne peut être exercée lorsque l'appauvri dispose d'une autre action, soit contre un tiers – une caution, par exemple; soit contre l'enrichi, qui se heurte à un obstacle de droit. Elle est, au contraire, recevable, si cette autre action se heurte à un obstacle de fait. (...) [L]'action *de in rem verso* peut être exercée si l'autre action se heute à un obstacle de fait tel que l'insolvabilité du débiteur contractuel, ce qui était precisement l'hypothèse de l'affaire Patureau-Mirand." (MALAURIE, Philippe; AYNES, Laurent; STOFFEL-MUNCK, Philippe. *Droit des obligations*, 9ª ed., Issy-les-Moulineaux: LGDJ, 2017, p. 620).

[98] NANNI, Giovanni Ettore. *Enriquecimento sem causa*, cit., pp. 294-306; MICHELON JR., Cláudio. *Direito restituitório: Enriquecimento sem causa, pagamento indevido e gestão de negócios*, cit., p. 258. Em sentido diverso: SILVA, Rodrigo da Guia. *Enriquecimento sem causa: as obrigações restitutórias no direito civil*. São Paulo: Revista dos Tribunais, 2018, p. 209.

[99] "Art. 886: o art. 886 do novo Código Civil não exclui o direito à restituição do que foi objeto de enriquecimento sem causa nos casos em que os meios alternativos conferidos ao lesado encontram obstáculos de fato."

ainda por realizar, da precipitação provocada por uma certa conjuntura histórica".[100]

Por faltarem, na prática francesa, critérios objetivos também à subsidiariedade, colocam-se em primeiro plano as ponderações de justiça do caso concreto.[101] Em face de tais circunstâncias, a doutrina de direito comparado qualifica a ação *de in rem verso* francesa como espécie de responsabilidade subsidiária em caso de insolvência (*Ausfallhaftung bei Zahlungsunfähigkeit*).[102]

Cumpre acrescentar, por fim, que o enriquecimento auferido por ato do enriquecido encontrou pouco desenvolvimento no direito francês. Como anota a doutrina de direito comparado, os problemas relativos à figura são geralmente resolvidos com recurso a disposições de direitos reais ou ao ato ilícito.[103]

1.2.1.2. Recepção pelo direito italiano

O código civil italiano de 1865 assemelhava-se ao código francês na forma e no conteúdo.[104] Tal como o modelo francês, limitou-se a disciplinar o pagamento indevido e a gestão de negócios, ambos sob a categoria dos quase-contratos. De início, ante a ausência de uma ação de enriquecimento, a jurisprudência deu larga utilização à gestão de negócios, compreendida em sentido objetivo, isto é, privada do requisito *animus aliena negotia gerendi*. Nos últimos anos do século XIX, sob influência francesa, decisões judiciais proferidas em Turim, em 1897, e em Florença, em 1898, reconheceram a ação de enriquecimento sob o nome de ação *de in rem verso*.[105] Já no século XX, os autores italianos passaram a admitir a exis-

[100] CAMPOS, Diogo José Paredes Leite de. *A subsidiariedade da obrigação de restituir o enriquecimento*, cit., p. 220.

[101] SCHLECHTRIEM, Peter. *Restitution und Bereicherungsausgleich in Europa*, vol. I, cit., p. 8.

[102] SCHLECHTRIEM, Peter. *Restitution und Bereicherungsausgleich in Europa*, vol. II, cit., p. 296.

[103] SCHLECHTRIEM, Peter. *Restitution und Bereicherungsausgleich in Europa*, vol. II, cit., pp. 94-95.

[104] ENNECCERUS, Ludwig; NIPPERDEY, Hans Carl. *Lehrbuch des bürgerlichen Rechts*, vol. I. 13ª ed., Marburg: Elwert, 1931, p. 69.

[105] GALLO, Paolo. *Arricchimento senza causa e quasi contratti*. 2ª ed., Turim: Utet Giuridica, 2008, pp. 19-20.

tência de uma ação autônoma de *arricchimento senza causa*, que acabou por ser disciplinada no art. 2.041 do código de 1942 nos seguintes termos:[106]

> "Art. 2.041. Ação geral de enriquecimento. Quem, sem uma justa causa, se enriqueceu em detrimento de outra pessoa, é obrigado, dentro dos limites do enriquecimento, a indenizá-la pela correlativa diminuição patrimonial.
>
> Se o enriquecimento tiver por objeto uma coisa determinada, aquele que a recebeu é obrigada a restitui-la, se existir no momento da demanda."[107]

A regra geral do art. 2.041 não é inovação legislativa, mas consolidação da ação desenvolvida pela jurisprudência, cujos pressupostos, tal como no direito francês, são o enriquecimento, o dano, o nexo de causalidade e a falta de justa causa.[108] No art. 2.042, o código italiano disciplinou a subsidiariedade da ação, nos seguintes termos:

> Art. 2042. Caráter subsidiário da ação. A ação de enriquecimento não pode ser proposta quando a parte lesada pode exercer uma outra ação para ter indenizado o prejuízo sofrido." [109]

O novo código continuou, porém, a disciplinar o pagamento indevido em separado, antes da regra geral, entre os arts. 2.033 e 2.040.

Segundo observa Flume, no direito italiano, a distinção entre as pretensões fundadas no pagamento indevido e no enriquecimento sem

[106] GALLO, Paolo. *Arricchimento senza causa e quasi contratti*, cit., p. 20.

[107] Tradução do original, assim redigido em língua italiana: "Art. 2.041. Azione generale di arricchimento. Chi, senza una giusta causa, si è arricchito a danno di un'altra persona è tenuto, nei limiti dell'arricchimento a indennizzare quest'ultima della correlativa diminuzione patrimoniale.
Qualora l'arricchimento abbia per oggetto una cosa determinata, colui che l'ha ricevuta è tenuto a restituirla in natura, se sussiste al tempo della domanda."

[108] GALLO, Paolo. *Arricchimento senza causa e quasi contratti*, cit., p. 20.

[109] Tradução do original, assim redigido em língua italiana: "Art. 2042. Carattere sussidiario dell'azione. L'azione di arricchimento non è proponibile quando il danneggiato può esercitare un'altra azione per farsi indennizzare del pregiudizio subìto."

causa reside na contraposição da concepção real da primeira em face da concepção patrimonial que orienta a segunda. Por outras palavras, no pagamento indevido, restitui-se a quantia ou a coisa prestada, ao passo que, na ação geral de enriquecimento sem causa, por disposição expressa do art. 2.041, restitui-se a diminuição patrimonial de uma parte, no limite do enriquecimento da outra parte (*nei limiti dell'arricchimento*), o chamado duplo limite.[110] De acordo com a doutrina, o duplo limite pressupõe boa-fé do devedor. Na hipótese de má-fé, a restituição é integral.[111]

O direito italiano reproduz os problemas do direito francês no que diz respeito ao conceito de causa, à possibilidade de ser indireta a relação entre enriquecimento e empobrecimento e à possibilidade de a subsidiariedade ceder diante de obstáculo de fato, como a insolvência do devedor contratual.[112]

Embora o art. 2.042 não seja expresso a respeito do caráter concreto da subsidiariedade, tal é a posição dominante na doutrina e na jurisprudência.[113] De acordo com a doutrina, "trata-se, de resto, de uma concepção conforme à natureza e à função equitativa original da ação de enriquecimento sem causa: permitir ao menos a recuperação, dentro dos limites do enriquecimento, daquilo que se obteve de outrem sem causa, sempre que nenhum outro remédio esteja concretamente disponível".[114] Posição

[110] Flume, Werner. *Die Unterschiedlichkeit des römischen Kondiktionsrecht und des modernen Bereicherungsrechts am Beispiel des Wegfalls der Bereicherung*, cit., p. 68.

[111] Gallo, Paolo. *Arricchimento senza causa e quasi contratti*, cit., p. 73.

[112] Schlechtriem, Peter. *Restitution und Bereicherungsausgleich in Europa*, vol. I, cit., pp. 12-14.

[113] É o que afirma Sirena, Pietro. *La sussidiarietà dell'azione generale di arricchimento senza causa*. In: Rivista di diritto civile, ano LXIV, n. 2, mar/abr. 2018, pp. 380-381.

[114] Tradução do original, assim redigido em língua italiana: "si tratta del resto di una concezione conforme alla natura ed alla funzione equitativa originaria dell'azione di arricchimento senza causa: consentire per lo meno il recupero nei limiti dell'arricchimento di quanto lucrato da altri senza causa, ogniqualvolta nessun altro rimedio sia concretamente disponibile" (Gallo, Paolo. *Arricchimento senza causa e quasi contratti*, cit., p. 72).

doutrinária contrária ao exercício da ação de enriquecimento contra um terceiro, sustentada por Trimarchi,[115] não encontrou acolhida.[116]

No que diz respeito ao enriquecimento auferido por ato do enriquecido mediante intervenção em esfera patrimonial alheia, doutrina de meados do século XX sustentou que o problema nada tem a ver com o enriquecimento sem causa.[117] Por essa razão, buscou-se, então, solução fundada em interpretação extensiva da gestão de negócios.[118]

[115] Nas palavras do autor, "se o empobrecimento deriva da execução de uma prestação, quem executou a prestação não pode – como regra – exercer uma ação de enriquecimento sem causa contra uma pessoa diversa daquela à qual prestou. (...) Se o empobrecimento deriva de uma prestação ao intermediário, o empobrecido deve se voltar contra ele e – em linha de princípio, salvo as exceções legais – não ser tratado de modo diversos de seus outros credores". Tradução do original, assim redigido em língua italiana: "[o]ve l'impoverimento derivi dall'esecuzione di una prestazione, chi ha eseguito la prestazione non può – di regola – esercitare una propria azione di arricchimento senza causa contro una persona diversa da quella alla quale ha reso la prestazione medesima. (...) Se l'impoverimento deriva da una prestazione resa all'intermediario, l'impoverito deve rivolgersi contro di questo, e venire trattato – in linea di principio, e salve le eccezioni di legge – non diversamente dagli altri suoi creditori." (TRIMARCHI, Pietro. *L'arricchimento senza causa.* Milão: Giuffrè, 1962, pp. 89 e 106).

[116] "Obwohl dieser Ansatz Trimarchis eine in sich stimmige Lösung für die Behandlung von Drei-Personen-Verhältnissen bietet, ist er bisher weder in der Literatur noch in der Rechtsprechung aufgegriffen worden" (SCHLECHTRIEM, Peter. *Restitution und Bereicherungsausgleich in Europa*, vol. II, cit., p. 304).

[117] "Note-se, desde logo, a fim de evitar equívocos, que o presente problema nada tem a ver com a matéria de enriquecimento sem causa." Tradução do original, assim redigido em língua italiana: "Si osservi subito, a scanso di equivoci, che il presente problema non ha nulla a vedere con la materia dell'arricchimento senza causa" (SACCO, Rodolfo. *L'arrichimento ottenuto mediante fatto ingiusto: contributo alla teoria della responsabilità estracontrattuale.* Turim: Unione Tipografico-Editrice Torinense, 1959, p. 3).

[118] "No entanto, é lícito sustentar, com base em considerações sistemáticas e históricas, que o art. 2.032 é manifestação de um princípio mais geral, segundo o qual o titular de um patrimônio pode sempre exigir daquele que se intromete nesse patrimônio o lucro assim obtido". Tradução do original, assim redigido em língua italiana: "È però lecito sostenere, in base a considerazioni sistematiche e storiche, che l'art. 2032 è la manifestazione di un più generale principio secondo cui il titolare di un patrimonio può sempre pretendere da colui che si ingerisca nel patrimonio medesimo il profitto così conseguito" (SACCO, Rodolfo. *L'arricchimento ottenuto mediante fatto ingiusto: contributo alla teoria della responsabilità estracontrattuale*, cit., p. 115). Conforme esclarece a doutrina portuguesa, "a distinção entre o enriquecimento sem causa e a gestão de negócios é menos linear. Existe uma clara zona

De fato, a exigência de *danno*, no art. 2.041 do código civil italiano, pressupõe deslocamento patrimonial e acaba por impor óbice à restituição do chamado *profitto creato*, isto é, do enriquecimento que, não obstante auferido sem causa, não corresponda a um empobrecimento do titular do direito. Para solucionar o problema no âmbito da regra geral, doutrina mais recente procurou interpretar a exigência de dano à luz do pressuposto alemão *auf dessen Kosten*, isto é, à custa de outrem. Designadamente, a obtenção de algo à custa de outrem – expressão também empregada no art. 884, *caput*, do Código Civil brasileiro – não significa que se tenha auferido algo com empobrecimento de outrem, mas sim algo que deva pertencer a outrem.[119]

A doutrina observa que, na prática, a regra geral do direito italiano revelou-se pouco frutífera. Não são muitos os trabalhos a respeito do tema e é tímida sua aplicação pela jurisprudência. Em particular, a recepção integral da doutrina francesa, que diferencia o pagamento indevido

de sobreposição entre as duas figuras que, ao longo da história, tem permitido a uma (a gestão) acudir à outra, quando não reconhecida ou suficientemente reconhecida (o enriquecimento). À partida, o gestor não tem título ('causa') para se imiscuir nos negócios do dominus. Caso o faça e com êxito, este ficará enriquecido, devendo restituir o benefício ao gestor, pelo menos até a medida do dano" (MENEZES CORDEIRO, António. *Tratado de direito civil português*, vol. II: *Direito das obrigações*, tomo III. Coimbra: Almedina, 2010, p. 220). É preciso ter clareza quanto ao fato de que Rodolfo Sacco buscou solução à gestão de negócios por faltar, em Itália, norma que oferecesse solução ao problema do enriquecimento por intervenção. Embora, na realidade de cada país, os problemas práticos tendam a se repetir, as disposições legais são diversas e, pois, também são diversas as soluções. Entre nós, cumpre desde logo observar que, após o surgimento de regra geral formulada nos termos do art. 884, *caput*, do Código Civil, tornou-se desnecessário buscar seja à gestão de negócios, seja a qualquer outro instituto, fundamento legal e consequências jurídicas para o enriquecimento por intervenção.

119 "Não é necessário um dano, no sentido próprio da expressão, tampouco uma verdadeira transferência injustificada de riqueza, mas sim que alguém obtenha um lucro de modo injusto, tirando lucro de recursos de outrem". Tradução do original, assim redigido em língua italiana: "Non sia necessario un danno nel senso proprio dell'espressione, e tanto meno un vero e proprio trasferimento ingiustificato di ricchezza, ma piuttosto che qualcuno sia riuscito a realizzare un profitto in modo ingiusto mettendo a profitto risorse altrui" (GALLO, Paolo. *Arricchimento senza causa e quasi contratti*, cit., p. 40).

do enriquecimento sem causa, deu-se de modo deficiente, em que os casos específicos antecedem a regra geral.[120]

A mesma estrutura se repetiu no Código Civil brasileiro, embora, no conteúdo, o art. 884, *caput*, do Código Civil mais se aproxime do § 812 I 1 do BGB, do qual se passa a cuidar abaixo.

1.2.2. As *Kondiktionen* no direito alemão

Muito antes do caso Boudier, os juristas alemães refutaram a ideia de que um enunciado fundado meramente na equidade pudesse ter aplicação prática ou converter-se em ação geral de enriquecimento. Nas palavras de Savigny, "a regra de que ninguém deve se enriquecer em detrimento de outrem é de natureza tão genérica e indeterminada que não permite uma aplicação imediata no julgamento de questões jurídicas práticas. Antes, ela teve influência no surgimento de algumas regras jurídicas, de modo que é, no máximo, elemento contido em algumas das regras práticas efetivas, nas quais, apenas em conexão com pressupostos muito concretos, adquire vida e eficácia".[121]

Após Savigny, a Pandectística buscou resgatar as *condictiones*, regras práticas de pressupostos bem delineados e cujo traço comum reside na falta de fundamento jurídico para retenção de dada atribuição patrimonial.[122] Desse esforço doutrinário resultou a regra geral prevista no § 812 I 1 do BGB:

[120] MENEZES LEITÃO, Luís Manuel Teles de. *O enriquecimento sem causa no direito civil*, cit., pp. 357-359; VICENTE, Dário Moura. *Direito comparado*, vol. II: *Obrigações*, cit., p. 563; GALLO, Paolo. *Arricchimento senza causa e quasi contratti*, cit., p. 21.

[121] Tradução do original, assim redigido em língua alemã: "Diese Regel [isto é: "die Regel, daß niemand durch den Schaden eines andern bereichern soll"] ist indessen so allgemeiner und unbestimmter Natur, daß sie eine unmittelbare Anwendung auf die Beurtheilung praktischer Rechtsfragen gar nicht zuläßt, sondern lediglich auf die Entstehung mancher Rechtsregeln Einfluß gehabt hat, so daß sie höchstens als einzelnes Element in wirklich praktische Regeln enthalten ist, wo sie nur in Verbindung mit sehr concreten Voraussetzungen Leben und Wirksamkeit erhält" (VON SAVIGNY, Friedrich Carl. *System des heutigen Römischen Rechts*, vol. III, apêndice VIII: *Irrthum und Unwissenheit*. Berlim: Veit und Comp., 1840, p. 451).

[122] MENEZES LEITÃO, Luís Manuel Teles de. *O enriquecimento sem causa no direito civil*, cit., pp. 327-336. Nas palavras de Savigny, "todos estes casos têm em comum que a aumento de um património através da redução do patrimônio de outrem, que ou foi sempre sem

> "§ 812. Pretensão restitutória. (1) [1]Quem, por meio de prestação de outrem, ou por outro modo, à custa de outrem, obtém algo sem fundamento jurídico, está obrigado a restituir."[123]

Nos termos em que redigido o § 812 I 1 do BGB, são três os pressupostos necessários a desencadear a obrigação de restituir: (i) a obtenção de algo por prestação *ou* por outro meio; (ii) à custa de outrem; (iii) sem fundamento jurídico.

Na sequência, o § 812 I 2 do BGB prevê que a restituição também tem lugar nas hipóteses de posterior desaparecimento do fundamento jurídico (*condictio ob causam finitam*) ou de não se realizar o resultado que, segundo o conteúdo do negócio jurídico, era visado com a prestação (*condictio ob rem*).[124] Por sua vez, o § 812 II do BGB esclarece ser igualmente considerado prestação o reconhecimento da existência ou inexistência de uma obrigação.[125]

Especificamente a propósito do pagamento indevido, o § 813 I do BGB prevê caber restituição se a pretensão ao pagamento estivesse sujeita a exceção peremptória, salvo na hipótese de prescrição, nos ter-

fundamento, ou perdeu o fundamento originário". Tradução do original, assim redigido em língua alemã: "Alle diese Fälle also haben miteinander gemein die Erweiterung eines Vermögens durch Verminderung eines andern Vermögens, die entweder stets ohne Grund war, oder ihren ursprünglichen Grund verloren hat". (Von Savigny, Friedrich Carl. *System des heutigen Römischen Rechts*, vol. V, apêndice XIV: *Die Condictionen*. Berlim: Veit und Comp., 1841, p. 525).

123 Tradução do original, assim redigido em língua alemã: "§ 812. Herausgabeanspruch. (1) [1]Wer durch die Leistung eines anderen oder in sonstiger Weise auf dessen Kosten etwas ohne rechtlichen Grund erlangt, ist ihm zur Herausgabe verpflichtet."

124 "Esta obrigação também existe, se o fundamento jurídico posteriormente deixa de existir ou se o resultado que, segundo o conteúdo do negócio jurídico, foi visado com a prestação não vem a se realizar." Tradução do original, assim redigido em língua alemã: " [2]Diese Verpflichtung besteht auch dann, wenn der rechtliche Grund später wegfällt oder der mit einer Leistung nach dem Inhalt des Rechtsgeschäfts bezweckte Erfolg nicht eintritt."

125 "Também vale como prestação o reconhecimento, por contrato, da inexistência ou inexistência de uma relação obrigacional." Tradução do original, assim redigido em língua alemã: "(2) Als Leistung gilt auch die durch Vertrag erfolgte Anerkennung des Bestehens oder des Nichtbestehens eines Schuldverhältnisses."

mos do § 214 II do BGB. Exemplo pode ser dado pela exceção contra pretensão obtida por meio de ato ilícito (*Arglisteinrede*), prevista no § 853 do BGB.[126] Por sua vez, de acordo com o § 813 II do BGB, o pagamento realizado antes do termo não está sujeito a repetição.[127]

Ainda quanto ao pagamento indevido, o § 814 do BGB estabelece o pressuposto de erro quanto à falta de causa. Nomeadamente, a norma exclui a restituição na hipótese em que o prestante conhecia a falta de fundamento jurídico para o pagamento.[128]

A respeito da *condictio ob rem*, o § 815 do BGB prevê que não há restituição se o prestante sabia ser impossível o resultado estipulado ou se, contrariamente à boa-fé, obstou a realização desse resultado.[129]

[126] LORENZ, Stephan. *Staudinger BGB §§ 812-822: Ungerechtfertigte Bereicherung*. Berlim: De Gruyter, 2007, p. 203.

[127] "§ 813. Cumprimento apesar de exceção. (1) A restituição daquilo que se prestou para o fim de se cumprir uma obrigação também pode ser exigida, se à pretensão opôs-se exceção em virtude da qual a exigibilidade da pretensão foi peremptoriamente excluída. A disposição do § 214 II permanece imodificada. (2) Se uma obrigação a termo foi cumprida antes do tempo, a restituição está excluída. A restituição de juros do período entre o pagamento e o termo não pode ser exigida." Tradução do original, assim redigido em língua alemã: "§ 813. Erfüllung trotz Einrede. (1) Das zum Zwecke der Erfüllung einer Verbindlichkeit Geleistete kann auch dann zurückgefordert werden, wenn dem Anspruch eine Einrede entgegenstand, durch welche die Geltendmachung des Anspruchs dauernd ausgeschlossen wurde. Die Vorschrift des § 214 Abs. 2 bleibt unberührt. (2) Wird eine betagte Verbindlichkeit vorzeitig erfüllt, so ist die Rückforderung ausgeschlossen; die Erstattung von Zwischenzinsen kann nicht verlangt werden."

[128] "§ 814. Conhecimento da inexistência da dívida. A restituição daquilo que se prestou para o fim de se cumprir uma obrigação está excluída, se o prestante sabia que não estava obrigado a prestar, ou se a prestação correspondia a um dever moral ou à consideração a ser tomada em razão da decência." Tradução do original, assim redigido em língua alemã: "§ 814. Kenntnis der Nichtschuld. Das zum Zwecke der Erfüllung einer Verbindlichkeit Geleistete kann nicht zurückgefordert werden, wenn der Leistende gewusst hat, dass er zur Leistung nicht verpflichtet war, oder wenn die Leistung einer sittlichen Pflicht oder einer auf den Anstand zu nehmenden Rücksicht entsprach."

[129] "§ 815. Não realização do resultado. A restituição em razão da não realização do resultado visado com a prestação está excluída, se a realização de tal resultado era desde o início impossível e o prestante o sabia ou se, contra a boa-fé, o prestante obstou a realização de tal resultado." Tradução do original, assim redigido em língua alemã: "§ 815. Nichteintritt des Erfolgs. Die Rückforderung wegen Nichteintritts des mit einer Leistung bezweckten Erfolgs ist ausgeschlossen, wenn der Eintritt des Erfolgs von Anfang an unmöglich war

Em contraposição às regras anteriores, todas pertinentes ao chamado enriquecimento por prestação, o § 816 do BGB disciplina a hipótese de alienação por quem não tenha legitimidade para tanto, situação específica de enriquecimento auferido mediante intervenção em esfera patrimonial alheia.[130]

A encerrar as disposições pertinentes ao suporte fático das pretensões restitutórias, § 817 do BGB cuida da *condictio ob turpem vel iniustam causam*, que determina a restituição da prestação se o receptor visava a fim ilícito.[131]

und der Leistende dies gewusst hat oder wenn der Leistende den Eintritt des Erfolgs wider Treu und Glauben verhindert hat."

[130] "§ 816. Disposição de um não legitimado. (1) Se um não legitimado dispõe de um objeto de modo eficaz em face do legitimado, então está obrigado a restituir ao legitimado o que obteve com a disposição. Se a disposição foi gratuita, a mesma obrigação se impõe àquele que em razão da disposição diretamente obteve uma vantagem jurídica. (2) Se uma prestação é feita a um não legitimado de modo eficaz em face do legitimado, então o não legitimado é obrigado a restituir a prestação ao legitimado." Tradução do original, assim redigido em língua alemã: "§ 816. Verfügung eines Nichtberechtigen. (1) Trifft ein Nichtberechtigter über einen Gegenstand eine Verfügung, die dem Berechtigten gegenüber wirksam ist, so ist er dem Berechtigten zur Herausgabe des durch die Verfügung Erlangten verpflichtet. Erfolgt die Verfügung unentgeltlich, so trifft die gleiche Verpflichtung denjenigen, welcher auf Grund der Verfügung unmittelbar einen rechtlichen Vorteil erlangt. (2) Wird an einen Nichtberechtigten eine Leistung bewirkt, die dem Berechtigten gegenüber wirksam ist, so ist der Nichtberechtigte dem Berechtigten zur Herausgabe des Geleisteten verpflichtet."

[131] "§ 817. Violação contra a lei ou bons costumes. Se o fim da prestação foi de tal modo determinado, que, através da sua aceitação, o receptor viola proibição legal ou os bons costumes, então o receptor fica obrigado à restituição. A restituição é excluída se tal violação também é imputável ao prestante, a menos que a prestação tenha consistido na assunção de uma obrigação; o que se prestou em cumprimento a tal obrigação não pode ser exigido em restituição." Tradução do original, assim redigido em língua alemã: "§ 817. Verstoß gegen Gesetz oder gute Sitten. War der Zweck einer Leistung in der Art bestimmt, dass der Empfänger durch die Annahme gegen ein gesetzliches Verbot oder gegen die guten Sitten verstoßen hat, so ist der Empfänger zur Herausgabe verpflichtet. Die Rückforderung ist ausgeschlossen, wenn dem Leistenden gleichfalls ein solcher Verstoß zur Last fällt, es sei denn, dass die Leistung in der Eingehung einer Verbindlichkeit bestand; das zur Erfüllung einer solchen Verbindlichkeit Geleistete kann nicht zurückgefordert werden."

Com base em tais disposições, em particular na alternativa prevista na regra geral do § 812 I 1 do BGB, a doutrina distingue entre as hipóteses de enriquecimento por prestação (*Leistungskondiktionen*) e as hipóteses de enriquecimento por outro meio que não uma prestação (*Nichtleistungskondiktionen*).

Na esteira das *condictiones* do direito romano, Canaris lista quatro hipóteses de enriquecimento por prestação: (i) o pagamento indevido, que também se caracteriza nas hipóteses de reconhecimento de dívida sem causa (§ 812 II) e de pagamento a despeito da existência de exceção peremptória, salvo prescrição (§ 813 I); (ii) a pretensão restitutória em razão da causa que deixou de existir; (iii) a pretensão restitutória por não verificação do fim visado com a prestação; e (iv) a pretensão restitutória em razão da ilicitude do fim da prestação.[132]

Em virtude do princípio da abstração dos atos de disposição patrimonial em relação ao negócio jurídico de direito das obrigações (*Abstraktionsprinzip*), o pagamento indevido encontra, no direito alemão, enorme campo de aplicação. Como observado a propósito do direito romano, a caracterização de pagamento indevido exige transmissão eficaz. Uma vez que, no direito alemão, a invalidade do negócio jurídico não repercute sobre a disposição patrimonial, a restituição fundada no enriquecimento sem causa acaba por funcionar como o corretivo necessário do princípio da abstração nas hipóteses de invalidade.[133]

Ainda no que se refere ao pagamento indevido, tal como entre os romanistas, os civilistas alemães divergem a propósito das teorias subjetiva e objetiva da causa. A primeira, que compreende a causa como a realização da finalidade de cumprimento visada pelo prestante, é defendida por autores como Reuter e Martinek.[134] A segunda, que enxerga a causa de retenção da prestação na existência de vínculo obrigacional, é

[132] LARENZ, Karl; CANARIS, Claus-Wilhelm. *Lehrbuch des Schulrechts*, vol. 2, tomo II, cit., pp. 145-158.

[133] SCHLECHTRIEM, Peter. *Restitution und Bereicherungsausgleich in Europa*, vol. I, cit., p. 29. Em sistemas como o brasileiro, diversamente, os vícios do negócio jurídico repercutem também sobre o ato de disposição patrimonial e, pois, a restituição fundada na invalidade do negócio jurídico não segue o regime do pagamento indevido, mas regra especial, nomeadamente o art. 182 do Código Civil.

[134] REUTER, Dieter; MARTINEK, Michael. *Ungerechtfertigte Bereicherung*. Tübingen: Mohr

sustentada por autores como Canaris,[135] Lorenz[136] e Grigoleit[137] e é tida como dominante.

A predominância da teoria objetiva da causa não significa que a finalidade da prestação seja irrelevante. Em particular, ela serve à própria definição de prestação e, desse modo, delimita o âmbito de aplicação do pagamento indevido em face de outras hipóteses nas quais o enriquecimento sem causa também decorra de um ato do empobrecido, a exemplo da *Verwendungskondiktion*, mencionada abaixo.[138]

Na *condictio ob causam finitam*, de modo diverso do pagamento indevido, há causa no momento da prestação, mas, posteriormente, ela deixa de existir. Principal exemplo é o pagamento de indenização securitária em razão da perda de coisa que, depois, venha a ser recuperada. Na *condictio ob rem*, por sua vez, tal como no direito romano, a falta de causa se caracteriza pela não realização do fim visado pelas partes com a prestação. Na *condictio ob turpem vel iniustam causam*, de modo semelhante, falta causa se ilícito o fim visado pelo receptor da prestação.[139]

Nas hipóteses de enriquecimento por prestação, a doutrina reconhece pouco ou nenhum significado ao pressuposto à custa de outrem (*auf dessen Kosten*). Credor da restituição é aquele que efetuou a prestação. Devedor é quem a recebeu. Por essa razão, Canaris sugere que o § 812 I 1 do BGB seja lido do seguinte modo:

Siebeck, 1983, pp. 106-111. Também por Menezes Leitão, em Portugal (MENEZES LEITÃO, Luís Manuel Teles de. *O enriquecimento sem causa no direito civil*, cit., p. 644.).

135 LARENZ, Karl; CANARIS, Claus-Wilhelm. *Lehrbuch des Schulrechts*, vol. 2, tomo II, cit., pp. 136-137.

136 LORENZ, Stephan. *Staudinger BGB §§ 812-822: Ungerechtfertigte Bereicherung*, cit., pp. 175-177.

137 GRIGOLEIT, Hans Christoph. *Die Leistungszweckbestimmung zwischen Erfüllung und Bereicherunsausgleich*. In: Festschrift für Dieter Medicus. Colônia: Carl Heymanns Verlag, 2009, pp. 133 e 142.

138 GRIGOLEIT, Hans Christoph. *Die Leistungszweckbestimmung zwischen Erfüllung und Bereicherungs-ausgleich*, cit., p. 141.

139 LARENZ, Karl; CANARIS, Claus-Wilhelm. *Lehrbuch des Schulrechts*, vol. 2, tomo II, cit., pp. 136-139.

> "Quem, por meio de prestação de outrem obtém algo sem fundamento jurídico *ou* por outro modo obtém algo à custa de outrem sem fundamento jurídico ..." [140]

Embora a determinação das partes no enriquecimento por prestação pareça simples, o problema pode se apresentar de maneira mais complexa.

Exemplo disso é a chamada entrega encurtada (*abgekürzte Lieferung*). Trata-se da situação em que *A* compra de *B* para revender a *C* e, por essa razão, solicita a *B* que entregue a mercadoria diretamente a *C*. Nessa hipótese, pode-se questionar se *B* prestou a *A* ou a *C*. Aqui releva a finalidade de cumprimento, mencionada a propósito da controvérsia sobre as teorias subjetiva e objetiva da causa. Se a finalidade da atribuição patrimonial de *B* era dar cumprimento à relação obrigacional com *A*, deve-se concluir que *B* prestou a *A*, e não a *C*. Se, pois, ineficaz a relação causal entre *A* e *B*, é contra *A* que *B* tem pretensão restitutória, pelo equivalente, uma vez que *A* não dispõe do objeto da prestação.[141]

Nos termos do § 812 I 1 do BGB, ao enriquecimento por prestação contrapõe-se o enriquecimento por outro meio (*in sonstiger Weise*). A esse grupo pertence sobretudo a denominada *Eingriffskondiktion*, que é pretensão dirigida à restituição do enriquecimento auferido mediante intervenção em posição jurídica alheia.

A ela se somam outras duas figuras de aplicação menos frequente, pertinentes ao chamado enriquecimento forçado. A primeira delas denomina-se *Verwendungskondiktion* e diz respeito à restituição daquilo que se empregou em patrimônio alheio. A figura cuida de hipóteses assemelhadas à indenização de benfeitorias e acaba por suprir eventuais lacunas desse regime. A segunda é a *Rückgriffskondiktion*, hipótese de direito de

[140] Tradução do original, assim redigido em língua alemã: "Wer durch lie Leistung eines anderen etwas ohne rechtlichen Grund erlangt oder in sonstiger Weise etwas auf dessen Kosten ohne rechtlichen Grund erlangt (...)" (LARENZ, Karl; CANARIS, Claus-Wilhelm. *Lehrbuch des Schulrechts*, vol. 2, tomo II, cit., p. 131).

[141] LARENZ, Karl; CANARIS, Claus-Wilhelm. *Lehrbuch des Schulrechts*, vol. 2, tomo II, cit., pp. 131-132.

regresso para o caso de pagamento de dívidas alheias sem previsão de sub-rogação legal.

Em linhas gerais, as hipóteses de enriquecimento por prestação têm por função tutelar a movimentação de bens (*Güterbewegung*). Aproximam-se, grosso modo, do regime da resolução contratual. Nas demais hipóteses, com exceção feita ao direito de regresso, a tutela restitutória serve à proteção dos bens (*Güterschutz*). Sobretudo no que diz respeito à intervenção, a doutrina sustenta que a tutela restitutória por enriquecimento sem causa assume papel complementar às tutelas reivindicatória e delitual.[142]

A distinção constante no § 812 I 1 do BGB entre o enriquecimento por prestação e o enriquecimento por outro meio remete a Savigny. De acordo com Savigny, "também pode ser objeto da *condictio* aquilo que de modo contrário à minha vontade passa à propriedade de quem, através de uma ação sua ou por obra do acaso, se enriquece à minha custa".[143]

Analisada à luz da *condictio* romana, a pretensão fundada no enriquecimento sem causa pressuporia sempre um deslocamento patrimonial, isto é, que determinado bem tenha saído de um patrimônio e, sem causa, ingressado no patrimônio de outrem. O problema de tal concepção reside no fato de que nem sempre aquilo que se auferiu injustificadamente à custa de outrem corresponde a um empobrecimento do titular do direito.

Contra a chamada doutrina do deslocamento patrimonial, já em 1909, voltou-se Fritz Schulz, em obra intitulada Sistema dos direitos ao auferido por intervenção (*System der Rechte auf den Eingriffserwerb*), na qual sustentou que "ninguém pode lucrar com a intervenção ilícita em direito

[142] LARENZ, Karl; CANARIS, Claus-Wilhelm. *Lehrbuch des Schulrechts*, vol. 2, tomo II, cit., p. 130.

[143] Tradução do original, assim redigido em língua alemã: "Auch dasjenige kann condiziert werden, was aus meinem Vermögen anders als durch meinen Willen in fremdes Eigenthum übergeht, sey es, daß der Andere durch seine Handlung oder durch zufällige Umstände auf meine Kosten bereichert wurde" (VON SAVIGNY, Friedrich Carl. *System des heutigen Römischen Rechts*, vol. V, apêndice XIV: *Die Condictionen*, cit., p. 523). A esse respeito conferir também ELLGER, Reinhard. *Bereicherung durch Eingriff*, cit., p. 47.

alheio".[144] Nomeadamente, com fundamento na ilicitude da ação do enriquecido, e não num deslocamento patrimonial, Schulz defendeu que a pretensão restitutória deve se dirigir "a tudo que foi adquirido através da intervenção em direito alheio".[145]

A denominada teoria da ilicitude, de Schulz, teve o mérito de afastar a exigência de um empobrecimento. Todavia, sua formulação contraria o texto legal ao concluir que o enriquecido há de restituir ao titular do direito não apenas aquilo que obteve à custa deste, isto é, aquilo que deveria pertencer ao titular do direito, mas tudo que obteve a partir da intervenção. Como observa a doutrina portuguesa, "tratando-se de um valor económico que não 'pertencia' ao titular do direito (pois é certo que este também nunca teria feito o lucro com os seus próprios bens), a restituição do lucro ao titular do direito, como Schulz a defende, reveste carácter de medida de confisco".[146] Por essa razão, também a teoria da ilicitude viu-se superada.

A justificativa dogmática do enriquecimento por intervenção encontrou seu estado atual nas obras de Wilburg, datada de 1934,[147] e de von Caemmerer, vinte anos posterior.[148]

Wilburg esclareceu que a obrigação de restituir o auferido não se funda na ilicitude da conduta do interventor, mas na noção de conteúdo de destinação dos direitos subjetivos (*Zuweisungsgehalt*). O jurista austríaco constrói sua teoria do enriquecimento por intervenção tomando como paradigma o direito de propriedade. Em suas palavras, "se alguém

[144] Tradução do original, assim redigido em língua alemã: "Das Prinzip ist: grundsätzlich darf niemand aus einem widerrechtlichen Eingriff in ein fremdes Recht einen Gewinn machen" (SCHULZ, Fritz. *System der Rechte auf den Eingriffserwerb.* In: Archiv für die civilistische Praxis, n. 105, 1909, p. 443).

[145] Tradução do original, assim redigido em língua alemã: "Recht auf den Eingriffserwerb ist ein Recht auf alles, was durch den Eingriff in ein fremdes Recht erworben worden ist" (SCHULZ, Fritz. *System der Rechte auf den Eingriffserwerb*, cit., p. 427).

[146] PEREIRA COELHO, Francisco Manuel. *O enriquecimento e o dano.* Reimp., Coimbra: Almedina, 1999, pp. 52-53.

[147] WILBURG, Walter. *Die Lehre von der ungerechtfertigten Bereicherung nach österreichischem und deutschem Recht: Kritik und Aufbau*, Graz: Leuschner & Lubensky, 1934.

[148] VON CAEMMERER, Ernst. *Bereicherung und unerlaubte Handlung.* In *Gesammelte Schriften*, org. Hans Leser, Tübingen: Mohr Siebeck, 1968 [artigo originalmente publicado em 1954].

consome coisa minha e, com isso, poupa a que lhe pertence, a fundamentação da ação restitutória consiste em que a coisa utilizada pertence a mim e, por essa razão, as vantagens que ela proporciona destinam-se apenas a mim. A utilização por outrem contraria a destinação que decorre do direito de propriedade, do qual surge a ação de enriquecimento".[149] Segundo essa mesma ideia, a noção de conteúdo de destinação mostrou-se apta a fundamentar a pretensão restitutória também em casos de intervenção em bens imateriais, como o direito de autor ou os direitos da personalidade.[150]

Quanto à extensão do enriquecimento, todavia, Wilburg não se afastou demasiado de Schulz. Enquanto este defendia a restituição de tudo que se obteve a partir da intervenção (*Eingriffserwerb*), Wilburg sustentou a restituição daquilo que resultou do emprego do bem alheio (*Verwendungserfolg*), isto é, das vantagens que tal bem proporcionou.[151]

Mais rente ao § 812 I 1 do BGB, prevaleceu a posição sustentada por von Caemmerer, de acordo com a qual o objeto da pretensão restitutória, em hipótese de intervenção, corresponde ao valor do obtido (*der Wert des Erlangten*) e não ao lucro feito pelo interventor.[152] Como bem sintetiza a doutrina portuguesa, "para von Caemmerer o *Eingriffserwerb*, o *Verwendungserfolg* estão fora da acção de enriquecimento, não se estendendo a obrigação de restituir a esses valores. O 'obtido' é para von Caemmerer a própria '*Verwendung*', o próprio emprego e não o efeito deste sobre o

[149] Tradução do original, assim redigido em língua alemã: "Hat jemand meine Sache verbraucht und eigene dadurch erspart, so geht die unvoreingenommene Begründung der Ersatzklage dahin, daß die verwendete Sache mir gehört hat und infolgedessen der Nutzen allein mir zugewiesen ist. Die Verwendung für einen Andern widerspricht dem Eigentumszweck, und fordert aus dessen Kraft die Auseinandersetzung. Aus dem Eigentum entsteht die Bereicherungsklage" (Wilburg, Walter. *Die Lehre von der ungerechtfertigten Bereicherung nach österreichischem und deutschem Recht: Kritik und Aufbau*, cit., p. 28). No mesmo sentido: von Caemmerer, Ernst. *Bereicherung und unerlaubte Handlung*, cit., p. 229.

[150] Schlechtriem, Peter. *Restitution und Bereicherungsausgleich in Europa*, vol. II, cit., pp. 281-283.

[151] Wilburg, Walter. *Die Lehre von der ungerechtfertigten Bereicherung nach österreichischem und deutschem Recht: Kritik und Aufbau*, cit., pp. 122-137.

[152] Nas palavras do jurista alemão:: "Gegenstand des Bereicherungsanspruchs aus Eingriffserwerb ist der Wert des Erlangten, nicht etwa der vom Eingreifer gemachte Gewinn" (Von Caemmerer, Ernst. *Bereicherung und unerlaubte Handlung*, cit., p. 232).

patrimônio do enriquecido. O 'obtido' não está, assim, nos casos de uso, consumo ou alienação de bens alheios, nas utilidades que o interventor extraiu do bem, nas despesas que poupou com o consumo que fez ou no preço que recebeu do comprador, mas está no próprio uso, consumo ou alienação como tais; concebendo estes como valores patrimoniais autónomos, pode von Caemmerer concluir que o interventor com a sua simples acção se enriquece, na medida em que adquire esses valores".[153]

Nesse sentido, aquele que explora indevidamente a imagem de outrem, empregando-a em anúncio publicitário, enriquece-se injustificadamente em razão do próprio uso da imagem e não na medida do lucro obtido a partir da intervenção. Em semelhante hipótese, o interventor deve restituir o equivalente pecuniário da utilização da imagem, que corresponde ao valor comercial da exploração do direito no qual se deu a intervenção.[154] Eventual lucro pertence ao interventor, portanto.

De modo semelhante, na alienação de coisa alheia, o objeto da restituição corresponde ao valor da coisa, e não ao lucro feito a partir de sua alienação. Em particular, o lucro não é imputável ao objeto da restituição, mas ao interventor, devedor da restituição.[155] Por outras palavras, o lucro não é auferido à custa do credor da restituição. Deve-se observar,

[153] PEREIRA COELHO, Francisco Manuel. *O enriquecimento e o dano*, cit., p. 58. Contra, Wilburg continuou a sustentar a ideia de restituição de ao menos parte do *Verwendungserfolg*, ou de remuneração adequada em razão do emprego da coisa: "eine Beschränkung des Anspruches auf Wertersatz bietet m.E. im Prinzip zu wenig. Sie nähert sich dem Gedanken des Schadensersatzes und wird dem Wesen der Bereicherungsklage nicht gerecht. (...) Als Anspruchsinhalt schlug ich vor: Entweder einen Anteil am Verwendungserfolg nach dem Verhältnis der Beitragswerte – einerseits der verwendeten Sache des Gläubigers, anderseits der Mittel und der Tätigkeit des Schuldners – oder ein angemessenes Entgelt für die verwendete Sache. (...) Die Entgeltslösung ist besonders dann angezeigt, wenn ein Rechtsgut des Gläubigers im Unternehmen des Schuldners verwendet wurde und eine Gewinnverteilung praktisch nicht als gangbar erscheint. (...) Der Begriff des angemessenen Entgeltes, der juristisch wenig durchleuchtet ist, beschränkt sich aber nicht auf Wertersatz, sondern schließt einen Gewinn in sich" (WILBURG, Walter. *Zusammenspiel der Kräfte im Aufbau des Schuldrechts*. In: Archiv für die civilistische Praxis, n. 163, 1963, pp. 349-350).

[154] SCHLECHTRIEM, Peter. *Restitution und Bereicherungsausgleich in Europa*, vol. II, cit., p. 283.

[155] LARENZ, Karl; CANARIS, Claus-Wilhelm. *Lehrbuch des Schulrechts*, vol. 2, tomo II, cit., p. 278.

assim, o *commodum ex re* e não o *commodum ex negotiatione cum re*, o que não significa, evidentemente, que o preço da venda não possa constituir um indício de seu valor objetivo.[156]

A solução proposta por von Caemmerer é a que melhor se adequa, ademais, à função complementar que a *Eingriffskondiktion* exerce em relação às tutelas reivindicatória e delitual.

No enriquecimento por intervenção, o pressuposto à custa de outrem (*auf dessen Kosten*) assume, assim, papel central. A pergunta sobre se a vantagem que alguém obteve ocorreu mediante interferência em posição jurídica alheia há de ser situada desde o início sob tal pressuposto, o qual não é inteiramente dissociável da falta de causa (*rechtlicher Grund*). Ao contrário do que se passa nos casos de enriquecimento por prestação, não se há, aqui, de valorar o ato que gerou o enriquecimento, mas de se questionar a quem a ordem jurídica destina o auferido.[157] O enriquecimento é à custa de outrem sempre que consista na realização de valor econômico que deva pertencer a outrem.[158] Na mesma medida, ao determinar a quem cabe o enriquecimento, é o conteúdo de destinação do direito no qual se deu a intervenção que determina se existe ou não causa para sua retenção.[159]

Do pressuposto à custa de outrem decorre, ainda, a exigência de imediação do enriquecimento (*Unmittelbarkeitserfordernis*). Por outras palavras, o direito alemão não admite a restituição de enriquecimento que tenha fluido através do patrimônio de um intermediário (*Durchgriffsverbot*).[160]

[156] Grigoleit, Hans Christoph; Auer, Marietta. *Schuldrecht III: Bereicherungsrecht*. 2ª ed., Munique: C.H.Beck, 2016, p. 45 e nota 206.

[157] Schwab, Martin. *Münchener Kommentar zum BGB*, vol. VI. 6ª ed., Munique: C.H.Beck, 2013, § 812, n. 237, 244.

[158] Pereira Coelho, Francisco Manuel. *O enriquecimento e o dano*, cit., p. 45.

[159] Wilburg, Walter. *Die Lehre von der ungerechtfertigten Bereicherung nach österreichischem und deutschem Recht: Kritik und Aufbau*, cit., p. 28. No mesmo sentido: Von Caemmerer, Ernst. *Bereicherung und unerlaubte Handlung*, cit., p. 229.

[160] Larenz, Karl; Canaris, Claus-Wilhelm. *Lehrbuch des Schulrechts*, vol. 2, tomo II, cit., p. 135. A esse respeito, não é inteiramente correta a afirmação de que "a posição prevalecente na doutrina alemã rejeita a imediação como requisito para a caracterização do enriquecimento sem causa" (Moraes, Renato Duarte Franco de. *Enriquecimento sem causa e o enriquecimento por intervenção*, cit., p. 253). A afirmação se apoia em passagem da obra de Menezes Leitão, na qual o jurista português aponta que, no enriquecimento por prestação,

Isso porque, em semelhante hipótese, o enriquecimento não ocorre à custa do autor da ação, mas do intermediário.

Em adição, também não preenche o pressuposto à custa de outrem o enriquecimento auferido de maneira reflexa. É o que ocorre nas situações em que o empobrecido age em seu próprio interesse e propicia alguma vantagem a outrem. Como exemplo, Canaris cita caso julgado pelo *Bundesgerichtshof* (BGH) em que dada companhia exigia de outra a restituição de custos de pesquisa, por ter esta segunda companhia se beneficiado de descobertas científicas realizadas pela primeira.[161] De acordo com a decisão, a segunda companhia não auferiu um enriquecimento destinado à primeira. Em particular, o emprego das descobertas científicas não era, naquele caso, reservado com exclusividade à primeira companhia.[162]

As consequências jurídicas do enriquecimento sem causa encontram-se disciplinadas sobretudo no § 818 do BGB:

> "§ 818. Extensão da pretensão pelo enriquecimento. (1) A obrigação de restituir compreende os frutos percebidos bem como aquilo que o enriquecido adquiriu em razão da obtenção de um direito ou como indenização pela destruição, danificação ou privação do objeto obtido.

a exigência de imediação pode ser considerada superada, porque situações triangulares, nas quais a prestação é realizada por delegação, são melhor explicadas mediante o conceito de prestação (Menezes Leitão, Luís Manuel Teles de. *O enriquecimento sem causa no direito civil*, cit., p. 857). Note-se que a objeção não diz respeito a hipótese como a do caso Boudier, mas a atribuições patrimoniais indiretas, a exemplo da *abgekürzte Lieferung*, referida acima. Na realidade, tal situação preserva o sentido da imediação tal como enunciado por Canaris, como, ademais, reconhece Menezes Cordeiro. Isso porque, mesmo na hipótese de pagamento por delegação, o enriquecimento não se perde por esferas de terceiros (Menezes Cordeiro, António. *Tratado de direito civil português*, vol. II: *Direito das obrigações*, tomo III, cit., p. 232-234).

161 Larenz, Karl; Canaris, Claus-Wilhelm. *Lehrbuch des Schulrechts*, vol. 2, tomo II, cit., pp. 176 e 189.

162 Ellger, Reinhard. *Bereicherung durch Eingriff*, cit., pp. 216-217. Conforme destacado em recente monografia, "o Tribunal Federal de Justiça negou o pedido restitutório, afirmando que a primeira sociedade possuía proteção contra cópias não autorizadas, distribuição e marketing do relatório que havia preparado, mas não da utilização das descobertas que constavam do relatório" (Moraes, Renato Duarte Franco de. *Enriquecimento sem causa e o enriquecimento por intervenção*, cit., p. 326).

(2) Se, devido à qualidade do objeto obtido, a restituição não for possível ou se, por outro motivo, a restituição não for possível ao receptor, então terá de indenizar o valor.

(3) A obrigação de restituir ou de indenizar o valor é excluída, desde que o receptor não esteja mais enriquecido.

(4) A partir do ajuizamento da ação o receptor responde segundo as regras gerais." [163]

Nos termos do § 818 I do BGB, a pretensão restitutória dirige-se primariamente ao auferido (*erlangtes Etwas*), bem como aos frutos e sub-rogado obtidos pelo devedor. Nos casos de impossibilidade da restituição *in natura*, ou em que o auferido consista numa vantagem incorpórea, como a prestação de um serviço ou o auferido mediante intervenção, o credor tem, de acordo com o § 818 II do BGB, pretensão à restituição do equivalente pecuniário.[164]

As disposições do § 818 III e IV devem ser lidas em conjunto com o § 819 do BGB. Conforme esta última regra, se o receptor conhecia a falta de fundamento jurídico ou se a conheceu posteriormente, responderá, desde o recebimento, ou do conhecimento da falta de causa, segundo as regras gerais. Por outras palavras, estará desde então em mora. O mesmo ocorre se, ao aceitar a prestação, tiver violado proibição legal ou atentado contra os bons costumes.[165] Em contrapartida, o devedor que desconhe-

[163] Tradução do original, assim redigido em língua alemã: "§ 818. Umfang des Bereicherungsanspruchs. (1) Die Verpflichtung zur Herausgabe erstreckt sich auf die gezogenen Nutzungen sowie auf dasjenige, was der Empfänger auf Grund eines erlangten Rechts oder als Ersatz für die Zerstörung, Beschädigung oder Entziehung des erlangten Gegenstands erwirbt. (2) Ist die Herausgabe wegen der Beschaffenheit des Erlangten nicht möglich oder ist der Empfänger aus einem anderen Grunde zur Herausgabe außerstande, so hat er den Wert zu ersetzen. (3) Die Verpflichtung zur Herausgabe oder zum Ersatz des Wertes ist ausgeschlossen, soweit der Empfänger nicht mehr bereichert ist. (4) Von dem Eintritt der Rechtshängigkeit an haftet der Empfänger nach den allgemeinen Vorschriften."

[164] GRIGOLEIT, Hans Christoph; AUER, Marietta. *Schuldrecht III: Bereicherungsrecht*, cit., pp. 44-46.

[165] "§ 819. Responsabilidade agravada por conhecimento e por violação à lei ou aos bons costumes. (1) Se o receptor conhece a falta de fundamento jurídico quando da recepção da prestação ou a vem a conhecer posteriormente, responderá a partir da recepção ou

cia a falta de causa é constituído em mora apenas com o ajuizamento da ação e, nos termos do § 818 III do BGB, pode opor ao credor a perda do enriquecimento.

A chamada objeção de empobrecimento (*Einwand der Entreicherung*), prevista no § 818 III do BGB, permite ao devedor opor ao credor não apenas a diminuição do enriquecimento, mas também despesas em razão dele realizadas (*vermögensmäßige Folgenachteile*).[166]

Em todo o direito das obrigações, o § 818 III do BGB é a norma que funda a hipótese de responsabilidade mais branda prevista no código civil alemão.[167] Em caso de impossibilidade da restituição *in natura*, o § 818 III do BGB possibilita inclusive que o devedor nada tenha de restituir. Desse modo, a orientação real do enriquecimento, expressa no § 812 I 1 do BGB, sofre aqui uma modulação patrimonial, caso demonstrada a boa-fé do enriquecido.

Tendo em vista que, no direito alemão, o pagamento indevido abrange também os casos de invalidade, o § 818 III do BGB suscita enorme divergência doutrinária e jurisprudencial a propósito dos casos em que um dos figurantes de um contrato bilateral nulo já não disponha da prestação recebida. Pense-se, por exemplo, na compra e venda nula de um automóvel que, já em poder do comprador, veio a se perder. Em caso de boa-fé do comprador, isto é, de desconhecimento sobre a falta de causa do enrique-

do conhecimento, como se a partir de então se tivesse feito valer a pretensão contra ele [incidindo, assim, os efeitos da mora]. (2) Se, com a aceitação da prestação, o receptor atentou contra a lei ou os bons costumes, então responderá do mesmo modo, desde a recepção." Tradução do original, assim redigido em língua alemã: "§ 819. Verschärfte Haftung bei Kenntnis und bei Gesetzes- oder Sittenverstoß. (1) Kennt der Empfänger den Mangel des rechtlichen Grundes bei dem Empfang oder erfährt er ihn später, so ist er von dem Empfang oder der Erlangung der Kenntnis an zur Herausgabe verpflichtet, wie wenn der Anspruch auf Herausgabe zu dieser Zeit rechtshängig geworden wäre. (2) Verstößt der Empfänger durch die Annahme der Leistung gegen ein gesetzliches Verbot oder gegen die guten Sitten, so ist er von dem Empfang der Leistung an in der gleichen Weise verpflichtet."

[166] GRIGOLEIT, Hans Christoph; AUER, Marietta. *Schuldrecht III: Bereicherungsrecht*, cit., pp. 46-48.

[167] GRIGOLEIT, Hans Christoph; AUER, Marietta. *Schuldrecht III: Bereicherungsrecht*, cit., p. 44.

cimento, nada será devido ao vendedor em restituição. Em contrapartida, o comprador poderá exigir a restituição do preço.

Muito cedo, a jurisprudência do *Reichsgericht* desenvolveu a denominada teoria do saldo (*Saldotheorie*), segundo a qual, na hipótese de nulidade de contrato bilateral, a direção e a extensão da restituição devem ser definidas *a priori*, isto é, sem consideração ao § 818 III do BGB, mas através da mera diferença entre o valor da prestação de uma parte e o valor da contraprestação da outra, no momento da execução do contrato.[168] No exemplo acima, se o valor do automóvel correspondia ao preço pago pelo comprador, de lado a lado, nada será devido em restituição.

Contra a *Saldotheorie,* von Tuhr e Oertmann objetaram que, conforme a literalidade da lei, o comprador que perdeu a coisa prestada pelo vendedor nada tem a restituir, mas pode exigir a restituição de todo o preço, como observado acima. Essa solução recebeu o nome de teoria das duas *condictiones* (*Zweikondiktionentheorie*).[169]

Em formulação posterior, proposta por von Caemmerer e baseada na ideia de um sinalagma fático, a *Saldotheorie* passou a ser fundamentada numa interpretação invertida do § 818 III do BGB, de acordo com a qual a perda do enriquecimento não limita a responsabilidade do receptor da prestação, mas sim a sua própria pretensão restitutória, de modo a fazer com que cada parte suporte os prejuízos ocorridos em sua esfera de riscos.[170] Por outras palavras, se o comprador perdeu o automóvel, deverá abater tal perda da restituição que lhe é devida. Sob tal formulação, a *Saldotheorie* é, ainda hoje, dominante na jurisprudência do BGH e permanente alvo de críticas por parte da doutrina.

[168] Assim, o RGZ 54, 137, julgado no ano de 1903.

[169] Von Tuhr, Andreas. *Zur Lehre von der ungerechtfertigten Bereicherung.* In: Aus Römischen und Bürgerlichen Recht: Festschrift für Bekker, Weimar: Hof-Buchdr., 1907, pp. 306-309; Von Tuhr, Andreas. *Der Allgemeine Teil des Deutschen bürgerlichen* Rechts, vol. II, tomo I. Munique: Duncker & Humblot, 1914, p. 358; Oertmann, Paul. *Bereicherungsansprüche bei nichtigen Geschäften.* In: Deutsche Juristen-Zeitung, Nr. 21/22, Ano 20, 1915, pp. 1064-1067; Oertmann, Paul. *Bürgerliches Gesetzbuch,* vol. II: *Recht der Schuldverhältnisse.* 5ª ed., Berlim: Carl Heymanns Verlag, 1929, p. 1358. As críticas à Saldotheorie se encontram também na obra de Pontes de Miranda (Pontes de Miranda, Francisco Cavalcanti. *Tratado de direito privado,* tomo XXVI, cit., pp. 187-189).

[170] Von Caemmerer. *Bereicherung und Unerlaubte Handlung,* cit., pp. 260-264.

Em solução alternativa, proposta por Flume, o receptor deve responder pelo perecimento da prestação recebida até o valor da contraprestação por ele efetuada, pois, dentro desse limite, decidiu dispor sobre o seu próprio patrimônio (*vermögensmäßige Entscheidung*). Desse modo, Flume sustenta que, até esse valor, não incide o § 818 III do BGB.[171]

Em resposta a Flume, Canaris afirma que, em razão da nulidade do contrato, não se pode tomar em consideração a decisão do contratante de dispor sobre o próprio patrimônio. Aponta, além disso, que tal decisão constitui mero motivo.[172] Canaris propõe, assim, sua própria solução, que consiste na redução teleológica do § 818 III do BGB quando aplicado a contratos bilaterais nulos. De acordo com o jurista, nesses casos, o regime da restituição do enriquecimento sem causa deve ser harmonizado com o regime da restituição previsto para a hipótese de resolução do contrato bilateral, evitando-se, desse modo, contradições valorativas entre hipóteses que, segundo sustenta, são assemelhadas.[173]

Em réplica, Flume aponta que os regimes do enriquecimento sem causa e da resolução contratual versam sobre problemas muito distintos e, portanto, não há contradição em razão de suas diferentes consequências.[174] Realmente, a responsabilidade pelo enriquecimento pressupõe a falta de um contrato eficaz e, portanto, não pode se apoiar em valorações de direito contratual.

Diante desse quadro, parte da doutrina atual discorda de ambos, bem como da jurisprudência dominante, e defende que a única solução inteiramente compatível com o § 818 III do BGB é aquela da *Zweikondiktionentheorie*, tal como originalmente exposta por Oertmann e von Tuhr.[175]

[171] Flume, Werner. *Die Unterschiedlichkeit des römischen Kondiktionsrechts und des modernen Bereicherungsrechts am Beispiel des Wegfalls der Bereicherung*, cit., pp. 81-83.

[172] Canaris, Claus-Wilhelm. *Die Gegenleistungskondiktion*. In: *Gesammelte Schriften*, vol. III: *Privatrecht*. Org. Jörg Neuner; Hans Christoph Grigoleit, Berlim: De Gruyter, 2012, pp. 828-829.

[173] Canaris, Claus-Wilhelm. *Die Gegenleistungskondiktion*, cit., pp. 819-866.

[174] Flume, Werner. *Der Wegfall der Bereicherung*. In: Studien zur Lehre von der ungerechtfertigten Bereicherung. Org. Wolfgang Ernst, Tübingen: Mohr Siebeck, 2003, pp. 126 e ss.

[175] Schäfer, Frank. *Historisch-kritischer Kommentar zum BGB*, vol. III, tomo 2. Coord. Mathias Schmoeckel, Joachim Rückert, Reinhard Zimmermann, Tübingen: Mohr Siebeck, 2013, pp. 2701-2702.

A encerrar o regramento do enriquecimento sem causa no direito alemão, o § 820 do BGB cuida da responsabilidade agravada nos casos em que o resultado visado com a prestação é incerto ou em que é previsível o desaparecimento da causa.[176] O § 821 do BGB disciplina a exceção de enriquecimento, oponível na hipótese de assunção de obrigação sem causa.[177] O § 822 do BGB, por fim, trata da hipótese excepcional de pretensão dirigida contra terceiro, no caso de o receptor de prestação sem causa a ter transferido gratuitamente ao terceiro.[178]

176 "§ 820. Responsabilidade agravada pelo desconhecimento da realização do resultado. (1) Se com a prestação visou-se um resultado cuja realização, segundo o conteúdo do negócio jurídico, era tida como incerta, caso o resultado não se realize, o receptor está obrigado a restituir como se a restituição tivesse sido exigida no momento da recepção da prestação. O mesmo vale se a prestação foi realizada em razão de uma causa cuja extinção, segundo o conteúdo do negócio jurídico, era tida como possível e ela deixa de existir. (2) Os juros são devidos apenas a partir do momento em que o receptor observa que o resultado não se realizou ou que a causa deixou de existir; à restituição dos frutos não está ele obrigado, como se a este tempo não mais estivesse enriquecido." Tradução do original, assim redigido em língua alemã: "§ 820. Verschärfte Haftung bei ungewissem Erfolgseintritt. (1) War mit der Leistung ein Erfolg bezweckt, dessen Eintritt nach dem Inhalt des Rechtsgeschäfts als ungewiss angesehen wurde, so ist der Empfänger, falls der Erfolg nicht eintritt, zur Herausgabe so verpflichtet, wie wenn der Anspruch auf Herausgabe zur Zeit des Empfangs rechtshängig geworden wäre. Das Gleiche gilt, wenn die Leistung aus einem Rechtsgrund, dessen Wegfall nach dem Inhalt des Rechtsgeschäfts als möglich angesehen wurde, erfolgt ist und der Rechtsgrund wegfällt. (2) Zinsen hat der Empfänger erst von dem Zeitpunkt an zu entrichten, in welchem er erfährt, dass der Erfolg nicht eingetreten oder dass der Rechtsgrund weggefallen ist; zur Herausgabe von Nutzungen ist er insoweit nicht verpflichtet, als er zu dieser Zeit nicht mehr bereichert ist."

177 "§ 821. Exceção de enriquecimento. Quem assume uma obrigação sem causa pode recusar o cumprimento até mesmo se a pretensão à liberação do vínculo estiver prescrita." Tradução do original, assim redigido em língua alemã: "§ 821. Einrede der Bereicherung. Wer ohne rechtlichen Grund eine Verbindlichkeit eingeht, kann die Erfüllung auch dann verweigern, wenn der Anspruch auf Befreiung von der Verbindlichkeit verjährt ist."

178 "§ 822. Dever de restituir de terceiro. Se o receptor transmite o auferido a terceiro gratuitamente, então, desde que a obrigação do receptor de restituir o enriquecimento esteja excluída, o terceiro está obrigado a restituir, como se ele tivesse recebido do credor a atribuição patrimonial sem causa." Tradução do original, assim redigido em língua alemã: "§ 822. Herausgabepflicht Dritter. Wendet der Empfänger das Erlangte unentgeltlich einem Dritten zu, so ist, soweit infolgedessen die Verpflichtung des Empfängers zur Her-

1.2.3. Síntese comparativa

A disciplina do enriquecimento sem causa própria aos modelos franco-italiano e alemão tem em mira situações distintas. Tal distinção remonta a seus antecedentes históricos e se reflete nos pressupostos das respectivas regras gerais. De um lado, no modelo franco-italiano, os pressupostos da chamada ação *de in rem verso* são cinco, a saber: (i) enriquecimento, (ii) empobrecimento, (iii) nexo de causalidade, (iv) falta de causa e (v) subsidiariedade. De outro lado, o modelo alemão elenca apenas três pressupostos às *Kondiktionen*: (i) enriquecimento, (ii) falta de causa e (iii) ser o enriquecimento à custa de outrem.

A divergência entre os pressupostos deixa claro que nem todas as hipóteses de enriquecimento sem causa admitidas pelo modelo franco-italiano encontram acolhida no modelo alemão. Exemplo disso pode ser dado pelo caso Boudier, que atende aos pressupostos de empobrecimento, nexo de causalidade indireto, subsidiariedade concreta e a uma noção mais fluida de causa, próprios ao modelo franco-italiano, mas, à luz do modelo alemão, não caracteriza hipótese de enriquecimento sem causa à custa de outrem, haja vista que, naquele caso, não faltava ao enriquecido fundamento jurídico para retenção do enriquecimento auferido, tampouco tal enriquecimento pertencia ao autor da ação.

A proibição da restituição do enriquecimento indireto, no direito alemão, surge como mera consequência da constatação de que hipóteses como a do caso Boudier não preenchem os pressupostos do enriquecimento sem causa. Nomeadamente, o vendedor de adubos não visava à restituição de um enriquecimento auferido sem causa à sua custa pelo proprietário do imóvel, mas à satisfação da contraprestação que lhe era devida, inadimplida pelo arrendatário. Daí o direito alemão dispensar uma regra sobre a subsidiariedade do enriquecimento sem causa. Nesse tipo de hipótese, a regra geral de enriquecimento sem causa sequer incide.

De igual modo, nem todas as hipóteses compreendidas no direito alemão amoldam-se perfeitamente ao modelo franco-italiano. Em particular, a exigência de nexo de causalidade entre enriquecimento e dano

ausgabe der Bereicherung ausgeschlossen ist, der Dritte zur Herausgabe verpflichtet, wie wenn er die Zuwendung von dem Gläubiger ohne rechtlichen Grund erhalten hätte."

pressupõe deslocamento patrimonial que não se verifica nas situações de enriquecimento por intervenção. Daí que autores como Rodolfo Sacco, na Itália, tenham buscado em outros institutos, como a gestão de negócios, fundamento para a tutela da hipótese de intervenção.[179] O recurso analógico à gestão de negócios também repercute sobre as consequências. Conforme observa Menezes Leitão a propósito do direito português, "a restituição dos ganhos patrimoniais obtidos pelo interventor é uma solução admissível nos quadros da gestão de negócios imprópria, ou da posse de má-fé (art. 1271.º) mas não corresponde a uma solução prevista no âmbito do enriquecimento sem causa".[180]

No que se refere à falta de causa e ao enriquecimento, a coincidência de pressupostos é apenas aparente, uma vez que ambos ostentam sentidos distintos em cada um dos modelos analisados.

O modelo franco-italiano, como observado, não chega a definir a falta de causa com precisão. O modelo alemão, por sua vez, recorre à noção de fundamento jurídico para retenção do auferido, em generalização da regra própria à *condictio* romana.

Quanto ao enriquecimento, verifica-se a distinção entre a orientação patrimonial, nas regras gerais do modelo franco-italiano, e a orientação real, no modelo alemão. No primeiro, o enriquecimento corresponde a uma diferença patrimonial positiva. No direito alemão, em contrapartida, o enriquecimento não consiste numa diferença patrimonial, mas no bem ou vantagem objetivamente auferidos à custa de outrem.[181]

No que diz respeito ao objeto da restituição, no modelo franco-italiano, por força da regra do duplo limite, o devedor há de restituir o menor valor entre o seu enriquecimento patrimonial e o empobrecimento do

179 A propósito da intervenção, Dário Moura Vicente observa que, "esta função do instituto é estranha a outros sistemas jurídicos, como o francês e o italiano, onde o mesmo não compreende tais hipóteses, em que não há um empobrecimento de alguém" (VICENTE, Dário Moura. *Direito comparado*, vol. II: *Obrigações*, cit., p. 581).

180 MENEZES LEITÃO, Luís Manuel Teles de. *O enriquecimento sem causa no direito civil*, cit., p. 881.

181 Entre nós, a obrigação de restituir o *auferido à custa de outrem*, fundada no art. 884, *caput*, do Código Civil, sugere desde logo que o enriquecimento tem orientação real, e não patrimonial, como, por exemplo, no art. 881, que prevê obrigação de restituir *na medida do lucro obtido*.

credor. Verificada a má-fé do devedor, o duplo limite não se aplica. No modelo alemão, em caso de boa-fé, por força de disposição expressa do § 818 III do BGB, o devedor poderá opor ao credor seu empobrecimento e, por esse modo, tomar em consideração critério patrimonial na determinação da extensão da restituição.[182]

Esta breve comparação suscita desde logo questionamentos a respeito do direito brasileiro. Como se verá adiante, embora o jurista responsável pela redação da norma não o afirme, a literalidade da regra geral do direito brasileiro a aproxima do § 812 I 1 do BGB. Na doutrina, entretanto, o art. 884, *caput*, do Código Civil é comumente analisado à luz das particularidades e estudos voltados ao modelo franco-italiano.[183]

Disso não se segue que devamos necessariamente adotar soluções do direito alemão. É preciso reconhecer, porém, que as soluções pertinentes ao modelo franco-italiano talvez não sejam as mais adequadas a esclarecer o art. 884, *caput*, do Código Civil. Isso não significa, igualmente, que nossa legislação não tenha sido influenciada também pelo modelo franco-italiano. Exemplos dessa influência encontram-se na disciplina apartada do pagamento indevido e na previsão de regra expressa sobre a subsidiariedade do enriquecimento sem causa, no art. 886 do Código Civil.

[182] O legislador brasileiro não previu, a propósito do art. 884, *caput*, do Código Civil, a possibilidade de modulação patrimonial da responsabilidade do devedor. Antes, reservou essa possibilidade apenas ao regime apartado do pagamento indevido, nos termos do art. 878 do Código Civil.

[183] Nesse sentido: Nanni, Giovanni Ettore. *Enriquecimento sem causa*, cit., pp.255-306. Para o autor, os pressupostos do art. 884, *caput*, do Código Civil são: enriquecimento, empobrecimento (que afirma poder faltar), nexo de causalidade (direto ou indireto), ausência de justa causa e subsidiariedade (em sentido concreto). No mesmo sentido: Michelon Jr., Cláudio. *Direito restituitório: Enriquecimento sem causa, pagamento indevido e gestão de negócios*, cit., pp. 184-233 e 255-264. Para este autor, os pressupostos do art. 884, *caput*, são: enriquecimento, empobrecimento (compreendido como suporte na esfera patrimonial alheia), nexo de causalidade entre enriquecimento e empobrecimento (direto ou indireto), ausência de justa causa e a subsidiariedade (em sentido concreto).

2.
O ENRIQUECIMENTO SEM CAUSA NO DIREITO BRASILEIRO

2.1. Reconhecimento de um princípio sob o Código Civil de 1916

As fontes do primeiro Código Civil brasileiro são variadas. Os paradigmas europeus do Código Civil de 1916 são o código civil francês, os antigos códigos português e italiano, os projetos do BGB, o código de direito privado do cantão de Zurique e o ABGB austríaco. Apesar das diversas fontes, de seus 1.807 artigos, aproximadamente metade teve origem no direito brasileiro até então vigente ou em projetos anteriores, os quais, por sua vez, também foram influenciados por diversas fontes.[184] Em comparação com as demais legislações latino-americanas, profundamente marcadas pelo código civil francês, segundo observaram Enneccerus e Nipperdey, o Código Civil de 1916 é o mais ligado à própria tradição jurídica.[185]

No que se refere ao enriquecimento sem causa, o Código deixou de adotar uma regra geral destinada a disciplinar a matéria. Em particular,

[184] Schmidt, Jan Peter. *Zivilrechtskodifikation in Brasilien*, Tübingen: Mohr Siebeck, 2009, p. 48.

[185] Enneccerus, Ludwig; Nipperdey, Hans Carl. *Lehrbuch des bürgerlichen Rechts*, vol. I, cit., pp. 74-75. De acordo com Pontes de Miranda, 479 artigos tiveram origem no direito anterior; 272, na doutrina; 189, no Esboço de Teixeira de Freitas; 49, no projeto de Felicio dos Santos; 154, no projeto de Coelho Rodrigues; 135 são de autoria de Clovis Bevilaqua. Dentre as fontes estrangeiras, 172 artigos tiveram origem no código francês; 83, no antigo código português; 72, no antigo código italiano; 32, no espanhol; 17, no argentino; 62, nos códigos de Chile, México, Uruguai, Peru e projetos do BGB; 31, no código suíço de obrigações; 7, no ABGB austríaco (Pontes de Miranda, Francisco Cavalcanti. *Einleitung*. In: Karl Heinsheimer (org.), Zivilgesetze der Gegenwart, vol. III: Brasilien Código Civil, Manheim: Bensheimer Verlag, 1928, p. XL).

Bevilaqua não acreditava que todas as hipóteses de restituição se subordinassem a um princípio unificador. Por essa razão, recusou uma regra geral nos moldes do § 812 I do BGB. Em seus comentários ao Código Civil, com referência a obra de Endemann,[186] o codificador argumenta que cada uma das diferentes pretensões restitutórias deveria ser tratada em seu local apropriado.[187]

Desse modo, o Código Civil de 1916 disciplinou separadamente muitas das hipóteses que, no direito alemão, estão compreendidas no § 812 I 1 do BGB. São exemplos disso disposições como a do art. 157, que cuidou da restituição do pagamento feito a um incapaz, do art. 158, que tratou da restituição fundada na invalidade do negócio jurídico, dos arts. 964 a 971, que, na esteira do modelo austríaco, disciplinaram a restituição do pagamento indevido, ou mesmo do art. 1.173, que versou sobre a restituição de doação feita em contemplação de casamento futuro que não chega a se realizar.

No que concerne às hipóteses de restituição fundadas na invalidade do negócio jurídico, assistia razão a Bevilaqua. Por não viger entre nós o princípio da abstração dos atos de disposição patrimonial, característico ao direito alemão, a anulação e a nulidade do negócio jurídico repercutem também sobre a prestação, que, a rigor, não acresce o patrimônio do receptor, isto é, não o enriquece. Nos termos do art. 622, parágrafo

[186] O trecho referido por Bevilaqua é a seguinte: "O BGB utiliza para as *Kondiktionen* a expressão 'enriquecimento injustificado', que desde Savigny tornou-se comum, embora o conceito de enriquecimento seja frequentemente enganoso e de modo algum cubra o conteúdo de todas as pretensões". Tradução do original, assim redigido em língua alemã: "Das BGB braucht für Kondiktionen den Ausdruck 'ungerechtfertigte Bereicherung', der seit Savigny üblich geworden ist, obwohl der Begriff der Bereicherung vielfach irreführend ist und keineswegs sich mit dem Inhalt aller Ansprüche deckt" (ENDEMANN, Friedrich. *Lehrbuch des bürgerlichen Rechts*, v. I, 6ª ed., Berlim: Carl Heymanns Verlag, 1899, § 198, p. 895, n. 2). A crítica de Endemann parece dirigir-se mais ao aspecto de que as pretensões restitutórias não se limitam todas ao "enriquecimento", do que a não terem fundamento último comum.

[187] BEVILAQUA, Clovis. *Código civil comentado*, v. IV, cit., p. 126. No mesmo sentido: AMERICANO, Jorge. *Ensaio sobre o enriquecimento sem causa*. São Paulo: Livraria Academica Saraiva & Cia., 1933, p. 97.

único, do Código Civil de 1916,[188] bem como do art. 1.268, § 2º, do Código atual,[189] quem presta em virtude de negócio jurídico nulo não transfere ao receptor nem a propriedade nem a posse da coisa prestada.[190] Nas palavras de Pontes de Miranda, "a restituição que se opera imediatamente pela decretação da nulidade ou da anulação não é pelo enriquecimento injustificado, – é restituição por faltar qualquer legitimação do figurante do negócio jurídico nulo ou anulável a ficar com o que recebeu".[191]

O pagamento indevido, em contrapartida, é, desde a *condictio indebiti* romana, hipótese por excelência de restituição por falta de causa.[192] A doação feita em contemplação de casamento futuro, a seu turno, é exemplo paradigmático de *datio ob rem* e, por conseguinte da restituição fundada na *condictio ob rem* ou *causa data causa non secuta.*

[188] "Art. 622. Feita por quem não seja proprietário, a tradição não alheia a propriedade. Mas, se o adquirente, estive de boa fé, e o alienante adquirir depois o domínio, considerar-se revalidada a transferência e operado o efeito da tradição, desde o momento do seu ato. Parágrafo único. Também não transfere o domínio a tradição, quando tiver por título um ato nulo."

[189] "Art. 1.268. Feita por quem não seja proprietário, a tradição não aliena a propriedade, exceto se a coisa, oferecida ao público, em leilão ou estabelecimento comercial, for transferida em circunstâncias tais que, ao adquirente de boa-fé, como a qualquer pessoa, o alienante se afigurar dono. (...) § 2º Não transfere a propriedade a tradição, quando tiver por título um negócio jurídico nulo."

[190] "Anulado o ato jurídico, cujo derivou a posse, não há pensar-se em posse" (Pontes de Miranda, Francisco Cavalcanti. *Tratado de direito privado*, tomo IV. 4ª ed., São Paulo: Revista dos Tribunais, 1983, p. 258). Curiosamente, em sentido contrário, o próprio Bevilaqua entendia que o negócio nulo, ou anulado, transfere a posse (Bevilaqua, Clovis. *Codigo Civil dos Estados Unidos do Brasil*, vol. I. 5ª ed., Rio de Janeiro: Livraria Francisco Alves, 1936, p. 417).

[191] Pontes de Miranda, Francisco Cavalcanti. *Tratado de direito privado*, tomo XXVI, cit., p. 129.

[192] Muito embora a *condictio* não fosse reconhecida, já no direito romano clássico, como uma ação de enriquecimento (Couto e Silva, Clóvis V. do. *A obrigação como processo*. Reimp., Rio de Janeiro: Editora FGV, 2006, p. 44). À primeira vista, o caráter causal da tradição no direito brasileiro poderia impor algum embaraço no trato do pagamento indevido, sobretudo quando diga respeito a prestação de uma coisa. Ao contrário do que se passa no regime da invalidade, todavia, o Código, por disposição expressa, equipara o receptor da prestação indevida ao possuidor. Confere, por outras palavras, efeitos reais ao pagamento indevido.

Conforme reconheceu a doutrina posterior a Bevilaqua, precisamente porque o Código Civil de 1916 disciplinou variadas hipóteses de restituição do enriquecimento sem causa, pode-se afirmar que um princípio geral nesse sentido era valoração subjacente ao direito privado nacional.[193] Nas palavras de Orosimbo Nonato, "em diversos relanços do nosso Código Civil inserem-se aplicações especiais do princípio cabedal, assim, na real verdade, aceito e consagrado".[194]

O que de fato não existe à proposito das diversas figuras de enriquecimento sem causa não é propriamente um princípio unificador, mas um tipo concreto unitário.[195] Cada hipótese apresenta particularidades ou pressupostos próprios. Para ficar nos exemplos acima, os conceitos de causa na *condictio indebiti* e na *condictio ob rem* são distintos. No enriquecimento por intervenção, a concretização da causa é ainda outra.

Nesse particular, as hipóteses de enriquecimento sem causa assemelham-se às figuras parcelares concretizadas a partir da boa-fé. Embora todas possam ser reconduzidas a uma mesma disposição legal, os pressupostos de cada uma delas são distintos e devem ser precisados. Da mesma forma, por mais que uma regra como o § 812 I 1 do BGB expresse valoração e pressupostos gerais comuns a todos os casos de enriquecimento sem causa, sua grande abertura não permite subsunção direta, mas exige, a propósito de cada hipótese, algum grau de concretização.[196] O mesmo vale para o atual art. 884, *caput*, do Código Civil, cujo caráter geral permite que sobre ele se fundem tipos variados de enriquecimento sem causa à custa de outrem não discriminados de maneira expressa na lei.

[193] ALVIM, Agostinho. *Do enriquecimento sem causa*. In: Doutrinas essenciais Obrigações e Contratos, vol. 1, junho/2011, pp. 911-953, consultado em www.revistadostribunais.com.br.

[194] NONATO, Orosimbo. *Curso de obrigações*, 2ª Parte, vol. II. Rio de Janeiro: Forense, 1960, p. 85. Como destacado em recente monografia sobre o tema, "a legislação revogada adotava o enriquecimento sem causa como princípio, mas não como cláusula geral". Mais precisamente, "é a partir desse cenário de normas pontuais afastando o desequilíbrio patrimonial que se acolhe o enriquecimento sem causa como princípio geral de direito" (MORAES, Renato Duarte Franco de. *Enriquecimento sem causa e o enriquecimento por intervenção*, cit., pp. 181-182 e 184).

[195] WILBURG, Walter. *Die Lehre von der ungerechtfertigten Bereicherung nach österreichischem und deutschem Recht: Kritik und Aufbau*, cit., p. 49.

[196] ELLGER, Reinhard. *Bereicherung durch Eingriff*, cit., p. 5.

Como observa von Caemmerer em seu principal trabalho a respeito do tema, é das concretizações da regra geral de enriquecimento sem causa que devem emergir os tipos de pretensão restitutória.[197] Noutra obra, o jurista alemão acrescenta que, "sem uma tipologia das pretensões de enriquecimento, não se pode determinar quando um enriquecimento é injustificado".[198]

Dentre as hipóteses expressamente previstas no Código Civil de 1916, o pagamento indevido recebeu disciplina minuciosa,[199] a qual foi inclusive aumentada, no Código Civil de 2002.

Nos arts. 964 e 965 (atuais arts. 876 e 877),[200] o Código Civil de 1916 previu o fundamento da pretensão restitutória, definiu a falta de causa (*o que lhe não era devido*) e disciplinou os pressupostos de voluntariedade e de erro quanto à falta de causa. De acordo com esses dois artigos, cabe a restituição se, por erro, realizou-se prestação que não encontra justificação em um dever de prestar.[201]

A propósito dos frutos, acessões, benfeitorias e deteriorações, o art. 966 (atual art. 878)[202] remeteu às consequências imputadas pelo Código Civil ao possuidor de boa ou de má-fé. No pagamento indevido, portanto, o receptor de boa-fé não deve a restituição de frutos, acessões e benfei-

[197] Von Caemmerer. *Bereicherung und Unerlaubte Handlung*, cit., p. 213.

[198] Tradução do original, assim redigido em língua alemã: "ohne eine Typologie der Bereicherungsansprüche läßt sich nicht bestimmen, wann eine Bereicherung ungerechtfertigt ist" (Von Caemmerer, Ernst. *Grundprobleme des Bereicherungsrechts*. In: Gesammelte Schriften, vol. I, org. Hans Leser, Tübingen: Mohr Siebeck, 1968, p. 374). Pontes de Miranda aponta o insucesso das tentativas de formulação unitária do enriquecimento sem causa (Pontes de Miranda, Francisco Cavalcanti. *Tratado de direito privado*, tomo XXVI, cit., p. 121).

[199] Maluf, Carlos Alberto Dabus. *Pagamento indevido e enriquecimento sem causa*. In: Revista da Faculdade de Direito da Universidade de São Paulo, vol. 93, São Paulo, 1998, p. 116.

[200] "Art. 964. Todo aquele que recebeu o que lhe não era devido fica obrigado a restituir. A mesma obrigação incumbe ao que recebe dívida condicional antes de cumprida a condição. Art. 965. Ao que voluntariamente pagou o indevido incumbe a prova de tê-lo feito por erro."

[201] Nascimento, Fábio Calheiros do. *Pagamento indevido*. São Paulo: Almedina, 2019, p. 92.

[202] "Art. 966. Aos frutos, acessões, benfeitorias e deteriorações sobrevindas a coisa dada em pagamento indevido, aplica-se o disposto nos arts. 510 a 519."

torias, tampouco responde pela perda ou deterioração da coisa, a não ser que decorra de ato culposo.

No art. 968 (atual art. 879),[203] o Código Civil dispôs sobre o recebimento indevido de um imóvel. Na primeira hipótese disciplinada (art. 968, *caput*, 1ª parte), aquele que, sem causa, recebe um imóvel e, de boa-fé, o aliena onerosamente, responde apenas pelo preço recebido. Na segunda hipótese (art. 968, *caput*, 2ª parte), aquele que, conhecendo a falta de causa, aliena o imóvel onerosamente, responde pelo valor do imóvel e demais prejuízos. Na terceira hipótese (art. 968, par. único), em se tratando de alienação gratuita ou de má-fé pelo terceiro adquirente, o autor da prestação tem ação reivindicatória contra o terceiro.

No art. 969 (atual art. 880),[204] o Código Civil cuidou do pagamento indevido de dívida de terceiro. Nesse caso, o receptor da prestação fica isento, se sobrevém a impossibilidade de restituição, cabendo, então, regresso do autor da prestação contra o verdadeiro devedor.

No art. 970 (atual art. 882),[205] o Código Civil excluiu a restituição no caso de pagamento de dívida prescrita, ou de cumprimento de obrigação judicialmente inexigível. Aqui o legislador deixa claro que a causa do enriquecimento auferido pelo receptor do pagamento indevido não há de ser vista na existência de pretensão, mas na obrigação, uma vez que a obrigação natural também funciona como causa.

No art. 971 (atual art. 883, *caput*),[206] por fim, o Código Civil excluiu a restituição no caso de o prestante ter visado finalidade ilícita com a pres-

[203] "Art. 968. Se, aquele, que indevidamente recebeu um imóvel, o tiver alienado em boa fé, por título oneroso, responde somente pelo preço recebido; mas, se obrou de má fé, além do valor do imóvel, responde por perda e danos. Parágrafo único. Se o imóvel se alheou por título gratuito, ou se, alheando-se por título oneroso, obrou de má fé o terceiro adquirente, cabe ao que pagou por erro o direito de reivindicação."

[204] "Art. 969. Fica isento de restituir pagamento indevido aquele que, recebendo-o por conta de dívida verdadeira, inutilizou o título, deixou prescrever a ação ou abriu mão das garantias que asseguravam seu direito; mas o que pagou, dispõe de ação regressiva contra o verdadeiro devedor e seu fiador."

[205] "Art. 970. Não se pode repetir o que se pagou para solver dívida prescrita, ou cumprir obrigação natural."

[206] "Art. 971. Não terá direito a repetição aquele que deu alguma coisa para obter fim elícito, imoral, ou proibido por lei."

tação. Note-se que a situação é inversa à da *condictio ob turpem vel iniustam causam* romana, na qual o fim ilícito é do receptor e o prestante tem direito à restituição. Nesse ponto, pode-se questionar de que modo a norma se relaciona com a nulidade do negócio jurídico cujo objeto é ilícito, ou cujo motivo determinante é ilícito, este segundo inovação do Código atual.[207] Isso porque, como regra, caracterizada a nulidade, incide o art. 158 (atual art. 182) e a restituição é completa. A esse respeito, conforme esclarece a doutrina, a disposição excepciona o efeito restitutório previsto para a nulidade.[208]

O Código atual inovou e acrescentou à disposição um parágrafo único. De acordo com o atual art. 883, parágrafo único, a prestação reverterá em favor de estabelecimento local de beneficência, a critério do juiz.[209] A nenhuma das partes cabe a prestação, portanto.[210]

O Código atual acrescentou, igualmente, em seu art. 881, disposição relativa a pagamento indevido consistente no desempenho de obrigação de fazer, da qual se tratará no item 2.2 abaixo.

De modo geral, o sistema do Código Civil de 1916 oferecia solução satisfatória às hipóteses de enriquecimento por prestação. Faltava-lhe disposição a respeito da restituição do enriquecimento auferido mediante intervenção em esfera patrimonial alheia.

A hipótese não foi disciplinada no Código Civil de 1916 de maneira expressa, porque, na visão de Bevilaqua, a intervenção caracteriza ato

[207] Zanetti, Cristiano de Sousa. *Direito contratual contemporâneo: a liberdade contratual e sua fragmentação.* São Paulo: Método, 2008, p. 195.

[208] Nesse caso, "quando a lei nega efeito aos atos ilícitos, imorais ou contrários a ela refere-se ao próprio contrato, a este é que tem em vista, e não ao pagamento. (...) Giorgi explica admiràvelmente a verdadeira doutrina, nesta passagem de seu notável trabalho: (...) O pagamento não se apresenta mais como um efeito do contrato ilícito, de que ainda se pode impedir a verificação, mas como um fato já consumado, não obstante a proibição. Ora, para destruir êsse fato e ordenar a restituição, a lei daria ensejo a um inconveniente muito mais grave, qual seria o de prestar o seu braço forte em apoio de quem cometeu a torpeza ou o fato ilícito, deixando o campo livre a investigações judiciárias vergonhosas e indecentes" (Carvalho Santos, José Manuel de. *Código Civil brasileiro interpretado,* vol. XII. 10ª ed., Rio de Janeiro: Livraria Freitas Bastos, 1977, p. 435).

[209] "Parágrafo único. No caso deste artigo, o que se deu reverterá em favor de estabelecimento local de beneficência, a critério do juiz."

[210] Nascimento, Fábio Calheiros do. *Pagamento indevido,* cit., p. 136.

ilícito e, pois, desencadeia tutela indenizatória segundo o regime da responsabilidade civil. Em seus comentários ao Código Civil, aponta, como exemplo, a venda de coisa alheia.[211]

Realmente, por causar dano ao titular, a venda de coisa alheia tende a preencher os pressupostos do ato ilícito e, portanto, a restituição do enriquecimento auferido pelo interventor à custa do proprietário estará compreendida na indenização devida.[212]

O âmbito em que atua o enriquecimento por intervenção é, porém, mais amplo do que o da venda de coisa alheia. A distinção em relação ao regime da responsabilidade civil revela-se mais claramente nas hipóteses em que a intervenção em esfera patrimonial alheia não gera dano à parte contrária.

O interventor pode, por exemplo, enriquecer-se pela utilização injustificada de bem alheio, sem que, com isso, tenha causado qualquer prejuízo a seu titular. Nesse caso, não restará caracterizado ato ilícito. Pense-se no sujeito que, sem autorização, passe a fazer uso de vaga de garagem desocupada pertencente a outrem. Enriquece-se sem causa à custa do proprietário da vaga, sem que haja dano a justificar indenização.

Constatação semelhante se encontra na súmula 403 do Superior Tribunal de Justiça, de outubro de 2009, relativa à intervenção em direito de imagem: "independe de prova do prejuízo a indenização pela publicação não autorizada de imagem de pessoa com fins econômicos ou comerciais". Embora o texto utilize o termo indenização, a hipótese versa sobre a restituição do enriquecimento auferido por intervenção no direito de imagem de outrem. A referência ao enriquecimento é direta num dos

[211] Bevilaqua, Clovis. *Codigo Civil dos Estados Unidos do Brasil*, vol. IV, cit., p. 126.

[212] Pode acontecer, porém, que falte dolo ou culpa àquele que vendeu a coisa alheia. Nessa hipótese, de acordo com a doutrina italiana, a violação se dá de boa-fé, sem a consciência de lesar o direito de outrem. Ausente o elemento subjetivo, não incidem as disposições pertinentes à responsabilidade civil (Gallo, Paolo. *Arricchimento senza causa e quasi contratti*, cit., p. 36). No mesmo sentido: "caso a intromissão em direito alheio ocorra sem culpa do interventor – pois, por exemplo, o ato do interventor foi praticado por terceiro –, e fora do exercício de atividade arriscada – afastando-se, por conseguinte, a responsabilidade objetiva – a subsidiariedade não afasta o enriquecimento sem causa, simplesmente porque a responsabilidade civil não se aplica" (Moraes, Renato Duarte Franco de. *Enriquecimento sem causa e o enriquecimento por intervenção*, cit., pp. 300-301).

julgados que deram origem à súmula: "a utilização da imagem de cidadão, com fins econômicos, sem a sua devida autorização, constitui locupletamento indevido, ensejando indenização".[213] A hipótese dispensa a prova de prejuízo, porque prejuízo não há. A questão que se coloca é de outra ordem, estranha ao regime da responsabilidade civil. Quem, sem autorização, utiliza imagem de outrem, ainda que sem causar ao titular do direito qualquer desfalque patrimonial, usurpa faculdade que a lei lhe reserva com exclusividade. O interventor não fica obrigado a reparar um dano, mas a restituir o valor dessa faculdade.

Como apontado na introdução, embora a ilicitude possa estar presente na intervenção, ela não é relevante ao suporte fático do enriquecimento sem causa. Relevante é a constatação de que o ordenamento jurídico destina ao titular do direito subjetivo o seu aproveitamento. Em alemão, a diferença é entre *Rechtswidrigkeit*, ou ilicitude do ato, na responsabilidade civil, e *Unrechtsmäßigkeit*, ou desconformidade ao direito quanto à situação dos bens, no enriquecimento por intervenção.[214] Como bem observa Pontes de Miranda, "ser contrário a direito não é requisito que se encontre em todos os casos de pretensão pelo enriquecimento indevido, nem no é, tão-pouco, a culpa: o enriquecimento injustificado pode entrar no mundo jurídico, ainda que não tenha havido culpa, nem, sequer, que se trate de ato".[215]

No enriquecimento por intervenção, o contato entre as partes não se estabelece propriamente em razão do ato de ingerência do interven-

[213] STJ, REsp n.º 267.529/RJ, 4ª Turma, rel. Min. Sálvio de Figueiredo Teixeira, j. 03.10.2000.

[214] Schlechtriem, Peter. *Restitution und Bereicherungsausgleich in Europa*, vol. II, cit., p. 277. De acordo com a doutrina recente, "a antijuridicidade inerente à teoria da destinação pressupõe somente a violação do direito, sem ingressar no exame da conduta da parte beneficiada, e na eventual caracterização de ato ilícito praticado por ela" (Moraes, Renato Duarte Franco de. *Enriquecimento sem causa e o enriquecimento por intervenção*, cit., p. 317).

[215] Pontes de Miranda, Francisco Cavalcanti. *Tratado de direito privado*, tomo XXVI, cit., p. 121. De acordo com recente comentário, "o enriquecimento sem causa, nesse aspecto, preenche uma lacuna da responsabilidade civil, limitada pela reparação do dano" (Delgado, Mário Luiz. *Código Civil comentado: doutrina e jurisprudência*. 2ª ed., Anderson Schreiber et al., Rio de Janeiro: Forense, 2020, p. 606). Toma-se aí perspectiva semelhante à de Bevilaqua, que viu no enriquecimento por intervenção matéria de responsabilidade civil. Na verdade, o art. 884 supre uma lacuna do próprio enriquecimento sem causa.

tor na esfera jurídica do titular, mas em razão do fato de que a vantagem auferida é destinada ao titular do direito violado, isto é, pertence-lhe em face do conteúdo de destinação do seu direito.[216]

A disciplina do enriquecimento sem causa no Código Civil de 1916 era, portanto, incompleta. Para suprir suas lacunas, a doutrina nacional reconheceu uma ação geral fundada no princípio da restituição do enriquecimento sem causa,[217] embora ressaltasse a necessidade de nova lei a respeito.[218]

A jurisprudência acolheu tal ação e procurou fixar-lhe o alcance.[219] Conforme refere a doutrina,[220] em 1933, em decisão relativa a ação ajuizada por proprietário para haver do locatário valores por este auferidos

[216] Pereira Coelho, Francisco Manuel. *O enriquecimento e o dano*, cit., p. 23.

[217] Nas palavras de Carvalho Santos, "se é verdade que o nosso Código não considerou expressamente o enriquecimento sem causa como uma causa geradora de obrigação, com caráter e figura especial, não menos verdade é que o princípio do não enriquecimento à custa alheia constitui um dos princípios gerais de direito, que devem ser invocados, nos termos do art. 7º da [Lei de] Introdução ao Código Civil, sempre que houver omissão da lei" (Carvalho Santos, José Manuel de. *Código Civil brasileiro interpretado*, vol. XII, cit., p. 378). Em artigo originalmente publicado em 1957, Agostinho Alvim observa que, "nos sistemas em que há dispositivo expresso, o fundamento é a própria disposição de lei. Onde não há, como entre nós, é força recorrer às fontes supletivas, de acordo com a Lei de Introdução ao Código Civil" (Alvim, Agostinho. *Do enriquecimento sem causa*. In: Doutrinas essenciais Obrigações e Contratos, vol. 1, junho/2011, pp. 911-953, consultado em www.revistadostribunais.com.br). De acordo com Pontes de Miranda, "o Código Civil fala de *pagamento indevido*; outros sistemas jurídicos, de *enriquecimento injustificado*. Ali, vê-se o patrimônio pendente. Aqui, mais se presta atenção ao que se passa no patrimônio daquele a que se atribuiu, e evita-se que se pense que todos os casos de repetição se ligam a 'pagamentos'. A repetição do que se doou, ou a repetição por extinção do crédito *sine causa* não é repetição de pagamento; não teria de haver *causa solvendi*. Os arts. 964-971 do Código Civil dão apenas, por conseguinte, uma das espécies da *condictio* (condicção). Os princípios incidem, *mutatis mutandis*, nas outras espécies" (Pontes de Miranda, Francisco Cavalcanti. *Tratado de direito privado*, tomo XXVI, cit., p. 129). No mesmo sentido: Gomes, Orlando. *Obrigações*. 12ª ed. atual. por Humberto Theodoro Júnior, Rio de Janeiro: Forense, 1999, pp. 250-251.

[218] Pontes de Miranda, Francisco Cavalcanti. *Fontes e evolução do direito civil brasileiro*. 2ª ed., Rio de Janeiro: Forense, 1981, p. 221.

[219] Valle Ferreira, José G. do. *Enriquecimento sem causa*, cit., p. 114.

[220] Carvalho Santos, José Manuel de. *Código Civil brasileiro interpretado*, vol. XII, cit., pp. 387-388.

com a sublocação do imóvel, o Supremo Tribunal Federal afirmou a existência de uma ação geral de enriquecimento e esclareceu, a propósito daquele caso, que, uma vez que a sublocação não era vedada, pouco importava ter havido um enriquecimento à custa de outrem se não foi esse enriquecimento sem causa, isto é, se não lhe faltava um fundamento jurídico.[221]

Note-se que o que estava em discussão, a despeito da falta de norma legal, era a caracterização de um enriquecimento por intervenção. Se não houvesse contrato a justificar a fruição econômica do imóvel pelo réu, como conteúdo de seu próprio direito à posse, a sublocação a terceiro caracterizaria enriquecimento por intervenção na esfera patrimonial do proprietário.[222]

Noutro acórdão do Supremo Tribunal Federal, datado de 1945, a corte novamente enunciou que, dada a ausência de lei expressa, a aplicação da ação de enriquecimento depende "dos fatos e da quádrupla exigência doutrinária, a mais delicada das quais versa a ausência de qualquer outro motivo ou fundamento que justifique o desequilíbrio de alteração econômica, enriquecendo um e empobrecendo outro".[223]

Para suprir a lacuna legislativa e, por conseguinte, superar a necessidade de se recorrer ao princípio, o Anteprojeto de Código de Obrigações elaborado por Orosimbo Nonato, Philadelpho Azevedo e Hahnemann Guimarães, de 1941, dedicou capítulo ao enriquecimento sem causa, no qual absorvida a disciplina do pagamento indevido, com a previsão de regra geral nos seguintes termos:[224]

> "Art. 143. Quem se enriquece indevidamente, à custa de outrem, fica obrigado a restituir, na medida de seu lucro, o que não lhe era devido, embora a causa venha a faltar depois de obtido o proveito."

[221] Conforme trecho transcrito por Carvalho Santos, "se ao locatário era lícito sublocar, pois que o contrato expressamente o permitia e a lei não proibia é claro que o aumento patrimonial, que lhe adveio da operação, nada tinha de ilícito" (CARVALHO SANTOS, José Manuel de. *Código Civil brasileiro interpretado*, vol. XII, cit., p. 388).

[222] LARENZ, Karl; CANARIS, Claus-Wilhelm. *Lehrbuch des Schuldrechts*, vol. 2, tomo II, cit., p. 173.

[223] STF, RE n.º 9.431-DF, 1ª Turma, rel. Min. Philadelpho Azevedo, j. 04.06.1945.

[224] NONATO, Orosimbo. *Curso de obrigações*, 2ª Parte, vol. II, cit., p. 84.

Disposição semelhante verifica-se no Projeto de Código de Obrigações de 1965, de autoria de Caio Mário da Silva Pereira:[225]

"Art. 889. Quem se enriquecer indevidamente, à custa de outrem, fica obrigado a indenizar, na medida do lucro, a diminuição patrimonial que causa.

Art. 890. Cabe a restituição do indébito, posto que venha a causa a faltar depois de obtido o proveito e ainda no caso de o enriquecimento consistir no recebimento de coisa certa."

À *restituição do pagamento* o Projeto de Código de Obrigações de 1965 dedicou as oito disposições subsequentes, entre os arts. 891 a 899. Note-se que, tal como no projeto anterior, de 1941, o texto proposto em 1965 foi expresso em relação à adoção de orientação patrimonial do enriquecimento (*na medida do lucro*), bem como da regra do duplo limite (*indenizar a diminuição patrimonial* de uma parte *na medida do lucro* da outra).

Todavia, apenas em 2002 o direito positivo brasileiro conheceu regra geral a propósito do enriquecimento sem causa, aprovada com a mesma redação com que constou no Anteprojeto de 1972. Na sequência, o trabalho se ocupará da introdução da regra geral subsidiária de enriquecimento sem causa no direito brasileiro.

2.2. Introdução do art. 884, *caput*, no Código Civil de 2002

Em matéria de enriquecimento sem causa, o Código Civil de 2002 recepcionou a estrutura do código italiano de 1942 e, pois, tratou separadamente o pagamento indevido e a regra geral subsidiária de enriquecimento sem causa. Manteve-se, assim, praticamente inalterada a anterior disciplina do pagamento indevido, agora prevista entre as fontes das obrigações, nos arts. 876 a 883, e acrescida da disposição do art. 881, dedicada a prestação de um fato:

"Art. 881. Se o pagamento indevido tiver consistido no desempenho de obrigação de fazer ou para eximir-se da obrigação de não fazer, aquele que rece-

[225] Projeto de Código de Obrigações. Comissão de Estudos Legislativos do Ministério da Justiça e Negócios Interiores, 1965, p. 73.

beu a prestação fica na obrigação de indenizar o que a cumpriu, na medida do lucro obtido."

Na sequência, o Código Civil introduziu título dedicado ao enriquecimento sem causa, do qual constam quatro disposições: a regra geral (art. 884, *caput*), disposição sobre a restituição de coisa certa recebida pelo enriquecido, bem como sobre o cálculo do equivalente desta (art. 884, parágrafo único), previsão relativa à *condictio ob causam finitam* (art. 885) e disposição sobre a subsidiariedade da pretensão fundada no enriquecimento sem causa (art. 886).

Quanto ao conteúdo, o art. 884, *caput*, do Código Civil brasileiro foi redigido em termos diversos do art. 2.041 do código italiano.

Em particular, a regra geral brasileira não faz referência a um correspondente empobrecimento ou dano do credor e, por conseguinte, não pressupõe nexo de causalidade entre enriquecimento e empobrecimento.[226] Na realidade, os pressupostos da regra geral brasileira são semelhantes àqueles do § 812 I 1 do BGB. O texto do art. 884, *caput*, do Código Civil é o seguinte:

> "Art. 884. Aquele que, sem justa causa, se enriquecer à custa de outrem, será obrigado a restituir o indevidamente auferido, feita a atualização dos valores monetários."

Diversamente da disciplina do pagamento indevido, cujo art. 878 permite consideração sobre a boa ou má-fé do receptor da prestação, a regra geral de enriquecimento sem causa não relaciona a extensão da obrigação de restituir a critérios subjetivos. Tampouco limita a restituição à medida do lucro obtido, como expresso no art. 881 do Código Civil,[227] nos proje-

[226] Muito embora a doutrina procure ler no pressuposto "à custa de outrem" exigências de empobrecimento e nexo de casualidade. Assim: NANNI, Giovanni Ettore. *Enriquecimento sem causa*, cit., pp. 274-283; MICHELON JR., Cláudio. *Direito restituitório: Enriquecimento sem causa, pagamento indevido e gestão de negócios*, cit., pp. 197-207.

[227] De acordo com a doutrina que se ocupou do regime do pagamento indevido, "numa interpretação sistemática, o que se extrai do Código Civil brasileiro de 2002 é que o legislador adotou a concepção real como regra e abriu espaço para a concepção patrimonial em caráter subsidiário (...). É isso que se pode inferir do supracitado artigo 881 do

tos de 1941 e 1965,[228] no art. 2.041 do código italiano e, sob determinadas circunstâncias, no § 818 III do BGB.

Pelo contrário, a parte final do art. 884, *caput*, do Código Civil, é expressa quanto à obrigação de restituir o *auferido, feita a atualização dos valores monetários*. O texto não tem em mira, portanto, o enriquecimento que existe no patrimônio do devedor no momento do exercício da pretensão restitutória, mas aquilo que se obteve no momento do enriquecimento, monetariamente corrigido.

A reforçar a orientação real, ou objetiva, da obrigação de restituir o enriquecimento, o pressuposto *à custa de outrem* vincula o montante da restituição ao enriquecimento imputável ao patrimônio de outrem, não à medida do lucro do devedor da restituição. Por outras palavras, o enriquecimento a ser restituído é aquele que deve pertencer a outrem.

Em adição, o art. 884, parágrafo único, do Código Civil, prevê que aquele que recebeu coisa determinada é obrigado a restitui-la e, em caso de impossibilidade da restituição natural, não se exime, mas deverá restituir o equivalente pecuniário, apurado ao tempo da exigência:

> "Parágrafo único. Se o enriquecimento tiver por objeto coisa determinada, quem a recebeu é obrigado a restituí-la, e, se a coisa não mais subsistir, a restituição se fará pelo valor do bem na época em que foi exigido."

No código civil italiano, no qual a restituição segue orientação patrimonial, a segunda parte do art. 2.041, em que inspirada a regra do art. 884, parágrafo único, do Código Civil, não prevê a obrigação de restituir o equivalente:

Código Civil brasileiro de 2002, o qual estabelece que a repetição do indébito seja feita de acordo com o lucro, quando se trata de pagamento consistente em fazer ou não fazer" (Nascimento, Fábio Calheiros do. *Pagamento indevido*, cit., p. 113).

[228] Diversamente do que afirma Caio Mário da Silva Pereira, nesse ponto, o art. 884 afastou-se do projeto de 1965 (Cf. Pereira, Caio Mário da Silva. *Obrigações e contratos: pareceres*. Rio de Janeiro: Forense, 2011, p. 71).

"Se o enriquecimento tiver por objeto uma coisa determinada, aquele que a recebeu é obrigado a restituí-la, se existir no momento da demanda."[229]

No direito italiano, se a coisa perece, o enriquecido responde apenas segundo a regra geral, isto é, no limite do seu enriquecimento. Caberá restituição, por exemplo, se "o enriquecido tiver obtido do terceiro responsável pelo perecimento da coisa o ressarcimento do dano".[230] No art. 884, parágrafo único, do Código Civil, diversamente, não se tem em mira o enriquecimento patrimonial do enriquecido, mas o valor da coisa. A discussão será retomada no item 3.1 abaixo.

Tendo em vista que foram reproduzidas no Código Civil atual todas as disposições de enriquecimento sem causa que já se faziam presentes na legislação revogada, o alcance da regra geral introduzida em nosso direito em 2002 tende a ser limitado pelas lacunas do direito anterior a respeito da matéria, sendo a principal delas a restituição do enriquecimento obtido mediante intervenção na esfera jurídica de outrem.

Outra possível lacuna, mais rara, diz respeito à restituição das despesas feitas no interesse de outrem (*Aufwendungskondiktion*), cujo alcance, no direito brasileiro, parece muito mais restrito do que no direito alemão.

O art. 884, *caput*, do Código Civil também pode servir como regra geral à *condictio ob rem*. Desse modo, em adição a disposições específicas, como a do art. 546,[231] a regra geral subsidiária de enriquecimento sem causa confere tutela restitutória a todos os demais casos de *datio ob rem* que se possa conceber. Exemplo economicamente relevante de *datio ob rem* pode ser dado pelo negócio jurídico denominado adiantamento para futuro aumento de capital.

229 Tradução do original, assim redigido em língua italiana: "Qualora l'arricchimento abbia per oggetto una cosa determinata, colui che l'ha ricevuta è tenuto a restituirla in natura, se sussiste al tempo della domanda."

230 Tradução do original, assim redigido em língua italiana: "l'arrichito ha conseguito il risarcimento del danno da parte di un terzo responsabile del perimento" (Bianca, Massimo. *Diritto civile*, vol. V. Milão: Giuffrè, 1994, p. 820).

231 "Art. 546. A doação feita em contemplação de casamento futuro com certa e determinada pessoa, quer pelos nubentes entre si, quer por terceiro a um deles, a ambos, ou aos filhos que, de futuro, houverem um do outro, não pode ser impugnada por falta de aceitação, e só ficará sem efeito se o casamento não se realizar."

A essas hipóteses soma-se a *condictio ob causam finitam*, expressamente prevista no art. 885 do Código Civil. Mais precisamente, o art. 885 esclarece que o art. 884 também funciona como *condictio ob causam finitam*. É, pois, o art. 884 que funda a pretensão restitutória:

> "Art. 885. A restituição é devida, não só quando não tenha havido causa que justifique o enriquecimento, mas também se esta deixou de existir."

Não obstante a amplitude com que redigida a regra geral, dada a função de suprir as lacunas deixadas por disposições restitutórias específicas, sua subsidiariedade encontra-se expressamente prevista no art. 886 do Código Civil:

> "Art. 886. Não caberá a restituição por enriquecimento, se a lei conferir ao lesado outros meios para se ressarcir do prejuízo sofrido."

Desde logo, importa observar que a discussão relativa à subsidiariedade não pode prescindir da verificação dos pressupostos do art. 884, *caput*, do Código Civil. Ausentes os pressupostos do enriquecimento sem causa, a regra geral sequer incide.

A afirmação é menos óbvia do que aparenta, como demonstra o teor do Enunciado 36, aprovado na I Jornada de Direito Civil, de acordo com o qual "o art. 886 do novo Código Civil não exclui o direito à restituição do que foi objeto de enriquecimento sem causa nos casos em que os meios alternativos conferidos ao lesado encontram obstáculos de fato".

Ao atribuir semelhante sentido à subsidiariedade, denominado concreto e próprio ao modelo franco-italiano, o enunciado procura aproximar o art. 884, *caput*, do Código Civil à ação *de in rem verso*. A expressão "meios alternativos" é, todavia, problemática, pois pressupõe concorrência normativa que, a rigor, não se verifica. Na realidade, o enunciado afirma a possibilidade de se valer do enriquecimento sem causa em hipótese na qual o remédio jurídico realmente aplicável encontre algum obstáculo fático. Sugere, assim, que a regra geral exerça função de tutela subsidiária, inclusive indenizatória, aplicável, por exemplo, à hipótese de insolvência do devedor contratual. Nesse exato sentido, a doutrina nacional defende que "a insolvência do responsável contratual pelo pagamento de uma prestação que aproveita a terceiro ou a impossibilidade de localizá-lo são todos casos de ineficiência de remédios jurídicos existentes que poderiam, em princípio, promover a restituição do que foi adquirido sem causa".[232] Tais situações, como observado a propósito do caso Boudier, nada tem a ver com a falta de causa. O trabalho voltará ao tema no item 3.3.1 abaixo.

Nos termos do art. 886, o art. 884, *caput*, do Código Civil serve à remoção da esfera patrimonial do enriquecido daquilo que este tenha auferido sem causa à custa de outrem, desde que não incidam outras normas especiais de enriquecimento sem causa ou, eventualmente, normas concorrentes pertinentes a outros âmbitos normativos, como a responsabilidade civil extracontratual, a qual pode restar caracterizada em determinadas hipóteses de intervenção. O ponto será melhor desenvolvido no item 3.4 abaixo.

2.3. Indevido alargamento do princípio

Com a introdução do art. 884, *caput*, do Código Civil, deveria ter sido superada a necessidade de se recorrer a um princípio para obter a restituição do enriquecimento sem causa.

Inicialmente acolhido como meio de suprir as lacunas do Código Civil de 1916, o uso do princípio foi, no entanto, de tal modo alargado que, a despeito do advento da regra geral no Código Civil de 2002, consolidou-se na consciência jurídica nacional a distinção entre, de um lado, o enriquecimento sem causa como fonte de obrigação e, de outro, o princípio, dissociado dos pressupostos do instituto.[233]

[232] Michelon Jr., Cláudio. *Direito restituitório: Enriquecimento sem causa, pagamento indevido e gestão de negócios*, cit., p. 260.

[233] Assim: Melo, Diogo Leonardo Machado de. *Comentários ao Código Civil: Direito privado contemporâneo*, cit., p. 1247; Nanni, Giovanni Ettore. *Enriquecimento sem causa*, cit., p. 193; Tepedino, Gustavo. *Correção monetária em contrato de empreitada a preço global no regime turnkey*. In: Soluções Práticas, vol. 2, novembro/2011, pp. 321-336, consultado em www.revistadostribunais.com.br; Aguiar Júnior, Ruy Rosado de. *Comentários ao novo Código Civil*, vol. VI, tomo II, cit., pp. 170-171; Pereira, Caio Mário da Silva. *Instituições de direito civil*, vol. II, cit., p. 276; Michelon Jr., Cláudio. *Direito restituitório: Enriquecimento sem causa, pagamento indevido e gestão de negócios*, pp. 176-179; Junqueira de Azevedo, Antonio. *Contrato de opção de venda (put option) de ações. Conflito entre o critério de determinação do valor*

A explicação parece residir na crescente imprecisão com que a jurisprudência lidou com o princípio da restituição do enriquecimento sem causa ao longo da vigência do Código Civil de 1916. Sobretudo a partir das últimas décadas do século XX, as decisões fundadas no princípio mostram-se frequentemente dissociadas de qualquer análise sobre a falta de causa do enriquecimento, cerne do instituto. Na maioria dos casos, sequer dizem respeito a uma pretensão restitutória.

Dentre tais decisões, destacam-se sobretudo aquelas relativas à incidência de correção monetária. A elas se somam outras tantas, que, a pretexto de evitar o enriquecimento sem causa, reveem ou declaram nula a cláusula de decaimento estipulada em compromisso de compra e venda, reduzem a cláusula penal, reduzem a multa cominatória ou invocam o princípio como critério para fixação de indenizações.

Em parte desses casos, a invocação do enriquecimento sem causa pode se revelar meramente retórica. Em outros, todavia, tal como anota a doutrina portuguesa a propósito de prática jurisprudencial semelhante anterior ao código de 1966, o enriquecimento sem causa desempenha, "sob uma débil aparência de complementaridade, uma real função de correctivo, por motivos de equidade, da ordem jurídica".[234]

Semelhante função deveria encontrar óbice sobretudo no pressuposto da falta de causa. Teve, porém, ampla acolhida na doutrina brasileira, que buscou fundamentá-la inclusive em valorações constitucionais.[235] Nas palavras de João Baptista Villela, o enriquecimento sem causa tornou-se "vítima de um continuado processo de erosão, identificado que foi como remédio universal para toda sorte de desconcerto jurídico".[236]

das ações e o piso mínimo estipulado para transferência. Interpretação do conceito de preço justo. A boa-fé e os usos, visando evitar o enriquecimento sem causa, cit., p. 278); Konder, Carlos Nelson. *Enriquecimento sem causa e pagamento indevido*, cit., p. 377).

234 Campos, Diogo José Paredes Leite de. *A subsidiariedade da obrigação de restituir o enriquecimento*, cit., p. 185.

235 Negreiros, Teresa. *Enriquecimento sem causa: aspectos de sua aplicação no Brasil como um princípio geral de direito*. In: Revista da Ordem dos Advogados, Lisboa, vol. 55, n. 3, dez/1995, pp. 841-842. No mesmo sentido: Nanni, Giovanni Ettore. *Enriquecimento sem causa*, cit., pp. 188-191.

236 Villela, João Baptista. *Equilíbrio do contrato: os números e a vontade*. In: Revista dos Tribunais, n.º 900, out/2010, p. 119.

Sob os tópicos seguintes, examinam-se algumas das hipóteses em que se evidencia a impropriedade da aplicação do princípio na prática jurídica brasileira.

2.3.1. Correção monetária 'sob pena de enriquecimento sem causa'

A correção monetária talvez constitua o principal exemplo de recurso ao princípio não por técnica jurídica, mas como tentativa de correção do direito positivo por razões de equidade.

A motivação por trás das decisões que primeiro determinaram a incidência de correção monetária "sob pena de enriquecimento sem causa" é dada por contexto econômico de hiperinflação, bem como pela ausência de disposição, no Código Civil de 1916, que obrigasse o devedor em mora a responder pela atualização do débito.

Em voto proferido pelo Ministro Aliomar Baleeiro em decisão do Supremo Tribunal Federal de 1975, relativa a pedido de indenização do dano material decorrente de colisão entre veículos, lê-se, por exemplo, que "negar a correção no caso é permitir o locupletamento indébito do recorrente, o que fará tremer os ossos de Pompônio, se ainda existem".[237]

A menção a Pompônio remete a duas passagens do Digesto de formulação amplíssima, segundo as quais decorre da equidade que ninguém deva se locupletar em detrimento de outrem, usualmente invocadas como fundamento à vedação do enriquecimento sem causa: "*nam hoc natura aequum est neminem cum alterius detrimento fieri locupletiorem*"[238] e "*iure naturae aequum est neminem cum alterius detrimento et iniuria fieri locupletiorem*".[239]

Como observa Pontes de Miranda a propósito dessas duas passagens, "a expressão excedeu o conteúdo da regra jurídica, pois as exceções pulu-

[237] STF, RE n.º 79.663-SP, Tribunal Pleno, rel. Min. Aliomar Baleeiro, rel. para o acórdão Min. Rodrigues Alckmin, j. 18.09.1975.

[238] Pomp. D.12.6.14. Em tradução para o português: "com efeito, a equidade natural determina que ninguém deve locupletar-se com o prejuízo alheio" (*Digesto ou Pandectas do imperador Justiniano*, vol. III. Tradução de Manoel da Cunha Lopes Vasconcellos (Conselheiro Vasconcellos). Org. Eduardo C. Silveira Marchi et al. São Paulo: YK Editora, 2018, p. 44).

[239] Pomp. D.50.17.206. Em tradução para o português: "pelo direito natural, é justo que ninguém possa se locupletar em detrimento e prejuízo de outrem" (Moraes, Bernardo B. Queiroz de. *Manual de introdução ao Digesto*. São Paulo: YK Editora, 2017, p. 584).

lam, no próprio sistema jurídico romano".[240] Em particular, nenhuma dessas passagens faz menção à falta de causa do locupletamento, traço distintivo do instituto do enriquecimento sem causa.[241] Por essa razão, Windscheid há muito as qualificou como falsas abstrações do direito romano.[242]

A impropriedade do recurso ao enriquecimento sem causa se revelou naquele mesmo acórdão em que proferido o voto do Ministro Aliomar Baleeiro. De acordo com o voto condutor, proferido pelo Ministro Rodrigues Alckmin, o fundamento para correção da indenização do ato ilícito absoluto deve, antes, residir na qualificação da indenização como dívida de valor, de modo que "o reparo somente é completo se se repuser,

[240] PONTES DE MIRANDA, Francisco Cavalcanti. *Tratado de direito privado,* tomo XXVI, cit., p. 120. No mesmo sentido: "There is no doubt that Pomponiu's formulation is, as a matter of classical Roman law, much too broad" (JOHNSTON, David; ZIMMERMANN, Reinhard. *Unjustified enrichment: surveying the landscape.* In: The comparative law of unjustified enrichment, Cambridge: Cambridge University Press, 2004, p. 3).

[241] "Desde o meado do século XIX (...) deixa de se ver como fundamento da acção de enriquecimento o princípio de que ninguém se deve enriquecer em prejuízo de outrem (D. 50, 17, 206 e D. 12, 6, 14), para se passar a ver na falta de causa ('quidquid apud alterum sine causa deprehendictur revocare consuevit', D. 12, 6, 66) a característica decisiva das condições" (CAMPOS, Diogo José Paredes Leite de. *A subsidiariedade da obrigação de restituir o enriquecimento,* cit., p. 101).

[242] Nas palavras do Pandectista, "atualmente, ninguém ignora que, nessa generalidade, o princípio é incorreto e que, se as fontes realmente ensinam: 'natura aequum est, neminem cum alterius detrimento fieri lucupletiorem' (l. 14 D. 12, 6, l. 206 D. 50, 17) esta é apenas uma das muitas falsas abstrações que nelas se encontram. O princípio correto está em l. 1 § 3 D. 12, 7: 'Constat, id demum posse condici alicui, quod vel non ex iusta causa ad eum pervenit, vel redit ad non iustam causam'; – além disso l. 25 D. 25, 2: 'Nam iure gentium condici puto posse res ab his, qui non ex iusta causa possident'". Tradução do original, assim redigido em língua alemã: "Jetzt wird es wohl von Niemandem mehr verkannt, daß der Grundsatz in dieser Allgemeinheit unrichtig ist, und daß, wenn die Quellen wirklich lehren: 'natura aequum est, neminem cum alterius detrimento fieri lucupletiorem' (l. 14 D. 12, 6, l. 206 D. 50, 17), dieß nur eine von den vielen falschen Abstraktionen ist, welche sich in ihnen finden. Den richtigen Grundsatz gibt an l. 1 § 3 D. 12, 7. 'Constat, id demum posse condici alicui, quod vel non ex iusta causa ad eum pervenit, vel redit ad non iustam causam'; – ferner l. 25 D. 25, 2: 'Nam iure gentium condici puto posse res ab his, qui non ex iusta causa possident'" (WINDSCHEID, Bernhard. *Lehrbuch des Pandektenrechts,* vol. II. 8ª ed. atual. por Theodor Kipp, Frankfurt am Main: Rütten & Loening, 1900, p. 809, nota 1).

no patrimônio do lesado, o valor do momento da satisfação".[243] Dito por outras palavras, de acordo com o voto vencedor, a hipótese submetida ao Supremo Tribunal Federal não dizia respeito à restituição de um enriquecimento sem causa do devedor, mas à apuração da extensão do dano e, por conseguinte, da extensão do dever de indenizar.[244]

Na esteira do entendimento estabelecido nesse acórdão, o Supremo Tribunal Federal aprovou, em dezembro de 1976, a súmula 562, para fixar que, "na indenização de danos materiais decorrentes de ato ilícito cabe a atualização de seu valor, utilizando-se, para esse fim, dentre outros critérios, dos índices de correção monetária".

A ideia de vedação ao enriquecimento sem causa continuou, porém, a pairar sobre o tema da correção monetária, agora como meio de se contornarem os efeitos da inflação sobre as dívidas de dinheiro, isto é, das dívidas expressas em valor nominal. Assim, de acordo com artigo publicado em 1977, "numa época em que os juros anuais cobrados pelos bancos alcançam cerca de 50% ao ano, o que se explica com uma inflação superior a 40%, o devedor moroso somente está sujeito nos processos judiciais ao pagamento de juros de 6% ao ano, na falta de convenção das partes, e ao teto de 12% no caso de existir cláusula contratual sobre a matéria. Assim sendo, somente pagar os débitos no momento da execução da sentença judicial, tornou-se uma forma de enriquecimento sem causa, para o réu, e de empobrecimento, para o credor".[245]

[243] STF, RE n.º 79.663-SP, Tribunal Pleno, rel. Min. Aliomar Baleeiro, rel. para o acórdão Min. Rodrigues Alckmin, j. 18.09.1975.

[244] Note-se que, à época, o Código Civil não previa a incidência de correção monetária a partir da mora, em que incorre o autor do ato ilícito desde da data em que o praticou (art. 962 do Código Civil de 1916 e art. 398 do Código Civil de 2002).

[245] Wald, Arnoldo. *Reforma da justiça e correção monetária*. In: Revista de informação legislativa, vol. 14, n. 56, out-dez/1977, pp. 297-298. No mesmo sentido, em tese de 1975, Pedro Paes sustentou que a correção monetária "revela-se regra reparadora de injusto enriquecimento. Assente pacificamente, a norma corretiva da moeda tem incidência nas obrigações privadas igualmente, pois, se o locupletado beneficiário da inflação, para esta não concorre, não deve o eventual locupletante suportar todo o prejuízo". (Paes, Pedro. *Introdução ao estudo do enriquecimento sem causa*. Tese. Faculdade de Direito da Universidade de São Paulo, 1975, p. 175).

Para esse fim, o Supremo Tribunal Federal inicialmente estendeu a aplicação da súmula 562 a casos de inadimplemento contratual.[246] Ao fazê-lo, contemplou não apenas pretensões indenizatórias, mas também débitos relativos a pretensões de cumprimento.[247]

Nesse cenário, em 1981, surgiu a Lei n.º 6.899, cujo art. 1º, *caput*, estabeleceu que "a correção monetária incide sobre qualquer débito resultante de decisão judicial, inclusive sobre custas e honorários advocatícios". De acordo com seu art. 1º, §§ 1º e 2º, "nas execuções de títulos de dívida líquida e certa, a correção será calculada a contar do respectivo vencimento" e, "nos demais casos, o cálculo far-se-á a partir do ajuizamento da ação".

Com o advento do Superior Tribunal de Justiça, somou-se à larga aplicação da súmula 562 a invocação expressa do enriquecimento sem causa como meio de justificar a incidência de correção monetária inclusive a casos anteriores à Lei n.º 6.899/1981.

Em decisão de 1989, relativa à cobrança de honorários advocatícios contratuais, lê-se que, "em se tratando de ato ilícito, caracterizado por descumprimento contratual, a correção monetária alcança período anterior à edição da Lei 6.899/81, em face do princípio segundo o qual a ninguém é dado locupletar-se à custa de outrem".[248]

[246] "Responsabilidade Civil. Culpa Contratual. Correção Monetária. A jurisprudência do Supremo Tribunal Federal, que, a princípio, distinguia, para efeitos de correção monetária, a responsabilidade civil por ato ilícito da responsabilidade decorrente da culpa contratual, posteriormente as equiparou, para aquele fim, sob o fundamento matriz, consistente em que a obrigação do devedor não é a de pagar uma quantia em dinheiro, mas a de restaurar o patrimônio do credor na situação em que se achava, anteriormente, à lesão" (STF, RE n.º 90.635-SP, 1ª Turma, rel. Min. Soares Muñoz, j. 24.04.1979).

[247] Confira-se, nesse sentido, julgado acerca da correção monetária de comissões devidas em razão de contrato de representação comercial: "O pagamento devido à recorrida fora estabelecido em percentual do preço dos materiais vendidos. Se tal pagamento somente se realiza muito depois de ter a representada recebido o total do preço, já não tem a retribuição o mesmo valor real. (...) A dívida era de valor, pois expressando um percentual do preço da venda". (STF, RE n.º 100.834-SP, 2ª Turma, rel. Min. Décio Miranda, j. 08.11.1983). Note-se que o fato de a comissão ser fixada em percentual do preço da venda não faz dela dívida de valor. Trata-se, antes, de critério para determinação do montante nominal devido.

[248] STJ, REsp n.º 803-BA, 4ª Turma, rel. Min. Sálvio de Figueiredo Teixeira, j. 10.10.1989.

Noutro acórdão do mesmo ano, sustenta-se que "a incidência de correção monetária vem atender ao clamor de justiça", que, "não a admitindo, estar-se-á consagrando o enriquecimento sem causa, que a teoria geral do direito não acolhe", e que se encontra "superado nos tempos hodiernos o nominalismo puro e simples, de tal forma que o devedor, ao restituir o dinheiro mutuado, deve fazê-lo em '*quantum*' devidamente atualizado".[249]

No período de trinta anos compreendido entre 1989 e 2019, a consulta à jurisprudência do Superior Tribunal de Justiça revela o emprego dos termos "correção monetária" e "enriquecimento sem causa", "enriquecimento ilícito" ou "locupletamento" em 829 acórdãos.

De modo ilustrativo, metade dos julgados que deram origem à súmula 43 do Superior Tribunal de Justiça, de maio de 1992, segundo a qual "incide correção monetária sobre dívida por ato ilícito a partir da data do efetivo prejuízo", faz menção expressa à vedação do enriquecimento do devedor.[250]

O entendimento sumulado acabou por ser introduzido na legislação, nos termos dos arts. 395,[251] *caput*, e 398[252] e do Código Civil.

A propósito da responsabilidade contratual, entretanto, os tribunais continuaram a recorrer ao princípio que veda o enriquecimento sem causa inclusive para fixar a incidência de correção monetária em período anterior à constituição do devedor em mora.[253]

[249] STJ, REsp n.º 1.124-SP, 4ª Turma, rel. Min. Barros Monteiro, j. 21.11.1989. Conforme consta do acórdão, a correção monetária não fora pactuada: "o item 48 da cártula, correspondente à atualização monetária, permaneceu em branco".

[250] Do total de seis julgados, destacam-se os três seguintes acórdãos: STJ, Resp n.º 4.647-PR, 3ª Turma, rel. Min. Waldemar Zveiter, j. 16.10.1990; STJ, REsp n.º 4.874-SP, 4ª Turma, rel. Min. Sálvio de Figueiredo Teixeira, j. 18.12.1990; STJ, REsp n.º 10.554-SP, 1ª Turma, rel. Min. Garcia Vieira, j. 5.6.1991.

[251] "Art. 395. Responde o devedor pelos prejuízos a que sua mora der causa, mais juros, atualização dos valores monetários segundo índices oficiais regularmente estabelecidos, e honorários de advogado."

[252] "Art. 398. Nas obrigações provenientes de ato ilícito, considera-se o devedor em mora, desde que o praticou"

[253] "Ação de rescisão de compromisso de compra e venda. (...) Correção monetária incidente sobre os valores a serem devolvidos que é computada efetivamente a partir de cada desembolso, como forma de evitar o enriquecimento sem causa da promitente vendedora.

Em 2019, o Superior Tribunal de Justiça editou sua súmula 632, de acordo com a qual, "nos contratos de seguro regidos pelo Código Civil, a correção monetária sobre a indenização securitária incide a partir da contratação até o efetivo pagamento". Num dos acórdãos que deram origem à súmula, lê-se que "já é da jurisprudência iterativa deste Tribunal, todavia, a incidência da correção monetária mesmo nos casos de não constar do contrato cláusula específica. Como cediço, ela não representa um acréscimo sobre o valor original, mas sim mecanismo de manutenção do poder aquisitivo da moeda, sobretudo visando a evitar o enriquecimento sem causa de uma parte em detrimento da outra".[254]

Como observado na introdução, consolidou-se o entendimento de que a correção monetária "não constitui um *plus*, sendo somente a reposição do valor real da moeda, devendo, portanto, ser aplicada, integralmente, sob pena de enriquecimento sem causa de uma das partes".[255] Tal entendimento é compartilhado pela doutrina, expressa no sentido de que a correção monetária "não é aumento, mas mera reposição de valor. Por isto está ancorado na equidade e no princípio (agora acolhido em cláusula geral, art. 884) que veda o enriquecimento injustificado, sob pena de afronta aos bons costumes por ilícita invocação da própria torpeza".[256]

Juros de mora, por sua vez, que somente são devidos a partir do trânsito em julgado da ação, uma vez que não houve mora anterior por parte da vendedora" (TJSP, Ap. nº 1011106-67.2017.8.26.0576, 3ª Câm. de Dir. Priv., rel. Des. Viviani Nicolau, j. 08.02.2019). A decisão monocrática proferida no REsp nº 1.727.183-SP, pelo Min. Luis Felipe Salomão, em 19.02.2019, fornece exemplo de outra ordem. O acórdão recorrido condenou o plano de saúde ao reembolso de quantia paga pelo segurado para realização de determinado procedimento médico. Fixou-se então a correção monetária desde o desembolso e os juros de mora desde a citação. Apesar de expressa quanto a tratar-se de "ação de ressarcimento por despesas decorrentes de descumprimento de contrato", a decisão monocrática qualifica o reembolso contratualmente devido como hipótese de restituição de enriquecimento injustificado, para afirmar aplicável o prazo prescricional previsto no art. 206, IV, do Código Civil.

[254] STJ, REsp nº 61.061-SP, 4ª Turma, rel. Min. Sálvio de Figueiredo Teixeira, j. 25.08.1997.

[255] STJ, REsp nº 1.786.183/SP, 2ª Turma, rel. Min. Herman Benjamin, j. 26.02.2019.

[256] Martins-Costa, Judith. *Comentários ao novo Código Civil*, vol. V, tomo I. 2ª ed., coord. Sálvio de Figueiredo Teixeira, Rio de Janeiro: Forense, 2005, pp. 245-246. No mesmo sentido: Nanni, Giovanni Ettore. *Enriquecimento sem causa*, cit., pp. 395-409. Ainda nesse sentido: "diante da reconhecida defasagem de valores no curso do contrato, a não aco-

O enriquecimento sem causa não justifica a imposição de correção monetária, entretanto. Qualquer que seja a natureza da pretensão exercida em juízo, é equívoco buscar fundamento à incidência de correção monetária num suposto enriquecimento sem causa do devedor.

Se a pretensão for de cumprimento, ainda que, por hipótese, se pudesse considerar superado o nominalismo, de modo que todas as dívidas devessem ser tomadas como dívidas de valor, o pagamento de quantia não atualizada sequer caracterizaria enriquecimento sem causa do devedor, no sentido do art. 884, *caput*, do Código Civil, mas inadimplemento, porque realizado em montante inferior ao devido. Como se observa em recente monografia, a jurisprudência buscou evitar que o devedor "se beneficiasse indevidamente, cumprindo sua obrigação por valores que, em termos econômicos, seriam substancialmente inferiores àqueles contratados".[257]

Reconhecido, porém, o princípio nominalista, conforme decorria do art. 947, *caput*, do Código Civil de 1916[258] e expresso no art. 315 do Código atual,[259] igualmente não há enriquecimento sem causa do devedor que cumpre segundo o valor nominal devido. Designadamente, a vantagem

modação dos prejuízos derivados da ausência de reajuste em períodos inferiores a um ano implicaria, no caso concreto, locupletamento injustificado do proprietário da obra, vedado pelo princípio de proibição ao enriquecimento sem causa, consagrado pelo art. 884 do CC/2002. (...) Vê-se, portanto, que o princípio de proibição ao enriquecimento sem causa, como ocorre também com os princípios da boa-fé objetiva e do equilíbrio entre as prestações, não apenas integra há muito a tradição jurídica nacional, mas vem acolhido por norma de aplicação cogente, que, no caso, restaria violada, prevalecesse o reajuste meramente anual." (Tepedino, Gustavo. *Correção monetária em contrato de empreitada a preço global no regime turnkey*. In: Soluções Práticas, vol. 2, novembro/2011, pp. 321-336, consultado em www.revistadostribunais.com.br).

[257] Moraes, Renato Duarte Franco de. *Enriquecimento sem causa e o enriquecimento por intervenção*, cit., p. 186.

[258] "Art. 947. O pagamento em dinheiro, sem determinação da espécie, far-se-á em moeda corrente no lugar do cumprimento da obrigação."

[259] "Art. 315. As dívidas em dinheiro deverão ser pagas no vencimento, em moeda corrente e pelo valor nominal, salvo o disposto nos artigos subsequentes."

eventualmente propiciada ao devedor pela inflação encontra justificação tanto na lei, quanto no pactuado.[260]

Como observa Trimarchi, o devedor que se libera pagando com moeda desvalorizada não atrai a incidência de nenhuma das espécies de enriquecimento sem causa. Não há nem uma intervenção na esfera jurídica do credor, nem a indevida retenção de uma prestação ou de qualquer outro acréscimo patrimonial oriundo de uma atividade do credor. Nas palavras do jurista italiano, em tema de correção monetária, "fala-se de enriquecimento sem causa em sentido atécnico, para exprimir a ideia de que o princípio nominalista pode conduzir a resultados iníquos".[261]

Realmente, apenas em sentido atécnico se poderá traçar relação entre o enriquecimento sem causa e o equilíbrio das prestações. Se sobrevém

[260] A propósito, convém observar que, nos termos do art. 28, § 1º, da Lei 9.069/1995, é vedada a estipulação de correção monetária em período inferior a um ano. A admitir-se a correção monetária com fundamento no art. 884, caput, do Código Civil, seria preciso concluir que o enriquecimento sem causa tem incidência apenas anual.

[261] Tradução do original, assim redigido em língua italiana: "di 'arricchimento senza causa' si parla in senso atecnico, per esprimere la idea che il principio nominalistico possa portare a risultati iniqui" (TRIMARCHI, Pietro. *L'arricchimento senza causa*, cit., p. 36). No mesmo sentido, Diogo Leite de Campos afirma que "não se pode dizer injustificado o enriquecimento do devedor beneficiado com a desvalorização da moeda, pois é a própria lei que o justifica a dispor o nominalismo e, consequentemente, ao justificar as consequências económicas (enriquecimento, por ex.) que dele derivem". Ainda segundo o autor: "A resposta à pergunta: em que medida é que o devedor se enriqueceu através da simples desvalorização da moeda, e em que medida o enriquecimento tem origem numa colocação produtiva do capital, imputável ao enriquecido? Teria igualmente uma resposta difícil, incerta – e, eventualmente impossível. (...) Com efeito, para haver enriquecimento seria necessário que o devedor tivesse obviado à desvalorização da moeda através de um bom emprego dela. (...) Vendo agora o problema por outra óptica, mais dirigida à teoria do contrato, descobrem-se outros motivos para rejeitar o enriquecimento sem causa dirigido à presente finalidade. As partes asseguram por um contrato válido um equilíbrio econômico entre as suas prestações. Contudo, como as suas previsões são realizadas para um certo período de tempo, comportam áleas, e o referido equilíbrio pode ser rompido. Neste caso, deve dar-se lugar ao enriquecimento sem causa? Já vimos anteriormente que não. A convenção faz lei entre as partes (supra n.º 102) que não podem subtrair-se-lhe sob o pretexto de que ela se tronou desvantajosa. Toda a fixação de uma regra para o futuro comporta um risco, pode dar lugar a ganhos e a perdas." (CAMPOS, Diogo José Paredes Leite de. *A subsidiariedade da obrigação de restituir o enriquecimento*, cit., pp. 428-429).

desequilíbrio numa relação contratual, ou ele é considerado injusto pela lei e é por ela remediado, como se dá na disciplina da onerosidade excessiva, ou é por ela aceito, porque fundado no contrato.[262]

Caso a pretensão do credor seja indenizatória, a atualização tenderá a ser um problema de correta mensuração do dano. A rigor, a obrigação de indenizar é dívida de valor.[263] Se a indenização for devida em razão de ato ilícito absoluto, os arts. 395, *caput*, e 398 do Código Civil são expressos quanto à responsabilidade do devedor pela correção monetária desde a data em que o praticou.

2.3.2. Outras situações em que usualmente invocado o princípio

Para além dos julgados relativos à correção monetária, revelam-se igualmente frequentes as decisões judiciais que, para evitar enriquecimento sem causa, fixam indenização em determinado patamar, reduzem o valor da cláusula penal, procedem a revisão do pactuado ou reduzem o valor da multa cominatória.

Nenhuma dessas hipóteses reclama recurso ao enriquecimento sem causa. Em particular, todas elas gozam de disciplina legal específica em disposições como as dos arts. 317, 478 a 480 do Código Civil, pertinentes à alteração das circunstâncias, do art. 413 do Código Civil, pertinente à redução da cláusula penal, do art. 944 do Código Civil, pertinente à extensão da indenização, e do art. 537, §1º, do Código de Processo Civil, pertinente à multa cominatória.

[262] CAMPOS, Diogo José Paredes Leite de. *A subsidiariedade da obrigação de restituir o enriquecimento*, cit., p. 420. No mesmo sentido, parte da doutrina nacional: MICHELON JR., Claudio. *O enriquecimento sem causa no Código Civil brasileiro*. In: *Obrigações*. Renan Lotufo, Giovanni Ettore Nanni (coord.), São Paulo: Atlas, 2011, pp. 888-889; MELO, Diogo Leonardo Machado de. *Comentários ao Código Civil: Direito privado contemporâneo*, cit., p. 1249.

[263] "A este respeito, como já dissemos, o primado é o da restauração natural, pelo que não pode nem deve a indemnização em dinheiro deixar o lesado em pior situação do que aquela em que ele estaria se fosse indemnizado em espécie. O dinheiro não é mais do que um meio de liquidação, razão por que a obrigação de indemnizar, quando a indemnização se faz em dinheiro, é, tipicamente, uma dívida de valor." (PINTO MONTEIRO, António. *Dívidas de valor e restituição do preço em caso de invalidade ou de resolução do contrato*. In: Estudos em homenagem ao Prof. Doutor José Joaquim Gomes Canotilho, vol. I, Coimbra: Coimbra Editora, 2012, p. 539).

Sobretudo, em todas essas hipóteses o enriquecimento ocorre com causa. A cláusula penal existente, válida e eficaz é, assim como o contrato que se repute desequilibrado, causa da atribuição patrimonial ocorrida em virtude da sua execução. Também constituem causa as obrigações fundadas em decisões judiciais que arbitram multa cominatória ou que condenam a indenizar o dano resultante do ato ilícito, inclusive se a indenização tiver sido fixada em desacordo com a extensão do dano.

Sequer é preciso, portanto, recorrer à subsidiariedade, prevista no art. 886 do Código Civil, para afastar a aplicação do instituto. O art. 884, *caput*, do Código Civil não incide. Na realidade, na maioria dos casos, a resposta sobre a incidência ou não do art. 884, *caput*, do Código Civil pode ser resolvida de maneira satisfatória a nível de preenchimento do suporte fático.[264]

Note-se, a propósito da extensão do dano indenizável, que é correto falar-se em proibição do enriquecimento, mas não em proibição do enriquecimento *sem causa*, no sentido do art. 884, *caput*, do Código Civil.

A proibição do enriquecimento do lesado, credor da indenização, é mero aspecto negativo da regra de quantificação do dano, prevista no art. 944 do Código Civil. Dela decorre que a indenização não deve conferir ao lesado nada além da reparação do dano sofrido.[265]

[264] Trata-se do argumento que Canaris desenvolve para contestar, no direito alemão, a tese de subsidiariedade da *Eingriffskondiktion* em face das *Leistungskondiktionen*: "Em geral, a questão sobre a delimitação entre o âmbito de aplicação da Leistungskondiktion e Nichtleistungskondktion pode ser solucionada de maneira satisfatória já no nível de superte fático, ao precisar-se o pressuposto da falta de fundamento jurídico na Nichtleistungskondiktion. Até aqui, não se reconhece a necessidade de assumir uma relação de subsidiariedade." Tradução do original, assim redigido em língua alemã: "Insgesamt, läßt sich somit die Frage nach der Abgrenzung des Anwendungsbereichs von Leistungs- und Nichtleistungskondiktion schon auf der Tatbestandsebene befriedigend lösen, indem man das Merkmal der Rechtsgrundlosigkeit bei der Nichtleistungskondiktion entsprechend präzisiert. Ein Bedürfnis dafür, zusätzlich noch ein Subsidiaritätsverhältnis oder dgl. anzunehmen, ist bisher nicht erkennbar geworden." (LARENZ, Karl; CANARIS, Claus-Wilhelm. *Lehrbuch des Schuldrechts*, vol. 2, tomo II, cit., pp. 144-145).

[265] Como observa Pontes de Miranda, "ao princípio da indenizabilidade de todo o dano junta-se o princípio de limitação da reparação ao dano sofrido. Se êsse princípio não existisse, o ofendido estaria satisfeito com a indenização e, injustamente, enriquecido com o valor a mais". Apenas nesse sentido o autor afirma, páginas adiante, que, "reparar com lucro

Quanto às demais hipóteses, poder-se-ia questionar se, em virtude da existência de previsões legais específicas no mesmo sentido, a invocação do enriquecimento sem causa pode ser tomada como irrelevante, porque meramente retórica. A resposta tende a ser negativa.

Tome-se como exemplo a redução da cláusula penal.[266] Embora o art. 413 do Código Civil exija demonstração de cumprimento parcial ou de excesso manifesto da pena à luz da natureza e da finalidade do negócio jurídico a fim de que tenha lugar a redução equitativa da pena pecuniária, não raro a jurisprudência erige a própria vedação ao enriquecimento sem causa como fundamento seja para a constatação de excesso, seja para a redução da pena.

Em recente julgado, lê-se, por exemplo, que o art. 413 do Código Civil tem "o escopo de preservar o equilíbrio econômico financeiro da avença, afastando o excesso configurador de enriquecimento sem causa" e que, "uma vez constatado o caráter manifestamente excessivo da pena contratada, deverá o magistrado, independentemente de requerimento do devedor, proceder à sua redução, a fim de fazer o ajuste necessário para que se alcance um montante razoável, o qual, malgrado seu conte-

para o titular da pretensão seria enriquecê-lo injustificadamente". Não se cogita aqui de pretensão restitutória. Apenas se está a dizer que, com a indenização, o ofendido não deve ficar nem mais rico, nem mais pobre (Pontes de Miranda, Francisco Cavalcanti. *Tratado de direito privado*, tomo XXVI, cit., pp. 43 e 52). No direito alemão, conforme esclarece a doutrina, a denominada "proibição do enriquecimento" (*Bereicherungsverbot*) na reparação do dano tem seu fundamento dogmático na estrita aplicação do § 249 I do BGB, norma segundo a qual a indenização deve restabelecer o estado que existiria se o dano não tivesse ocorrido (Gregor, Stephan. *Das Bereicherungsverbot*. Tübingen: Mohr Siebeck, 2012, p. 1). Não procede, portanto, a opinião segundo a qual a hipótese de *compensatio lucri cum damno* diz respeito à compensação de uma pretensão restitutória do causador do dano contra o lesado (assim: Martins-Costa, Judith. *O árbitro e o cálculo do montante da indenização*. In: *20 anos da lei de arbitragem*, coord. Carlos Alberto Carmona, Selma Ferreira Lemes, Pedro Batista Martins, São Paulo: Atlas, 2017, p. 635). Segundo observa a doutrina portuguesa, o tema concerne ao correto cálculo da indenização (Mota Pinto, Paulo. *Interesse contratual negativo e interesse contratual positivo*, vol. I. Coimbra: Coimbra Editora, 2008, p. 803).

266 Nelson Rosenvald, ao tratar da redução da cláusula penal, afirma que "o art. 884 não se limita ao exercício das ações de enriquecimento; cuida-se de uma valiosa cláusula geral cujos tentáculos se irradiam pelo ordenamento" (Rosenvald, Nelson. *Cláusula penal*. 2ª ed., Indaiatuba: Editora Foco, 2020, p. 223).

údo sancionatório, não poderá resultar em vedado enriquecimento sem causa".[267]

Noutro julgado o problema revela-se mais evidente. Trata-se de acórdão relativo a pedido de redução de cláusula penal incidente na hipótese de denúncia de contrato de fornecimento de insumos industriais, pactuada em montante equivalente à soma dos pagamentos remanescentes devidos até a data prevista para o término da relação contratual. Conforme consta do acórdão, "o conjunto fático-probatório da causa dá conta de que 'não pode a ré responder pela integralidade da margem de lucro pelo período faltante para o final do contrato, sob pena de enriquecimento sem causa da autora, na medida em que esta receberia o montante correspondente à integralidade do cumprimento total do contrato, sem, contudo, oferecer a contraprestação'".[268] A identificação da falta de causa com a falta de uma contraprestação mostra-se equivocada. Na realidade, a decisão ignora que a cláusula penal é, ela própria, causa para retenção do enriquecimento auferido em virtude de sua execução.

Outro exemplo de aplicação do princípio da vedação do enriquecimento sem causa, referido pela doutrina, diz respeito à chamada cláusula de decaimento.[269]

[267] STJ, REsp n.º 1.447.247, 4ª T., r. Min. Luis Felipe Salomão, j. 19.04.2018. Embora o julgado refira-se a um excesso caracterizador de enriquecimento sem causa, os trechos do acórdão recorrido, transcritos no corpo da decisão, revelam que a hipótese era, na realidade, de cumprimento parcial: "cabe avaliar que a obrigação de pagamento foi integralmente cumprida pela autora, havendo inexecução parcial tangente a uma única cláusula do contrato". Tendo em vista a distinção doutrinária entre os sentidos da redução equitativa, nomeadamente entre equidade-proporção, na hipótese de cumprimento parcial, e equidade-razoabilidade, na hipótese de excesso manifesto (Martins-Costa, Judith. *Comentários ao novo Código Civil*, vol. V, tomo II. 2ª ed., Coord. Sálvio de Figueiredo Teixeira, Rio de Janeiro: Forense, 2009, pp. 685-686), o mero recurso ao enriquecimento sem causa para determinação de um montante razoável, sob o fundamento de se corrigir um excesso manifesto, sem consideração às peculiaridades do caso, que versava, na realidade, sobre hipótese de cumprimento parcial, pode conduzir a resultado diverso do prescrito pelo art. 413 do Código Civil.

[268] STJ, AgInt no AREsp n.º 1.591.963/SP, 3ª Turma, rel. Min. Paulo de Tarso Sanseverino, j. 24.08.2020.

[269] De Lucca, Newton. *Comentários ao novo Código Civil*, vol. XII. Coord. Sálvio de Figueiredo Teixeira, Rio de Janeiro: Forense, 2003, p. 6.

A cláusula de decaimento é estipulação por meio da qual as partes de um compromisso de compra e venda acordam que, em caso de resolução imputável ao promitente comprador, as parcelas até então pagas serão retidas pelo promitente vendedor.

Parte das decisões do Superior Tribunal de Justiça a respeito da matéria conclui pela abusividade da estipulação, sob o argumento de que "a restituição é inerente à resolução do contrato e meio de evitar o enriquecimento injustificado".[270]

Noutras decisões, admite-se a retenção de parte das parcelas pagas pelo promitente comprador "a título de reembolso das despesas incorridas com a venda do imóvel", autorizada ao juiz, porém, "a redução desse valor quando fixado em percentual que acarrete excessiva onerosidade ao comprador e o enriquecimento sem causa do vendedor".[271] Seguindo este entendimento, o Tribunal de Justiça do Estado de São Paulo editou sua súmula n.º 1, de acordo com a qual o promitente comprador pode, a despeito da cláusula de decaimento, reaver parte das parcelas pagas.[272] Dos quarenta e dois julgados da 1ª Seção de Direito Privado que embasaram referida súmula, vinte e seis mencionam a proibição do enriquecimento ou locupletamento do promitente vendedor.[273]

[270] STJ, REsp n.º 80.036-SP, 4ª Turma, rel. Min. Ruy Rosado de Aguiar Júnior, j. 12.02.1996.

[271] STJ, REsp n.º 330.017-SP, 3ª Turma, rel. Min. Nancy Andrighi, j. 13.11.2001.

[272] "O compromissário comprador de imóvel, mesmo inadimplente, pode pedir a rescisão do contrato e reaver as quantias pagas, admitida a compensação com gastos próprios de administração e propaganda feitos pelo compromissário vendedor, assim como com o valor que se arbitrar pelo tempo de ocupação do bem."

[273] TJSP, Ap. n.º 138.296-4/6, 1ª Câm. Dir. Priv., rel. Des. Guimarães e Souza, j. 10.06.2003; TJSP, Ap. n.º 239.087-4/9, 1ª Câm. Dir. Priv., rel. Des. Elliot Akel, j. 13.03.2007; TJSP, Ap. n.º 256.760-4/5, 1ª Câm. Dir. Priv., rel. Des. Luiz Antonio de Godoy, j. 01.04.2008; TJSP, Ap. n.º 259.612-4/2, 1ª Câm. Dir. Priv., rel. Des. Edison Vicentini Barroso, j. 09.09.2008; TJSP, Ap. n.º 193.967-4/1, 1ª Câm. Dir. Priv., rel. Des. Paulo Eduardo Razuk, j. 09.06.2009; TJSP, Ap. n.º 236.776-4/1, 2ª Câm. Dir. Priv., rel. Des. Neves Amorim, j. 11.12.2007; TJSP, Ap. n.º 313.734-4/1, 2ª Câm. Dir. Priv., Boris Kauffmann, j. 02.06.2009; TJSP, Ap. n.º 309.386-4/8, 2ª Câm. Dir. Priv., rel. Des. Morato de Andrade, j. 14.07.2009; TJSP, Ap. n.º 394.419-4/7, 3ª Câm. Dir. Priv., rel. Des. Donegá Morandini, j. 12.12.2006; TJSP, Ap. n.º 521.502-4/5, 4ª Câm. Dir. Priv., rel. Des. Ênio Zuliani, j. 29.01.2009; TJSP, Ap. n.º 426.969-4/2, 4ª Câm. Dir. Priv., rel. Rel. Francisco Loureiro, j. 21.05.2009; TJSP, Ap. n.º 643.301-4/8, 4ª Câm. Dir. Priv, rel. Des. Maia da Cunha, j. 18.06.2009; TJSP, Ap. n.º

Em ambas as soluções, o recurso ao enriquecimento sem causa é equivocado.

O mero fato do enriquecimento do promitente vendedor, caracterizado pela retenção das parcelas que lhe foram pagas, não permite, por si só, qualquer conclusão sobre a inexistência de causa. A valoração sobre o fundamento jurídico de determinado enriquecimento há de ser dada, sempre, por outras disposições, externas ao regime do enriquecimento sem causa. Designadamente, disposições pertinentes à alocação jurídica dos bens, sejam elas legais ou contratuais.[274]

De acordo com a doutrina portuguesa, "saber se determinado estado de coisas (para o caso, um 'enriquecimento') tem causa justificativa é questão que não cabe ao Direito do enriquecimento sem causa responder. Sobre esse tema, são convocadas as áreas normativas concretamente visadas".[275] Isoladamente, portanto, o enriquecimento sem causa não se presta a contrariar a alocação de bens que decorre de outras regras jurídicas. O instituto se ocupa, tão somente, da restituição.

197.013-4/8, 4ª Câm. Dir. Priv., rel. Des. Fábio Quadros, j. 18.06.2009; TJSP, Ap. n.º 171.268-4/0, 5ª Câm. Dir. Priv., rel. Des. Silvério Ribeiro, j. 19.12.2007; TJSP, Ap. n.º 558.087-4/5, 5ª Câm. Dir. Priv., rel. Des. Christine Santini, j. 13.05.2009; TJSP, Ap. n.º 462.190-4/0, 5ª Câm. Dir. Priv., rel. Des. Mathias Coltro, j. 29.07.2009; TJSP, Ap. n.º 285.028-4/2, 6ª Câm. Dir. Priv., rel. Des. Sebastião Carlos Garcia, j. 19.02.2009; TJSP, Ap. n.º 534.950-4/9, 6ª Câm. Dir. Priv., rel. Des. Encinas Francé, j. 19.02.2009; TJSP, Ap. n.º 566.289-4/0, 7ª Câm. Dir. Priv., rel. Des. Sousa Lima, j. 21.05.2008; TJSP, Ap. n.º 374.207-4/3, 7ª Câm. Dir. Priv., rel. Des. Dimas Carneiro, j. 06.08.2008; TJSP, Ap. n.º 587.839-4/5, 7ª Câm. Dir. Priv., rel. Des. Élcio Trujillo, j. 24.06.2009; TJSP, Ap. n.º 282.471-4/1, 8ª Câm. Dir. Priv., rel. Des. Caetano Lagrasta, j. 29.07.2009; TJSP, Ap. n.º 227.230-4/0, 9ª Câm. Dir. Priv., rel. Des. Viviani Nicolau, j. 30.08.2008; TJSP, Ap. n.º 335.895-4/6, 9ª Câm. Dir. Priv., rel. Des. José Luiz Gavião de Almeida, j. 19.05.2009; TJSP, Ap. n.º 202.373-4/9, 10ª Câm. Dir. Priv., rel. Des. João Carlos Saletti, j. 03.02.2009; TJSP, Ap. n.º 476.288-4/5, 10ª Câm. Dir. Priv., rel. Des. Testa Marchi, j. 16.06.2009.

[274] Como destaca recente monografia a respeito do tema, "a utilização do enriquecimento sem causa como instrumento para alterar a disciplina contratual se mostra equivocada. Neste ponto, é essencial realizar distinção entre situações absolutamente diversas. São os institutos jurídicos específicos que caracterizam a ilegalidade de determinada cláusula contratual, levando à nulidade e ao consequente afastamento do dispositivo" (MORAES, Renato Duarte Franco de. *Enriquecimento sem causa e o enriquecimento por intervenção*, cit., p. 233).

[275] MENEZES CORDEIRO, António. *Tratado de direito civil português*, vol. II: *Direito das obrigações*, tomo III, cit., pp. 236-237.

Daí se segue que a cláusula de decaimento jamais pode ser declarada abusiva ou ser objeto de revisão judicial com recurso genérico a um suposto enriquecimento sem causa do promitente vendedor. Na realidade, a cláusula de decaimento validamente pactuada é causa para retenção das parcelas pagas ao promitente vendedor.

A tutela do promitente comprador deve ser buscada em outras disposições. Nesse sentido, o valor que eventualmente exceder o limite imposto pela recente Lei n.º 13.786/2018 será afetado pela invalidade parcial da disposição e deverá ser restituído. Por se tratar de hipótese de invalidade, tal restituição sequer concerne ao enriquecimento sem causa, mas ao disposto no art. 182 do Código Civil. De igual modo, na hipótese de incidência do art. 53 do Código de Defesa do Consumidor, o enriquecimento sem causa nada tem com o juízo sobre a abusividade e consequente nulidade da estipulação, tampouco disciplina a obrigação de restituir, que será regida pelo art. 182 do Código Civil.

A rigor, a expressão "para evitar enriquecimento sem causa" apenas poderia ser formulada como espécie de exceção contra o exercício de uma pretensão infundada, cuja satisfação, por ser indevida, autorizasse posterior restituição àquele que efetuou o pagamento.

Mesmo nessa hipótese, contudo, a expressão é duvidosa. Isso porque, nos termos do art. 877 do Código Civil, a satisfação de uma dívida inexistente apenas caracteriza enriquecimento sem causa, mais precisamente pagamento indevido, se existir erro por parte do prestante quanto à falta de fundamento jurídico do pagamento.

Com efeito, se a satisfação sem erro não caracteriza enriquecimento sem causa e, pois, não faz surgir o direito à restituição, é forçoso concluir ser incorreta a afirmação de que a não satisfação de uma dívida sabidamente indevida visa a evitar um enriquecimento sem causa. Na realidade, àquele que é demandado por dívida inexistente cabe sustentar a inexistência da dívida, e não alegar que, em hipótese de pagamento, o demandante se enriquecerá indevidamente à sua custa. Daí se segue, como observa Pontes de Miranda, que "contra a pretensão do que se enriqueceria, há objeção à pretensão, e não exceção".[276]

[276] PONTES DE MIRANDA, Francisco Cavalcanti. *Tratado de direito privado*, tomo XXVI, cit., p. 198. A exceção prevista no § 821 do BGB relaciona-se a particularidade do direito

2.4. Função das soluções principiológicas

De acordo com Canaris, a obtenção do direito a partir de princípios é admissível, embora não com a amplitude que sugere a prática jurídica brasileira, tampouco pode ocorrer de maneira direta.[277] Deve se circunscrever, na realidade, à interpretação sistemática e à integração de lacunas.[278]

No que concerne à primeira, se, como sustenta Canaris, o sistema jurídico é um sistema de princípios, a interpretação sistemática não deve se restringir à mera consideração da posição de uma regra em determinada parte ou sob determinado capítulo de uma lei.[279] Tome-se como exemplo o próprio capítulo relativo ao enriquecimento sem causa no Código Civil, situado sob título denominado "dos atos unilaterais". Como esclarece Pontes de Miranda, "o enriquecimento, em si, é fato '*stricto sensu*', que concerne à relação material entre dois patrimônios. Pode dar-se em qualquer ato, ato-fato, da pessoa enriquecida. Pode resultar de fato *stricto sensu*".[280] A colocação do art. 884 no título dedicado a atos unilaterais, portanto, em nada ajuda a esclarecer seu sentido. Cuida-se de evidente equívoco do legislador. De acordo com o método defendido por Canaris, mais relevante à compreensão do enriquecimento sem causa será a explicitação das valorações jurídicas que, segundo o sistema, lhe são pertinentes (*die in der systematischen Stellung zum Ausdruck kommenden Wertungen*).[281]

alemão, nomeadamente, a promessa abstrata de dívida, prevista no § 780 do BGB. Nesse caso, a exceção mitiga o princípio da abstração (cf. LORENZ, Stephan. *Staudinger BGB §§ 812-822: Ungerechtfertigte Bereicherung*, cit., p. 372).

[277] Nas palavras de Canaris, "os princípios não são normas e, portanto, não são capazes de aplicação imediata, mas têm de ser antes concretizados a nível de suporte fático, 'normatizados'." Tradução do original, assim redigido em língua alemã: "Sie sind nämlich keine Normen und daher der unmittelbaren Anwendung nicht fähig, sondern müssen dazu erst noch tatbestandlich verfestigt, 'normativiert' werden" (CANARIS, Claus-Wilhelm. *Systemdenken und Systembegriff in der Jurisprudenz*. Berlim: Duncker & Humblot, 1969, p. 57).

[278] CANARIS, Claus-Wilhelm. *Systemdenken und Systembegriff in der Jurisprudenz*, cit., pp. 86-88.

[279] CANARIS, Claus-Wilhelm. *Systemdenken und Systembegriff in der Jurisprudenz*, cit., pp. 46-47.

[280] PONTES DE MIRANDA, Francisco Cavalcanti. *Tratado de direito privado*, tomo XXVI, cit., p. 127.

[281] CANARIS, Claus-Wilhelm. *Systemdenken und Systembegriff in der Jurisprudenz*, cit., p. 91.

O princípio da restituição de um enriquecimento sem causa é valoração, ou *ratio iuris*, que se descobre atrás da literalidade e do sentido dos arts. 884 a 886 do Código Civil e, em alguma medida, de outras tantas disposições do Código, como os arts. 876 a 883, que disciplinam a restituição do pagamento indevido, dos arts. 1.219 a 1.222, que cuidam da indenização das benfeitorias, dos arts. 1.248 e seguintes, que tratam das hipóteses de acessão, do art. 1.271, na especificação, dos arts. 1.272 a 1.274, que disciplinam a indenização em razão da confusão, comissão e adjunção, bem como dos arts. 2.002 a 2.012, que cuidam da restituição na colação.

Apenas a propósito da interpretação de normas que cuidam de hipóteses concretas de restituição por falta de fundamento jurídico à retenção de um enriquecimento é lícito invocar o princípio e, por esse modo, obter direito. Exemplo de recurso ao princípio na interpretação sistemática pode ser dado pelo art. 886 do Código Civil. De acordo com a disposição legal, não cabe a restituição por enriquecimento sem causa se a lei conferir "ao lesado" outros meios para "se ressarcir do prejuízo sofrido".

Interpretado à letra, o art. 886 sugere que a pretensão fundada no enriquecimento sem causa apenas é subsidiária se concorrer com pretensão de indenização de prejuízos.[282] Carece de sentido, no entanto, que a subsidiariedade somente opere em face de pretensão indenizatória. Ao contrário do que ocorre nos direitos francês e italiano, o art. 884, *caput*, do Código Civil não pressupõe dano àquele à custa de quem o enriquecimento se deu.[283]

[282] Embora aponte a imprecisão dos termos empregados pelo legislador (p. 233), noutro ponto da obra, Giovanni Ettore Nanni defende interpretação literal do art. 886 (cf. Nanni, Giovanni Ettore. *Enriquecimento sem causa*, cit., p. 242).

[283] Pontes de Miranda, Francisco Cavalcanti. *Tratado de direito privado*, tomo XXVI, cit., p. 121. No mesmo sentido, como observa Wilburg: "Pode-se enriquecer injustificadamente mesmo sem infligir dano. As pretensões de enriquecimento, portanto, não pressupõem um dano do legitimado". Tradução do original, assim redigido em língua alemã: "ungerechtfertigt darf man sich auch ohne Zufügung eines Schadens nicht bereichern. Bereicherungsansprüche setzen also, wie unten darzulegen sein wird, einen Schaden des Berechtigten nicht voraus." (Wilburg, Walter. *Die Lehre von der ungerechtfertigten Bereicherung nach österreichischem und deutschem Recht: Kritik und Aufbau*, cit., p. 6). Referência à não correspondência entre o suporte fático da responsabilidade civil e do enriquecimento

Sistematicamente, a subsidiariedade deve ter em mira sobretudo a concorrência da regra geral com outras pretensões restitutórias fundadas num enriquecimento sem causa. Nesse sentido, não deve ter pretensão com fundamento no art. 884, *caput*, do Código Civil quem, por exemplo, tiver pretensão fundada no art. 876 do Código Civil,[284] que nada mais é que hipótese específica de enriquecimento sem causa.[285]

A concorrência com pretensão indenizatória pode ocorrer, desde que a prestação da indenização compreenda também o enriquecimento que houvesse de ser restituído. É o que se dá no caso de indenização devida por aquele que furtou determinado bem e o consumiu. O dano do titular coincide com o enriquecimento do interventor. Nesse caso, em razão da subsidiariedade, não tem lugar a pretensão fundada no art. 884, *caput*, do Código Civil.

Problema interpretativo semelhante ao do art. 886 diz respeito ao art. 182 do Código Civil. Segundo o teor literal do dispositivo legal, anulado o negócio jurídico, as partes serão restituídas ao estado em que antes dele se achavam, e, não sendo possível restituí-las, "serão indenizadas com o equivalente". A esse respeito, a doutrina é pacífica quanto a tratar-se não de indenização, mas de restituição pelo equivalente.[286] Segundo a valoração que lhe é subjacente, a norma "apenas concerne à restituição, ainda que seja pela prestação do equivalente".[287]

O que se aplica à interpretação sistemática aplica-se também à integração de lacunas, que pode ser compreendida como prosseguimento da

injustificado lê-se também em: ZANETTI, Cristiano de Sousa. *Responsabilidade pela ruptura das negociações*. São Paulo: Editora Juarez de Oliveira, 2005, pp. 62-63.

[284] "Art. 876. Todo aquele que recebeu o que lhe não era devido fica obrigado a restituir; obrigação que incumbe àquele que recebe dívida condicional antes de cumprida a condição."

[285] Conforme observa Judith Martins-Costa, "o sentido literal não prevalece sobre o sentido sistemático e contextual, sendo positivamente equivocado atribuir a qualquer preceito legal ou contratual um valor isolado". (MARTINS-COSTA, Judith. *A boa-fé no direito privado: critérios para a sua aplicação*. 2ª ed., Saraiva: São Paulo, 2018, p. 500).

[286] PONTES DE MIRANDA, Francisco Cavalcanti. *Tratado de direito privado*, tomo IV, cit., p. 257. No mesmo sentido: THEODORO JUNIOR, Humberto. *Comentários ao novo código civil*, vol. III, tomo I. Coord. Sálvio de Figueiredo Teixeira, Rio de Janeiro: Forense, 2003, p. 610.

[287] PONTES DE MIRANDA, Francisco Cavalcanti. *Tratado de direito privado*, tomo IV, cit., p. 257.

interpretação, mas em outro nível.[288] É por meio da compreensão do sistema que as lacunas hão de ser descobertas e integradas, o que se justifica pelo igual tratamento a situações concretas que, segundo os princípios, são de mesmo tipo.[289] Assim compreendida, a lacuna na lei é definida pela doutrina como uma incompletude insatisfatória dentro da ordem jurídica.[290]

Sob a vigência do Código Civil de 1916, justificava-se o recurso ao princípio da restituição do enriquecimento sem causa para solução de hipóteses como a de enriquecimento por intervenção, não disciplinada expressamente pelo legislador. Com a introdução do art. 884, *caput*, no Código Civil de 2002, entretanto, já não cabe recorrer ao princípio para integração de lacunas. Os casos de enriquecimento sem causa juridicamente relevantes não regulados de maneira específica estão todos sujeitos à regra geral. Sustentar uma autonomização do princípio, dissociado dos pressupostos do instituto, não é metodologicamente adequado.

De igual modo, se não caracterizada uma situação concreta de enriquecimento sem causa à custa de outrem, o recurso ao princípio da restituição do enriquecimento sem causa, quer para interpretação, quer para integração de lacunas, não se justifica. É o que se passa nos casos de correção monetária e nos demais referidos acima. Em todos eles, por contra-

[288] Esser, Josef. *Vorverständnis und Methodenwahl in der Rechtsfindung.* Frankfurt am Main: Athenäum, 1970, p. 175.

[289] Larenz, Karl. *Methodenlehre der Rechtswissenschaft.* 6ª ed., Berlim: Springer-Verlag, 1991, p. 334.

[290] Engisch, Karl. *Einführung in das juristische Denken.* 9ª ed. atual. por Thomas Würtenberger, Stuttgart: Kohlhammer, 1997, p. 176. Canaris, por sua vez, define lacuna como "uma incompletude contrária ao programa dentro do direito positivo (i.e. da lei no quadro do seu sentido literal possível e do direito costumeiro) apurada segundo a medida de toda a ordem jurídica vigente. Ou: há lacuna quando a lei, dentro do seu sentido literal possível, e o direito costumeiro não contenham uma regra, apesar de a ordem jurídica em sua totalidade exigir tal regra." Tradução do original, assim redigido em língua alemã: "eine planwidrige Unvollständigkeit innerhalb des positiven Rechts (d.h. des Gesetzes im Rahmen seines möglichen Wortsinnes und des Gewohnheitsrechts) *gemessen am Maßstab der gesamten geltenden Rechtsordnung.* Oder: *Eine Lücke liegt vor, wenn das Gesetz* innerhalb der Grenzen seines möglichen Wortsinnes *und das Gewohnheitsrecht eine Regelung nicht enthalten, obwohl die Rechtsordnung in ihrer Gesamtheit eine solche fordert*" (Canaris, Claus-Wilhelm. *Die Feststellung von Lücken im Gesetz.* Berlim: Duncker & Humblot, 1964, p. 39).

riar a lei e promover contradições valorativas, a solução principiológica deve ser rejeitada.[291]

2.5. Recusa a juízos de equidade sob o art. 884, *caput*, do Código Civil

A noção de enriquecimento sem causa como corretivo principiológico fundado na equidade não esbarra apenas em objeções de ordem metodológica. Reconhecer ao juiz poderes para corrigir ou afastar as soluções estabelecidas pelo Poder Legislativo viola a própria ordem democrática estabelecida na Constituição.[292] Como bem observa a doutrina portuguesa, "a referência a um princípio jurídico pode orientar a busca da norma aplicável e a sua interpretação. Mas, de modo algum, é de admitir a possibilidade de uma decisão *contra legem* com base na invocação de um princípio jurídico".[293]

De acordo com Wilburg, o recurso a ponderações de equidade na aplicação do enriquecimento sem causa conduz apenas a mal-entendidos. Por esse meio, não se esclarece nem quais são as hipóteses dignas de tutela, nem quais devam ser suas consequências jurídicas. Antes, deixa-se o enriquecimento sem causa ao incontrolável arbítrio do julgador.[294]

A busca pelo mesmo resultado mediante ponderações constitucionais não confere melhor sorte à noção de enriquecimento sem causa como corretivo principiológico. Não há, na Constituição Federal, norma escrita ou não-escrita de que emane semelhante eficácia sobre as relações jurídicas entre sujeitos de direito privado. Até mesmo entre os representantes do chamado direito civil-constitucional afirma-se ser controverso o reconhecimento de uma garantia constitucional implícita vedadora do enriquecimento sem causa.[295] Como sintetiza von Caemmerer, "o enri-

[291] CANARIS, Claus-Wilhelm. *Funktion, Struktur und Falsifikation juristischer Theorien*. In: Gesammelte Schriften, vol. I. Org. Jörg Neuner e Hans Christoph Grigoleit, Berlim: De Gruyter, 2012, p. 407.

[292] LAMEGO, José. *Elementos de metodologia jurídica*. Coimbra: Almedina, 2016, p. 65.

[293] LAMEGO, José. *Elementos de metodologia jurídica*, cit., p. 69.

[294] WILBURG, Walter. *Die Lehre von der ungerechtfertigten Bereicherung nach österreichischem und deutschem Recht: Kritik und Aufbau*, cit., p. 19.

[295] TEPEDINO, Gustavo; BARBOZA, Heloisa Helena; BODIN DE MORAES, Maria Celina. *Código civil interpretado conforme a Constituição da República*, vol. II. 2ª ed., Rio de Janeiro: Renovar, 2012, p. 753.

quecimento sem causa não é um direito de ordem superior, com a função de corrigir o direito positivo".[296]

Tampouco o art. 884, *caput*, do Código Civil oferece abertura a uma eficácia indireta da denominada tábua axiológica constitucional pela via da concretização de seus pressupostos, como defende parte da doutrina.[297] A interpretação conforme à Constituição apenas deve ter lugar se a aplicação dos critérios tradicionais de interpretação tiver deixado margem a possíveis variantes interpretativas. Dentro dessa margem, a interpretação conforme à Constituição há de conduzir à exclusão de alternativas inconstitucionais.[298] Por outro lado, desde que o permita a moldura da interpretação gramatical, histórica ou teleológica da norma de direito civil, a interpretação conforme à Constituição também poderá compor o processo de interpretação sistemática.[299]

Devido à maior abertura das cláusulas gerais e conceitos indeterminados, não raro, as valorações constitucionais contribuem à sua concretização. Exemplo disso são os bons costumes, expressão presente em disposições

[296] Tradução do original, assim redigido em língua alemã: "Die Regeln über die ungerechtfertigte Bereicherung sind nicht ein Recht höherer Ordnung, welches das positive Recht korrigieren sollte" (Von Caemmerer, Ernst. *Grundprobleme des Bereicherungsrechts*, cit., p. 375).

[297] Nesse sentido: Silva, Rodrigo da Guia. *Enriquecimento sem causa: as obrigações restitutórias no direito civil*, cit., pp. 179-198. Como destacado em recente monografia, "a vinculação da noção de justa causa – ou mesmo da lei ou do negócio jurídico – à ampla base de princípios confere margem para o aumento excessivo e indiscriminado de aplicação do enriquecimento sem causa, permitindo-se que o instituto seja utilizado como subterfúgio para contornar institutos jurídicos que se revelem incômodos para o intérprete". Na sequência, porém, afirma-se que "é bem verdade que a noção de causa não se limita à análise formal quanto à existência de justo título do enriquecimento, mas tampouco possui âmbito de incidência muito amplo, não se caracterizando como instrumento de aplicação" (Moraes, Renato Duarte Franco de. *Enriquecimento sem causa e o enriquecimento por intervenção*, cit., p. 217).

[298] Auer, Marietta. *A interpretação em conformidade com o direito primário*. In: Direitos fundamentais e direito privado: uma perspectiva de direito comparado, org. António Pinto Monteiro; Jörg Neuner; Ingo Sarlet, trad. Pedro Scherer de Mello Aleixo, Coimbra: Almedina, 2007, p. 45. No mesmo sentido: Rodrigues Junior, Otavio Luiz. *Direito civil contemporâneo: estatuto epistemológico, Constituição e direitos fundamentais*. Rio de Janeiro: Forense, 2019, p. 185.

[299] Auer, Marietta. *A interpretação em conformidade com o direito primário*, cit., p. 46.

como as dos arts. 122[300] e 187[301] do Código Civil. Conforme reconhece Pontes de Miranda, a contrariedade aos bons costumes mede-se "segundo a concepção da vida, tal como se revela, por exemplo, na Constituição".[302]

Se, todavia, os cânones interpretativos não deixam margem a valorações constitucionais, tal como ocorre com os termos *enriquecimento, sem causa* e *à custa de outrem*, significativamente mais concretos do que *bons costumes*, já não haverá espaço para um preenchimento da norma conforme à Constituição (*verfassungskonforme Auslegung*), mas apenas para que se coloque a questão sobre a conformidade da hipótese normativa à Constituição, no sentido do controle da sua constitucionalidade (*Verfassungskonformität*).[303]

Em particular, deve ser rejeitada concepção segundo a qual a causa, no art. 884, *caput*, do Código Civil, é conceito indeterminado. Como bem observa a doutrina portuguesa, "semelhante asserção, a ter consistência dogmática, equivaleria a dizer que todas as inumeráveis transacções que se fazem a cada momento, poderiam passar pelo crivo indeterminado de saber se teriam ou não 'causa justificativa'".[304]

Nesse ponto, poder-se-ia objetar que o legislador utilizou a expressão *sem justa causa*. O desenvolvimento do instituto demonstra, no entanto, que, no enriquecimento sem causa, as noções de justiça e equidade têm relevância apenas como dado histórico. Desde o direito romano, a falta de causa tem sentido objetivo e consiste na ausência de um fundamento jurídico para retenção do enriquecimento. A justiça da causa se circunscreve, portanto, à análise sobre a alocação jurídica dos bens, isto é, à *jus-*

[300] "Art. 122. São lícitas, em geral, todas as condições não contrárias à lei, à ordem pública ou aos bons costumes; entre as condições defesas se incluem as que privarem de todo efeito o negócio jurídico, ou o sujeitarem ao puro arbítrio de uma das partes."

[301] "Art. 187. Também comete ato ilícito o titular de um direito que, ao exercê-lo, excede manifestamente os limites impostos pelo seu fim econômico ou social, pela boa-fé ou pelos bons costumes."

[302] Pontes de Miranda, Francisco Cavalcanti. *Tratado de direito privado*, tomo IV, cit., p. 146. Mais precisamente, a afirmação é feita a propósito da ilicitude, que o autor define como a contrariedade à lei ou aos bons costumes (p. 145).

[303] Wolf, Manfred; Neuner, Jörg. *Allgemeiner Teil des Bürgerlichen Rechts*. 10ª ed., Munique: C.H.Beck, 2012, p. 51.

[304] Menezes Cordeiro, António. *Tratado de direito civil português*, vol. II: *Direito das obrigações*, tomo III, cit., p. 237.

tificativa para retenção do enriquecimento na esfera patrimonial de uma e não de outra parte. Como exposto no capítulo anterior, as figuras restitutórias que efetivamente se socorrem de ponderações de equidade são aquelas que, na sua origem, dispensaram o requisito da causa.

Para melhor compreender o instituto do enriquecimento sem causa é preciso ter presente que a mera obtenção de algo à custa de outrem não é juridicamente vedada. Na realidade, não são poucas as hipóteses de enriquecimento à custa de outrem expressamente tuteladas pela lei, a exemplo da prescrição, da usucapião e da aquisição de frutos pelo possuidor de boa-fé.[305]

Como observa Pontes de Miranda, nem todo enriquecimento suscita o fato jurídico do enriquecimento sem causa.[306] Ao contrário. Numa economia de mercado, todo o lucro é obtido à custa de outrem.[307] Como melhor se verá adiante, a propósito dos pressupostos do art. 884, *caput*, do Código Civil, o decisivo no enriquecimento sem causa não é o fato do enriquecimento, em si, mas a falta de fundamento jurídico à sua retenção, por ser destinado pela ordem jurídica a outrem.[308]

[305] MENEZES LEITÃO, Luís Manuel Teles de. *O enriquecimento sem causa no direito civil*, cit., p. 34, nota 3. No que se refere à prescrição, em sentido diverso, doutrina recente afirma que o encobrimento da eficácia da pretensão não confere causa ao enriquecimento do devedor beneficiado e que seria preciso "conferir ao prejudicado a possibilidade de utilizar o enriquecimento sem causa para transpor o óbice decorrente do encerramento do prazo prescricional, em nítido prejuízo da segurança jurídica" (MORAES, Renato Duarte Franco de. *Enriquecimento sem causa e o enriquecimento por intervenção*, cit., pp. 296-297).

[306] PONTES DE MIRANDA, Francisco Cavalcanti. *Tratado de direito privado*, tomo XXVI, cit., p. 120.

[307] VICENTE, Dário Moura. *Direito comparado*, vol. II: *Obrigações*, cit., p. 555. Em sentido contrário, encontram-se na doutrina brasileira afirmações que contradizem tanto o direito, quanto a realidade econômica. Nesse sentido: "o atual Código Civil brasileiro valoriza aquele que trabalha, e não aquele que fica à espreita esperando um golpe de mestre para enriquecer-se à custa de outrem. O Código Civil de 2002 é inimigo do especulador, daquele que busca capitalizar-se mediante o trabalho alheio" (TARTUCE, Flávio. *Direito civil*, vol. 2. 14ª ed. Rio de Janeiro: Forense, 2019, p. 32).

[308] "Quando o enriquecimento é injustificado, é essa a pergunta." Tradução do original, assim redigido em língua alemã: "Wann aber eine Bereicherung ungerechtfertigt sei, das ist die Frage." (WILBURG, Walter. *Die Lehre von der ungerechtfertigten Bereicherung nach österreichischem und deutschem Recht: Kritik und Aufbau*, cit., p. 6).

3.
PRESSUPOSTOS DO ART. 884, *CAPUT*, DO CÓDIGO CIVIL

No capítulo anterior, explicitou-se que, diferentemente das regras gerais dos códigos francês e italiano, o art. 884, *caput*, do Código Civil, à semelhança do § 812 I 1 do BGB, adota apenas três pressupostos para a surgimento da obrigação de restituir, a saber: (i) o enriquecimento; (ii) a falta de causa; e (iii) ser o enriquecimento à custa de outrem. Por disposição expressa do art. 886 do Código Civil, deve-se considerar ainda um quarto pressuposto, de cunho negativo: (iv) a inexistência de outra pretensão que compreenda a restituição. Do modo, portanto, como concebido o art. 884, *caput*, do Código Civil, não são pressupostos da regra geral subsidiária de enriquecimento sem causa o empobrecimento do credor da restituição e, por conseguinte, um nexo de causalidade entre enriquecimento e empobrecimento.

Embora a doutrina reconheça que o empobrecimento não é pressuposto no art. 884, *caput*, do Código Civil,[309] não raro, recorre-se ao modelo franco-italiano para sustentar a exigência de um nexo de causalidade,[310] inclusive indireto,[311] entre o enriquecimento e o fato que o desencadeou.

309 Nanni, Giovanni Ettore. *Enriquecimento sem causa*, cit., p. 279; Michelon Jr., Cláudio. *Direito restituitório: Enriquecimento sem causa, pagamento indevido e gestão de negócios*, cit., pp. 197-206; Moraes, Renato Duarte Franco de. *Enriquecimento sem causa e o enriquecimento por intervenção*, cit., p. 247.

310 "O art. 884 do Código Civil de 2002 coloca a exigência de um liame causal entre aquele que, sem justa causa, se enriquecer à custa de outrem e o fato que ocasionou esse enriquecimento" (Nanni, Giovanni Ettore. *Enriquecimento sem causa*, cit., p. 281).

311 "Não se justifica que a distinção entre conexão causal direta e indireta seja considerada como relevante para determinar a incidência desse elemento do suporte fático" (Michelon Jr., Cláudio. *Direito restituitório: Enriquecimento sem causa, pagamento indevido e*

Da inadmissibilidade da restituição de um enriquecimento indireto se cuidará mais detidamente no item 3.3.1 abaixo. Desde logo, cumpre, porém, destacar que a defesa de um nexo de causalidade como pressuposto do art. 884, *caput*, do Código Civil traz consigo o risco de a aplicação do enriquecimento sem causa invadir o âmbito de outras disciplinas e, por esse modo, converter-se na panaceia há muito denunciada por Valle Ferreira.[312] Nesse particular, é significativo que os exemplos fornecidos pela doutrina a respeito do nexo de causalidade do enriquecimento sem causa digam respeito a hipóteses de inadimplemento de uma contraprestação.[313]

De acordo com seus próprios termos, o art. 884, *caput*, do Código Civil não exige demonstração de um nexo de causalidade entre o enriquecimento e o fato que o desencadeou. Exige, na realidade, que o enriqueci-

gestão de negócios, cit., p. 207). "No enriquecimento sem causa, a eventual pluralidade de fatos é irrelevante, pois o que interessa é somente a relação entre o enriquecimento e o patrimônio do sujeito prejudicado. Consequência disso é que a causalidade não precisa ser qualificada, inexistindo razão para a utilização de complexo sistema de regras inerente a diversas modalidades de nexo causal, como se verifica na responsabilidade civil extracontratual, e muito menos para escolher qual deles é aplicável na esfera da restituição. Basta, portanto, que exista vínculo – ainda que indireto- entre o enriquecimento de uma parte e o patrimônio da outra, para que o enriquecimento seja considerado 'à custa" desse patrimônio, satisfazendo o requisito legal" (Moraes, Renato Duarte Franco de. *Enriquecimento sem causa e o enriquecimento por intervenção*, cit., p. 266).

[312] Valle Ferreira, José G. do. *Enriquecimento sem causa*, cit., p. 163.

[313] Nesse sentido: "alguém (A) contrata de terceiro (C), em nome próprio, prestação que traz benefício direto a outrem (B); se a prestação é efetivamente realizada e A torna-se insolvente, poderia o prestador de serviços pedir a restituição de seus custos diretamente a B, que foi beneficiado, alegando que seria impossível cobrar de A, agora insolvente? (...) É de admitir-se tanto a conexão direta quanto a indireta como evento suficiente para a caracterização da conexão causal entre enriquecimento e empobrecimento" (Michelon Jr., Cláudio. *Direito restituitório: Enriquecimento sem causa, pagamento indevido e gestão de negócios*, cit., p. 207). No mesmo sentido: "Seria indireto o enriquecimento caso um homem casado em regime de separação de bens contraísse um financiamento para reformar casa de que a sua esposa fosse proprietária; esta ficaria indiretamente enriquecida, à custa da instituição financeira, caso o marido não tivesse possibilidade de reembolsar o empréstimo" (Noronha, Fernando. *Enriquecimento sem causa*. In: Doutrinas essenciais Obrigações e Contratos, vol. 1, junho/2011, pp. 1085-1122, consultado em www.revistadostribunais.com.br).

mento sem causa se tenha dado à custa de outrem, do que se tratará no item 3.3 abaixo.

Em análise comparativa, a doutrina italiana reconhece que o pressuposto à custa de outrem, presente no § 812 I 1 do BGB (*auf dessen Kosten*), não tem o mesmo significado da *correlazione tra danno ed arricchimento* do art. 2.041 do código civil italiano.[314] Tal como no direito francês, a regra geral do direito italiano é pensada para a ação *de in rem verso* e a exigência de nexo de causalidade entre enriquecimento e empobrecimento atende à ideia de deslocamento patrimonial própria à figura.

[314] Muito embora designe a imediação, no direito alemão, como nexo de causalidade direto, Paolo Gallo faz as seguintes ponderações: "In base al modello franco-italiano l'azione di arricchimento si fonda su cinque presupposti: a) l'arricchimento; b) il danno; c) una correlazione sufficientemente prossima tra danno ed arricchimento; d) la mancanza di giustificazione dello spostamento patrimoniale, e) ed infine la carenza di altri rimedi specifici. Diversa appare la situazione in Germania dove viene a cadere il requisito della sussidiarietà dell'azione. Più precisamente secondo i tedeschi l'esercizio dell'azione presuppone che una parte si sia arricchita (Bereicherung) 'alle spese' di un'altra persona (auf dessen Kosten), che tra questi due requisiti sussista un nesso di causalità diretta (Unmitelbarkeit), e che l'attribuzione patrimoniale non sia giustificata (ohne rechtlichen Grund). (...) Sia in Germania che nei Paesi di common law non si ritiene infatti essenziale la prova di una correlativa perdita patrimoniale, ma si ritiene sufficiente che l'arricchimento sia stato prodotto in modo ingiusto, vale a dire mediante comportamenti lesivi degli altrui diritti o situazioni protette. Ne risultano due modelli dell'azione di arricchimento piuttosto ben contrapposti: da un lato il modello franco-italiano in cui l'azione è considerata strettamente sussidiaria, e l'esperibilità del rimedio è rigorosamente ancorata alla prova della correlazione tra danno ed arricchimento; dall'altro lato il modello tedesco-angloamericano in cui viene meno la sussidiarietà dell'azione, ed in cui si ritiene sufficiente che l'arricchimento sia la conseguenza di un'ingerenza non consentita (Rechtsverletzung) nelle altrui situazioni protette, a prescindere dalla prova di un danno effettivo" (GALLO, Paolo. *Arricchimento senza causa e quasi contratti*, cit., pp. 32-33). Noutro ponto da obra, como já observado, Paolo Gallo procura interpretar o pressuposto de dano no código italiano à luz do pressuposto à custa de outrem, do BGB: "Non sia necessario un danno nel senso proprio dell'espressione, e tanto meno un vero e proprio trasferimento ingiustificato di ricchezza, ma piuttosto che qualcuno sia riuscito a realizzare un profitto in modo ingiusto mettendo a profitto risorse altrui" (GALLO, Paolo. *Arricchimento senza causa e quasi contratti*, cit., p. 40).

No enriquecimento sem causa, nem sempre há transmissão de um bem de um patrimônio a outro.[315] A transmissão, ou atribuição patrimonial, é própria às hipóteses de enriquecimento por prestação, ao enriquecimento forçado e à ação *de in rem verso*, nos sistemas que a admitem. No enriquecimento por intervenção, principal hipótese sujeita ao art. 884, *caput*, do Código Civil, nunca haverá deslocamento patrimonial. Nomeadamente, a vantagem resultante da intervenção surge no patrimônio do enriquecido sem ter existido no patrimônio do titular do direito violado.[316]

Pense-se no emprego não autorizado de fotografia alheia para publicidade. O interventor usurpa aproveitamento que é destinado pela ordem jurídica ao titular do direito de imagem, sem que exista, em virtude do fato da intervenção, qualquer deslocamento patrimonial ou dano material ao titular do direito violado.

É certo que, como já observado, embora irrelevante ao suporte fático do art. 884, *caput*, do Código Civil, o dano pode ocorrer. Pense-se no consumo ou na alienação eficaz de coisa alheia. O interventor enriquece-se mediante usurpação de aproveitamento destinado ao titular e, simultaneamente, causa-lhe um dano. Em razão da subsidiariedade, contudo, a existência de dano ao titular do direito violado atrai o regime da responsabilidade civil. Note-se que, mesmo nessa hipótese, não há uma transmissão patrimonial.

A noção mais adequada a explicar o pressuposto à custa de outrem, no art. 884, *caput*, do Código Civil, não é a de nexo de causalidade, nem a de dano, mas de conteúdo de destinação (*Zuweisungsgehalt*). Ser o enriquecimento à custa de outrem é resultado de uma valoração jurídica sobre a alocação dos bens, e não da existência de um nexo de causalidade entre enriquecimento e empobrecimento ou entre o enriquecimento e a circunstância que o desencadeou.

Desse modo, ser o enriquecimento à custa de outrem nada mais é do que uma outra face da falta de causa. Particularmente na intervenção,

[315] Menezes Cordeiro, António. *Tratado de direito civil português*, vol. II: *Direito das obrigações*, tomo III, cit., p. 232.

[316] Menezes Leitão, Luís Manuel Teles de. *O enriquecimento sem causa no direito civil*, cit., p. 763.

falta causa à retenção de dado enriquecimento precisamente porque a ordem jurídica destina tal enriquecimento a outrem, como conteúdo do direito de outrem, violado pelo interventor.

Feitas tais observações, passa-se à análise mais detida dos pressupostos da regra geral subsidiária de enriquecimento sem causa.

3.1. Enriquecimento

3.1.1. Enriquecimento real e enriquecimento patrimonial

De modo geral, enriquecer-se significa aumentar a situação patrimonial existente. Daí afirmar-se que o enriquecimento deve ser suscetível de avaliação econômica.[317] De acordo com a doutrina portuguesa, o enriquecimento não precisa apresentar um valor patrimonial, sendo suficiente afirmar que tudo o que possa ser objeto de uma obrigação pode ser restituído, em si ou por equivalente em dinheiro.[318]

O primeiro pressuposto do enriquecimento sem causa pode ser concebido de dois modos. Em primeiro lugar, de acordo com a concepção denominada "patrimonial", o enriquecimento corresponde a saldo positivo existente no patrimônio do enriquecido, resultante da comparação entre a situação atual de seu patrimônio e a situação em que hipoteticamente se encontraria, caso o enriquecimento não tivesse ocorrido. Em segundo lugar, de acordo com a concepção denominada "real", o enriquecimento consiste no objeto obtido ou no valor da vantagem auferida.[319]

[317] Michelon Jr., Cláudio. *Direito restituitório: Enriquecimento sem causa, pagamento indevido e gestão de negócios*, cit., p. 195. Agostinho Alvim refere a possibilidade de o enriquecimento consistir num "benefício moral com valor pecuniário" (Alvim, Agostinho. *Do enriquecimento sem causa*. In: Doutrinas essenciais Obrigações e Contratos, vol. 1, junho/2011, pp. 911-953, consultado em www.revistadostribunais.com.br). Giovanni Ettore Nanni, em contrapartida, afirma que "deve-se admitir o conceito de enriquecimento não patrimonial ou moral, também como vantagem obtida, sem se descuidar do mandamento de respeito à dignidade da pessoa humana e à solidariedade" (Nanni, Giovanni Ettore. *Enriquecimento sem causa*, cit., p. 265).

[318] Menezes Cordeiro, António. *Tratado de direito civil português*, vol. II: *Direito das obrigações*, tomo III, cit., p. 225.

[319] Pereira Coelho, Francisco Manuel. *O enriquecimento e o dano*, cit., p. 26.

Parte da doutrina denomina a concepção patrimonial como subjetiva, uma vez que o juízo hipotético que lhe é próprio permite questionar a utilidade do auferido sob a perspectiva do enriquecido. Conforme tal concepção, a obrigação de restituir o enriquecimento pode variar a depender de o auferido ser objetivamente útil, mas subjetivamente supérfluo, ou objetivamente supérfluo, mas subjetivamente útil.[320] Assim, aquele que utiliza coisa alheia sem autorização poderia alegar que não se enriqueceu, seja porque não ostenta, no momento do exercício da pretensão contra si, uma diferença positiva em seu patrimônio, seja porque a utilização não lhe foi útil, tratando-se, antes, de um luxo do qual não teria gozado, caso conhecesse a falta de causa do enriquecimento, de modo que não houve uma poupança de despesas.

De acordo com a concepção real, em contrapartida, o enriquecimento de quem utiliza coisa alheia sem autorização não corresponde a um saldo patrimonial positivo ou à utilidade proporcionada, mas à própria utilização da coisa alheia, que há de ser restituída ao titular em valor equivalente, porque impossível sua restituição natural.

Como observado no item 2.2 acima, o art. 884, *caput,* do Código Civil afastou-se da concepção patrimonial de enriquecimento, a qual se fazia presente nos projetos de Código de Obrigações de 1941 e 1965, cujas regras gerais previam que a restituição do enriquecimento sem causa deveria ocorrer *na medida do lucro.* Observou-se, igualmente, que a concepção patrimonial de enriquecimento foi expressamente acolhida pelo legislador de 2002 no art. 881 do Código Civil, que prevê que aquele que recebe, sem causa, prestação consistente num fazer, fica obrigado a restituir não a prestação, em valor equivalente, mas o lucro obtido.[321]

O art. 884, *caput,* do Código Civil foi redigido em termos fundamentalmente diversos. De acordo com a regra geral, o que há de ser restituído

[320] MICHELON JR., Cláudio. *Direito restituitório: Enriquecimento sem causa, pagamento indevido e gestão de negócios,* cit., pp. 189-190.

[321] Outra hipótese de enriquecimento patrimonial é a da chamada *versio in rem* atécnica prevista no art. 181 do Código Civil. O incapaz que recebeu prestação em razão de negócio anulado responde apenas por aquilo que reverteu em seu proveito. O legislador traça aí uma distinção em relação ao art. 182 do Código Civil, em que a responsabilidade é real. No art. 182, o receptor deve restituir o que recebeu (PONTES DE MIRANDA, Francisco Cavalcanti. *Tratado de direito privado,* tomo XXVI, cit., p. 136).

não é o lucro obtido pelo enriquecido, mas *o indevidamente auferido, feita a atualização dos valores monetários*. Como se percebe, o legislador optou por não empregar no art. 884, *caput*, os mesmos termos que empregou no art. 881 do Código Civil e que se faziam presentes nas regras gerais dos projetos anteriores. De acordo com o art. 884, *caput*, do Código Civil, o que há de ser restituído é o *auferido*. Nas demais disposições acima referidas, a restituição é do *lucro obtido* ou *na medida do lucro*.

A reforçar a distinção aqui apontada, segue-se, no art. 884, *caput*, do Código Civil, a previsão de correção monetária. Tal previsão é indicativo bastante de que a norma tem em mira a restituição de um valor objetivo, apurado em momento anterior ao exercício da pretensão restitutória e não a comparação entre a situação patrimonial existente no momento do exercício da pretensão e uma situação patrimonial hipotética.

De acordo, ainda, com o art. 884, parágrafo único, do Código Civil, *se o enriquecimento tiver por objeto coisa determinada, quem a recebeu é obrigado a restituí-la* e, se a coisa tiver perecido, *a restituição se fará pelo valor do bem.*[322] Também aqui é claro que não se está a tratar do enriquecimento em sentido patrimonial, mas em sentido real. Objeto da obrigação restitutória é a coisa recebida ou o seu valor, e não eventual lucro do enriquecido. A particularidade do parágrafo único em relação ao *caput* resume-se ao critério de cálculo do equivalente pecuniário da coisa determinada recebida pelo devedor. Na hipótese do parágrafo único, *a restituição se fará pelo valor do bem na época em que foi exigido.*

O texto do art. 884, *caput* e parágrafo único, do Código Civil não parece abrir margem, portanto, à restituição de uma diferença patrimonial positiva, mediante análise subjetiva, ou hipotética, do enriquecimento, conforme defende parte da doutrina,[323] tampouco à adoção de

[322] Como observado acima, no direito italiano, que adota concepção patrimonial, se a coisa certa perece, o que há de ser restituído não é o seu valor, mas o lucro existente no patrimônio do enriquecido (cf. BIANCA, Massimo. *Diritto civile*, vol. V, cit., p. 820).

[323] Assim: MICHELON JR., Cláudio. *Direito restituitório: Enriquecimento sem causa, pagamento indevido e gestão de negócios*, cit., pp. 186-193. De acordo com o autor, "o texto do art. 884 não deixa claro se a concepção de 'enriquecimento' adotada foi a concepção objetiva ou a concepção subjetiva". Sustenta, apesar disso, que deve ser adotada a concepção patrimonial, porque, na sua visão, ela decorre do "espírito do código" (pp. 188-189).

critérios distintos, a depender da hipótese concreta.[324] Dados os termos em que redigidos, o enriquecimento a ser restituído é real, isto é, consiste naquilo que foi objetivamente auferido pelo enriquecido, monetariamente corrigido, na coisa certa recebida pelo enriquecido, ou no valor desta.[325]

Trata-se de opção legislativa. No modelo franco-italiano, como observado no item 1.2.1 acima, a responsabilidade do enriquecido é, desde o início, patrimonial. Mais precisamente, os arts. 1.303 do código civil francês e 2.041 do código civil italiano preveem que, no limite do enriquecimento de uma parte, deve-se indenizar o empobrecimento da outra.

Em Portugal, a doutrina sustenta que o enriquecimento sem causa segue igualmente concepção patrimonial, pois, por disposição expressa do art. 479, n.º 2, do código civil português, "a obrigação de restituir não pode exceder a medida do locupletamento à data da verificação de algum dos factos referidos nas duas alíneas do artigo seguinte". Tais fatos, descritos no art. 480, consistem no ajuizamento da ação contra o enriquecido ou em ter ele, por outro meio, tomado conhecimento da falta de causa. No momento, portanto, em que verificado um desses eventos, ambos relativos à cessação da boa-fé do enriquecido, deve ser aferida a diferença entre a situação presente e a situação hipotética de seu patrimônio.[326] Conjugadas as previsões dos n.º 1 e 2 do art. 479 do código civil português,[327] o enriquecido deverá então restituir o menor valor entre o

[324] "Verifica-se que a caracterização do enriquecimento possui como pressuposto intricado sistema, que busca levar em consideração as nuances inerentes ao incremento patrimonial. Dentro desse regime, é possível afirmar que o enriquecimento (i) deve ser efetivo, afastando-se a restituição do benefício futuro e meramente eventual; (ii) pode ser caracterizado pela perspectiva patrimonial ou real, dependendo da natureza do bem que originou o benefício; e (iii) deve ser avaliado subjetivamente, mas a partir do valor de mercado do bem, e à luz de sistema de presunções que leva em consideração a necessidade jurídica e fática do deslocamento patrimonial, a aceitação tácita pelo enriquecido e a eventual conversão em dinheiro do objeto do enriquecimento" (MORAES, Renato Duarte Franco de. *Enriquecimento sem causa e o enriquecimento por intervenção*, cit., p. 208)

[325] Nesse sentido: SILVA, Rodrigo da Guia. *Enriquecimento sem causa: as obrigações restitutórias no direito civil*, cit., pp. 153-156.

[326] PEREIRA COELHO, Francisco Manuel. *O enriquecimento e o dano*, cit., p. 36.

[327] "Art. 479. Objecto da obrigação de restituir. 1. A obrigação de restituir fundada no enriquecimento sem causa compreende tudo quando se tenha obtido à custa do empobrecido

enriquecimento real e o enriquecimento patrimonial verificado nos termos do art. 480.[328]

A solução do direito português guarda alguma semelhança com aquela adotada pelo direito alemão. No direito alemão, como exposto no item 1.2.2 acima, o enriquecimento, enquanto pressuposto do § 812 I 1 do BGB, segue orientação real. Consiste, assim, no algo obtido (*das erlangte Etwas*). Em um segundo momento, na determinação do objeto da restituição, por disposição expressa do § 818 III do BGB, demonstrada a boa-fé do enriquecido, há abertura a um juízo patrimonial e a responsabilidade do enriquecido poderá ser abrandada ou até mesmo extinta, se tiver perdido o enriquecimento obtido.

Em todos esses sistemas, a consideração ao patrimônio do enriquecido decorre de decisão do legislador, ainda que por posterior consagração de entendimento jurisprudencial, como no caso francês.

Para afastar o risco de transposições indevidas, também importa ter clareza sobre as hipóteses para as quais tais normas são dirigidas.

A responsabilidade na medida do lucro, no modelo franco-italiano, é, reitere-se, pensada para a ação *de in rem verso*, a qual, desde suas raízes romanas, tem por objeto a restituição do proveito útil obtido pelo enriquecido, inclusive em virtude de prestação recebida por um intermediário.

No direito alemão, a norma que impõe a consideração ao patrimônio do enriquecido em caso de boa-fé é geral. Conforme destaca o mais autorizado comentário ao código, todavia, o legislador, no § 818 III do BGB, "pensou sobretudo nas coisas prestadas por erro, que o receptor consumiu, doou, vendeu, transformou ou perdeu".[329] Trata-se, por outras palavras, de norma aplicável particularmente ao pagamento indevido (*im Vordergrund stehen die Fälle des Wegfalls der Bereicherung bei irrtümlicher*

ou, se a restituição em espécie não for possível, o valor correspondente. 2. A obrigação de restituir não pode exceder a medida do locupletamento à data da verificação de algum dos factos referidos nas duas alíneas do artigo seguinte."

[328] Pereira Coelho, Francisco Manuel. *O enriquecimento e o dano*, cit., p. 39.

[329] Tradução do original, assim redigido em língua alemã: "Die Verfasser des Gesetzes dachten in erster Linie an irrtümlich geleistete Sachen, die der Empfänger verbraucht, verschenkt, veräußert, verarbeitet oder verloren hat" (Lorenz, Stephan. *Staudinger BGB: §§ 812-822 Ungerechtfertigte Bereicherung*, cit., p. 321)

Leistung einer Nichtschuld).[330] Nesse sentido, chama especial atenção o emprego, no § 818 III do BGB, do termo *Empfänger*, isto é, receptor. A título de exemplo, Canaris aponta que, no enriquecimento por intervenção, desde 1956 o BGH entende que aquele que, mesmo de boa-fé, interveio no direito de personalidade de outrem, não pode opor um empobrecimento ao credor da restituição.[331]

No direito brasileiro, o art. 878 do Código Civil equipara o receptor do pagamento indevido ao possuidor e, por esse meio, caracterizada a boa-fé, o devedor da restituição do pagamento indevido pode ter sua responsabilidade abrandada em caso de perda do enriquecimento. No art. 881, por sua vez, no qual não se cogita de posse, o enriquecimento é definido desde o início como patrimonial e o receptor da prestação responde na medida do lucro.

Em contraposição ao regime do pagamento indevido, no âmbito do art. 884, *caput*, do Código Civil, destinado sobretudo ao enriquecimento por intervenção, o legislador optou por concepção real, sem previsão de um posterior juízo patrimonial na determinação do objeto da restituição.

A solução é coerente. Se analisado sob a concepção real adotada no art. 884, *caput*, do Código Civil, o enriquecimento auferido pelo interventor mediante a utilização de bens alheios não desaparece enquanto tal. Diferentemente das hipóteses de enriquecimento por prestação, nas quais o bem recebido pelo enriquecido pode vir a se perder, na intervenção, o auferido não consiste em algo recebido, mas no próprio aproveitamento ou faculdade usurpados pelo interventor. Pense-se novamente na utilização não autorizada de imagem alheia. O enriquecimento, isto é, o aproveitamento reservado ao titular do direito violado e usurpado pelo interventor, consiste na própria utilização da imagem. Como tal, o enri-

330 Lorenz, Stephan. *Staudinger BGB: §§ 812-822 Ungerechtfertigte Bereicherung*, cit., p. 321. Isso não significa que a norma não seja de todo aplicável a outras espécies, como a intervenção, mas que está sujeita a limitações (Grigoleit, Hans Christoph; Auer, Marietta. *Schuldrecht III: Bereicherungsrecht*, cit., p. 36). Exemplo de aplicação do § 818 III do BGB à intervenção pode ser dado pela hipótese do § 816, na qual, por disposição expressa, o enriquecido responde pelo preço obtido com a venda de coisa alheia, o qual pode vir a se perder.

331 Larenz, Karl; Canaris, Claus-Wilhelm. *Lehrbuch des Schuldrechts*, vol. 2, tomo II, cit., pp. 307-308.

quecimento não deixa de ter existido. Na realidade, o enriquecimento apenas poderia ser considerado perdido se compensado com eventuais despesas do interventor.[332] Por outras palavras, exigiria consideração global ao patrimônio do enriquecido, o que não é compatível com os termos da regra geral brasileira.[333]

Feitas tais considerações, cumpre, à luz da concepção real de enriquecimento adotada no art. 884, *caput*, do Código Civil, precisar o pressuposto em cada uma das hipóteses regidas pela regra geral subsidiária.

3.1.2. Enriquecimento na intervenção

Na intervenção, como adiantado, o auferido, no sentido do art. 884, *caput*, do Código Civil, corresponde ao aproveitamento ou faculdade que a ordem jurídica destina a outrem, como conteúdo de posição jurídica de titularidade de outrem, e que o interventor, sem autorização, toma para si. Tal aproveitamento há de ser restituído ao titular da posição violada sempre em valor equivalente.[334]

Desse modo, quem, sem autorização, emprega fotografia de outrem na divulgação de dada mercadoria, usurpa exploração comercial que o ordenamento jurídico destina com exclusividade ao titular do direito patrimonial de imagem. Fica, pois, obrigado à restituição dessa exploração, em valor equivalente, com correção monetária desde a data do enriquecimento.

De igual modo, quem, sem autorização, utiliza coisa alheia, toma para si faculdade que a lei destina com exclusividade ao proprietário de tal coisa. Fica, assim, obrigado a restituir a utilização, em valor equivalente, com correção monetária desde a data do enriquecimento. Nesse sentido,

[332] Como pontua a doutrina portuguesa, "efetivamente, uma vantagem incorpórea não desaparece enquanto tal, podendo apenas ser compensado por despesas ou perdas" (Menezes Leitão, Luís Manuel Teles de. *O enriquecimento sem causa no direito civil*, cit., p. 899).

[333] Parte da doutrina advoga a aplicação analógica do art. 878 do Código Civil à obrigação fundada no art. 884, *caput*, do Código Civil (Nanni, Giovanni Ettore. *Enriquecimento sem causa*, cit., p. 272). O cabimento de tal analogia é duvidoso e será analisado no quinto capítulo.

[334] Larenz, Karl; Canaris, Claus-Wilhelm. *Lehrbuch des Schulrechts*, vol. 2, tomo II, cit., p. 169.

a doutrina portuguesa oferece dois exemplos, colhidos da jurisprudência. No primeiro, os réus que fruíram indevidamente imóvel do autor foram condenados a restituir valor correspondente ao arrendamento. No segundo, a concessionária que instalou postes elétricos sem autorização foi condenada a restituir ao proprietário do solo o valor da ocupação.[335]

Parte da doutrina sustenta que devam ser restituídos todos os lucros obtidos a partir da intervenção.[336] Tal solução apenas seria admissível se a lei tivesse adotado concepção puramente patrimonial de enriquecimento. Ainda nessa hipótese, como se analisará na sequência, o preenchimento dos demais pressupostos do instituto revela-se duvidoso, uma vez que o lucro feito pelo interventor a partir da intervenção dificilmente pode ser imputado ao titular do direito violado. Por outras palavras, não lhe pertence.

Não sendo essa a regra, a restituição é do auferido sem causa à custa de outrem, e não do lucro do interventor.[337] O lucro eventualmente feito pelo interventor é, na realidade, dado irrelevante seja ao suporte fático do art. 884, *caput,* do Código Civil, seja à determinação da extensão da obrigação de restituir.

3.1.3. Enriquecimento por prestação

Nas hipóteses de enriquecimento por prestação, o auferido corresponde àquilo que foi prestado ao enriquecido. Assim, na *condictio ob rem* fundada no art. 884, *caput,* do Código Civil, aquele que recebeu prestação com acordo sobre determinado fim, que, posteriormente, não se concretiza, deve restituir a prestação recebida.

Esse é o caso, por exemplo, da sociedade que recebeu adiantamento para um futuro aumento de capital que não chega a se concretizar, como será aprofundado no item 4.2.1 abaixo. Se o adiantamento consistiu em quantia em dinheiro, o numerário deve ser restituído ao prestante, corrigido monetariamente. Se consistiu em coisa certa, deve ser observada a

[335] Menezes Cordeiro, António. *Tratado de direito civil português,* vol. II: *Direito das obrigações,* tomo III, cit., p. 278.

[336] Nesse sentido: Michelon Jr., Cláudio. *Direito restituitório: Enriquecimento sem causa, pagamento indevido e gestão de negócios,* cit., p. 204.

[337] Von Caemmerer. *Bereicherung und Unerlaubte Handlung,* cit., p. 232.

disposição do art. 884, parágrafo único, do Código Civil. Assim também se o aumento de capital tiver se realizado apenas parcialmente. Conforme exemplo fornecido pela doutrina portuguesa, "a pessoa que entregue dinheiro a outra, para realizar entradas sociais, pode pedir, em enriquecimento, a restituição do saldo: o valor que não chegou a ser necessário, para isso".[338]

Na *condictio ob causam finitam*, a que se refere o art. 885 do Código Civil, aquele que recebeu prestação em virtude de causa que, posteriormente, deixou de existir, deve a restituição da prestação nos mesmos termos. Pense-se no segurado que, após receber indenização pelo furto do seu automóvel, recupera o bem. Nessa hipótese, a seguradora faz jus à restituição da indenização, monetariamente corrigida.

3.1.4. Enriquecimento forçado

Cumpre precisar, por fim, o auferido no enriquecimento forçado, mais precisamente o enriquecimento oriundo de despesas feitas no interesse de outrem.

Conforme esclarece a doutrina portuguesa "esta categoria de enriquecimento sem causa normalmente ocorre quando alguém aplica dinheiro, trabalho ou materiais numa coisa alheia que se encontra na posse do agente ou que, não se encontrando na sua posse, ele acredita que a coisa lhe pertence, e ainda quando o benfeitorizante conhece o caráter alheio da coisa que não está na sua posse, mas ignora estar a aplicar valores patrimoniais próprios em lugar de valores patrimoniais alheios".[339]

Como exemplo, a doutrina portuguesa faz referência a hipótese submetida ao Supremo Tribunal de Justiça daquele país, na qual se decidiu que, "se a construção de um prédio foi custeada por um terceiro diferente do dono da obra, tem aquele o direito de exigir deste o custo dos materiais e serviços ao abrigo do enriquecimento sem causa".[340]

338 Menezes Cordeiro, António. *Tratado de direito civil português*, vol. II: *Direito das obrigações*, tomo III, cit., p. 276.

339 Menezes Leitão, Luís Manuel Teles de. *O enriquecimento sem causa no direito civil*, cit., p. 798.

340 Menezes Cordeiro, António. *Tratado de direito civil português*, vol. II: *Direito das obrigações*, tomo III, cit., p. 279.

Dada a concepção real de enriquecimento adotada no art. 884, *caput*, do Código Civil, o pressuposto assume feição semelhante à das hipóteses de enriquecimento por prestação. O auferido corresponde, assim, ao dinheiro, trabalho ou àquilo que foi empregado no patrimônio do enriquecido, reservada, porém, na determinação do objeto da restituição, ao que parece, eventual possibilidade de analogia com o regime do pagamento indevido ou das benfeitorias, a fim de se evitarem contradições valorativas na tutela jurídica de situações concretas que são semelhantes entre si, como abordado nos itens 4.3 e 5.1.2 abaixo.

3.2. Sem causa

3.2.1. Fundamento jurídico para retenção do auferido

A causa corresponde à incidência de norma legal ou negocial que legitime o enriquecimento,[341] sendo certo, porém, que a simples ausência de uma tal norma não deve significar que o enriquecimento seja injustificado.[342] De modo geral, não é sem causa o enriquecimento que não seja destinado a outrem.

A disciplina da causa relaciona-se, assim, à alocação dos bens segundo a ordem jurídica. Daí se segue que a análise sobre a falta de causa é necessariamente externa ao regime da restituição do enriquecimento sem causa. Ser o enriquecimento sem causa é questão que cabe às demais áreas do direito responder.[343] Como sintetiza a doutrina portuguesa, "a referência à causa do enriquecimento remete o intérprete para a totalidade da ordem jurídica, designadamente, para as modalidades de aquisição derivada e originária da propriedade, para o regime dos vícios e da falta de vontade, para o âmbito da autonomia privada e

[341] Menezes Cordeiro, António. *Tratado de direito civil português*, vol. II: *Direito das obrigações*, tomo III, cit., p. 237.

[342] Moraes, Renato Duarte Franco de. *Enriquecimento sem causa e o enriquecimento por intervenção*, cit., p. 234.

[343] Von Caemmerer, Ernst. *Bereicherung und unerlaubte Handlung*, cit., p. 219. No mesmo sentido: Menezes Cordeiro, António. *Tratado de direito civil português*, vol. II: *Direito das obrigações*, tomo III, cit., pp. 236-237.

para um grande leque de respostas legais ditadas por considerações de política legislativa".[344]

Qualquer que seja o tipo de enriquecimento sem causa que se tenha diante dos olhos, a falta de causa pode ser definida, em termos muito gerais, como a falta de fundamento jurídico para retenção do auferido.[345] As variações que se verificam a propósito de cada uma das hipóteses de enriquecimento sem causa nada mais são do que diferentes concretizações de tal definição.

Note-se que a definição de causa aqui adotada corresponde a generalização que remete diretamente às *condictiones* do direito romano. A concepção de causa desenvolvida a propósito da ação *de in rem verso* não é compatível com tal definição. Como observado no item 1.1.1 acima, a ação *de in rem verso* é remédio restitutório que, em sua origem romana, sequer se fundava na falta de fundamento jurídico para retenção do enriquecimento. Tratava-se, na realidade, de espécie de garantia relacionada ao inadimplemento de uma contraprestação.[346] Como já observado, a doutrina de direito comparado qualifica da mesma maneira a ação *de in rem verso* própria ao modelo franco-italiano.[347]

De acordo com a concepção francesa, bastante difundida na doutrina nacional, a causa não é identificada como fundamento jurídico para retenção do enriquecimento, mas, antes, com a ideia de contrapartida ou de contraprestação.[348] Tal concepção tem o inconveniente de estender a

[344] Gomes, Júlio Manuel Vieira. *O conceito de enriquecimento, o enriquecimento forçado e os vários paradigmas do enriquecimento sem causa*. Porto: Universidade Católica Portuguesa, 1998, p. 471.

[345] Larenz, Karl; Canaris, Claus-Wilhelm. *Lehrbuch des Schuldrechts*, vol. 2, tomo II, cit., p. 136.

[346] Kupisch, Berthold. *Die Versionsklage*, cit., pp. 11-14; Kaser, Max. *Das römische Privatrecht*, vol. I, cit., p. 607.

[347] Schlechtriem, Peter. *Restitution und Bereicherungsausgleich in Europa*, vol. II, cit., p. 296.

[348] "Dentro da teoria do enriquecimento injustificado, a palavra causa, no sentir dos autores, tem exatamente, a acepção que lhe empresta a doutrina clássica francesa, ou seja, o de contraprestação. Causa, portanto, é aquilo que pode explicar o enriquecimento; é a contrapartida. Se não há causa, ou se a causa não é justa, o enriquecimento está condenado" (Alvim, Agostinho. *Do enriquecimento sem causa*. In: Doutrinas essenciais Obrigações e Contratos, vol. 1, junho/2011, pp. 911-953, consultado em www.revistadostribunais.com.br). No mesmo sentido, Giovanni Ettore Nanni afirma que "a noção de causa, na teoria

tutela restitutória a outros domínios, nomeadamente ao do inadimplemento das obrigações.[349] Não por outra razão, os autores nacionais até hoje apontam o caso Boudier, que é caso de inadimplemento contratual, como exemplo paradigmático de enriquecimento sem causa.[350]

A falta de contraprestação não determina a falta de causa daquilo que foi prestado, entretanto. A prestação recebida em virtude de negócio jurídico existente, válido e eficaz tem, necessariamente, causa a justificar sua retenção pelo receptor, mesmo que inadimplente em relação a eventual prestação que lhe caiba.

Nesse ponto, merece crítica o Enunciado 188, aprovado na III Jornada de Direito Civil, promovida pelo Centro de Estudos Judiciários do Conselho da Justiça Federal em 2005. Ao estatuir que "a existência de negócio jurídico válido e eficaz é, *em regra*, uma justa causa para o enriquecimento", o texto sugere que, sob determinadas circunstâncias, o negócio jurídico válido e eficaz pode não conferir causa à prestação que resulta de sua execução.

Na realidade, não pode haver espaço à tutela restitutória fundada no enriquecimento sem causa em virtude do inadimplemento de uma contraprestação. O credor lesado pelo inadimplemento dispõe, contra o devedor inadimplente, tanto de pretensão dirigida ao cumprimento quanto de pretensão dirigida à indenização de seus prejuízos. Nos termos

do enriquecimento injustificado, tem o sentido de contraprestação, de retribuição a uma vantagem proporcionada" (NANNI, Giovanni Ettore. *Enriquecimento sem causa*, cit., p. 121).

[349] Nesse sentido, Cláudio Michelon Jr. afirma que "atribuições patrimoniais ocorreriam 'sem causa' naquelas hipóteses em que a atribuição devesse ter sido feita a outrem. Um bom exemplo de uma tal atribuição é o famoso caso Boudier" (MICHELON JR., Cláudio. *Direito restituitório: Enriquecimento sem causa, pagamento indevido e gestão de negócios*, cit., p. 216). A concepção de causa como contraprestação está à base do já mencionado Enunciado 36, aprovado na I Jornada de Direito Civil, que, ao defender uma noção concreta de subsidiariedade – também própria ao modelo franco-italiano –, converte o enriquecimento sem causa em tutela geral indenizatória de natureza subsidiária.

[350] Assim: MELO, Diogo Leonardo Machado de. *Comentários ao Código Civil: Direito privado contemporâneo*, cit., pp. 1249-1250; BDINE JR., Hamid Charaf. *Código Civil comentado*, cit., pp. 872-873; VENOSA, Sílvio de Salvo. *Direito civil*, vol. II, cit., p. 223; BARROS MONTEIRO, Washington de. *Curso de direito civil*, vol. 5, cit., pp. 546-547; MICHELON JR., Cláudio. *Direito restituitório: Enriquecimento sem causa, pagamento indevido e gestão de negócios*, cit., pp. 207, 216, 225; RODRIGUES, Silvio. *Direito civil*, vol. 3, cit., p. 422.

do art. 876 do Código Civil, se a prestação era devida, não há obrigação de restituir fundada no enriquecimento sem causa. A regra geral subsidiária de enriquecimento sem causa não pode contrariar o disposto no art. 876 do Código Civil.

Se o prestante não tem pretensão restitutória contra o receptor inadimplente, que recebeu a prestação em virtude de contrato existente, válido e eficaz, e, pois, enriqueceu-se com causa, com menor razão terá pretensão restitutória contra o terceiro que, posteriormente, aproveitou-se daquela mesma prestação.

O fato de o art. 884, *caput*, do Código Civil ter se afastado dos pressupostos da ação de *in rem verso* confirma que o ordenamento jurídico brasileiro não comporta essa ação. À luz do art. 884, *caput*, do Código Civil, o enriquecimento do terceiro que se aproveitou de prestação recebida por contratante inadimplente não é sem causa, tampouco ocorre à custa do prestante. Nomeadamente, o terceiro não aufere algo que pertença ou deva pertencer àquele que realizou a prestação. O regime que se ocupa da falta de contraprestação é o do inadimplemento das obrigações, não o do enriquecimento sem causa.

Na sequência, passa-se à análise do tema à luz das hipóteses de enriquecimento sem causa efetivamente sujeitas à regra geral do art. 884, *caput*, do Código Civil.

3.2.2. Falta de causa na intervenção

Na intervenção, falta causa à retenção do auferido se faltar ao interventor direito subjetivo a lhe conferir o uso, a fruição, o consumo ou a disposição de determinado bem ou direito. O enriquecimento é injustificado, porque o interventor, sem autorização, toma para si aproveitamento ou faculdade que pertencem a outrem, como conteúdo de posição jurídica de titularidade de outrem.[351]

Não se trata de valorar o ato do interventor, mas a alocação jurídica dos bens segundo a ordem jurídica. Por essa razão, como já observado, a falta de causa, na intervenção, não tem qualquer relação com a licitude do ato do interventor. Von Caemmerer, tomando como exemplo a intervenção

[351] Auer, Marietta. *Staudinger BGB: Eckpfeiler des Zivilrechts.* 6ª ed., Berlim: De Gruyter, 2018, p. 1128.

em direito de propriedade alheio, esclarece que a falta de causa não reside no ato da intervenção, mas no fato da aplicação da coisa em contradição ao conteúdo de destinação do direito de propriedade (*die Verwendung der Sache im Widerspruch zum Zuweisungsgehalt des Eigentums*).[352]

Daí se segue, como já observado, que a ilicitude é dado irrelevante ao suporte fático do art. 884, *caput*, do Código Civil. Em razão da subsidiariedade do regime do enriquecimento sem causa, a caracterização de ato ilícito determina, inclusive, sua não aplicação.

É no chamado conteúdo de destinação (*Zuweisungsgehalt*) do direito violado que se há de buscar a resposta sobre se e em que extensão dado enriquecimento é sem causa. Quem, sem autorização, emprega fotografia alheia na divulgação de determinada mercadoria, enriquece-se sem causa porque usurpa exploração que a ordem jurídica reserva com exclusividade ao titular do direito patrimonial de imagem. A ilicitude do ato importa a outras áreas do direito, dando ensejo, por exemplo, à indenização do dano moral, ou mesmo à tutela inibitória, para que cesse a intervenção.

O conteúdo de destinação define e delimita a titularidade do auferido e, com isso, permite determinar tanto a falta de causa justificativa, quanto o fato de o enriquecimento ter sido obtido à custa de outrem.[353] Dos aspectos pertinentes ao pressuposto à custa de outrem, o trabalho se ocupará no item 3.3 abaixo. No que aqui interessa, se a ordem jurídica não destina o auferido ao interventor, mas a outrem, como conteúdo de direito da titularidade de outrem, então o enriquecimento do interventor é sem causa.

Conteúdo de destinação é conceito aberto, a ser precisado caso a caso.[354] Nas palavras de Pereira Coelho, "se é assim ou não, se o direito reserva ou destina ao seu titular o aproveitamento económico do bem a que o direito respeita – é questão de interpretação da lei, das leis que definem o conteúdo dos direitos". Por outras palavras, "só em concreto se

[352] Von Caemmerer, Ernst. *Bereicherung und unerlaubte Handlung*, cit., p. 229.

[353] Menezes Leitão, Luís Manuel Teles de. *O enriquecimento sem causa no direito civil*, cit., p. 788.

[354] Schwab, Martin. *Münchener Kommentar zum BGB*, vol. VI, cit., § 812, n. 245.

pode dizer que direitos têm ou não um *Zuweisungsgehalt* e qual é o *Zuweisungsgehalt* de cada direito".[355]

O direito de propriedade, por exemplo, reserva a seu titular o aproveitamento econômico, bem como as utilidades e vantagens de uso da coisa. Não se pode dizer o mesmo, ao menos não com a mesma amplitude, dos direitos de personalidade, como o nome, a imagem, ou a intimidade.[356] Não é qualquer veiculação não autorizada do nome ou da imagem de outrem que caracteriza enriquecimento sem causa. Pense-se, por exemplo, em matérias jornalísticas. A simples menção ao nome ou imagem de outrem não importa necessariamente usurpação de aproveitamento que lhe seja destinado pela ordem jurídica com exclusividade.

De acordo com a doutrina alemã, para concretização do conteúdo de destinação e, pois, determinação do âmbito de atuação do enriquecimento por intervenção, devem ser analisados sucessivamente dois aspectos.

Em primeiro lugar, possuem conteúdo de destinação as posições jurídicas passíveis de proteção delitual. Não se trata, aqui, de recorrer à ilicitude ou ao dano como critérios do enriquecimento sem causa, mas sim ao suporte fático objetivo pertinente à responsabilidade civil como meio de concretização do conteúdo de destinação. Designadamente, o regime da responsabilidade civil esclarece se e em que medida um bem é imputável a determinada pessoa. Uma posição que não possa ser violada, para fins de responsabilidade civil, não possui conteúdo de destinação para efeito da caracterização do enriquecimento sem causa.[357]

[355] PEREIRA COELHO, Francisco Manuel. *O enriquecimento e o dano*, cit., pp. 45-46.

[356] PEREIRA COELHO, Francisco Manuel. *O enriquecimento e o dano*, cit., pp. 45-46.

[357] LARENZ, Karl; CANARIS, Claus-Wilhelm. *Lehrbuch des Schuldrechts*, vol. 2, tomo II, cit., pp. 170-171. Em sentido contrário, doutrina recente afirma que o critério retira flexibilidade ao enriquecimento sem causa e vale-se, como critério, de regime absolutamente diverso do instituto (MORAES, Renato Duarte Franco de. *Enriquecimento sem causa e o enriquecimento por intervenção*, cit., p. 320). A esse respeito, cumpre observar que a distinção entre os institutos não é tão absoluta. Conforme reconhece o mesmo autor, tal como na responsabilidade civil, a teoria da destinação pressupõe a violação do direito, mas sem ingressar no exame da conduta da parte beneficiada (p. 317). É na identificação de tal violação que o modelo da responsabilidade civil se mostra de utilidade. Em adição, no direito brasileiro,

Em segundo lugar, a concretização do conteúdo de destinação de dada posição jurídica exige o que Canaris denomina capacidade de remuneração (*Entgeltsfähigkeit*).[358] À luz da teoria do conteúdo de destinação, apenas se aufere enriquecimento sem causa mediante a invasão de uma possibilidade de aproveitamento por cuja concessão o titular poderia ter exigido pagamento.[359]

Assim, embora o emprego não autorizado de fotografia em notícia de jornal possa desencadear tutela indenizatória por dano moral, não desencadeia tutela restitutória por enriquecimento sem causa, pois, de ordinário, falta a essa situação a necessária capacidade de remuneração. Nesse sentido, a doutrina observa que "inexiste fundamento para a restituição caso a veiculação da imagem ou dos dados da vida do indivíduo ocorra no exercício da liberdade de imprensa ou expressão".[360]

Da capacidade de remuneração decorre, ainda, que a intromissão numa posição jurídica que apenas legitima ao titular exigir dos demais uma omissão, como ocorre, por exemplo, na posição do credor da obrigação de não concorrência, não autoriza restituição fundada no enriquecimento sem causa. Ausente a capacidade de remuneração, o proveito auferido com a violação à não concorrência não é, segundo o conteúdo do direito, destinado ao credor, isto é, não lhe pertence.[361]

O montante da remuneração usual pode, inclusive, servir de índice para determinação da extensão da restituição, a título de equivalente pecuniário do auferido. Cuida-se do valor daquilo que se auferiu sem

a extensão da tutela indenizatória fundada na responsabilidade civil extracontratual é muito mais ampla do que no direito alemão, limitada à tutela de determinados direitos.

[358] Larenz, Karl; Canaris, Claus-Wilhelm. *Lehrbuch des Schuldrechts*, vol. 2, tomo II, cit., pp. 171-172. Como se reconhece entre nós, "a ideia fundamental da doutrina é que não se pode conceder restituição caso não se possa obter licença para a utilização regular do direito". A esse critério, que o autor identifica como os limites superiores da definição do monopólio da exploração, acrescenta, como limites inferiores, a "definição dos atributos do direito que são reservados pelo ordenamento ao respectivo titular" (Moraes, Renato Duarte Franco de. *Enriquecimento sem causa e o enriquecimento por intervenção*, cit., pp. 323-325).

[359] Schwab, Martin. *Münchener Kommentar zum BGB*, vol. VI, cit., § 812, n. 250.

[360] Moraes, Renato Duarte Franco de. *Enriquecimento sem causa e o enriquecimento por intervenção*, cit., p. 336.

[361] Schwab, Martin. *Münchener Kommentar zum BGB*, vol. VI, cit., § 812, n. 250.

causa. Quem, por exemplo, utiliza coisa alheia, há de restituir tal utilização em valor equivalente, o qual tende a corresponder ao montante pelo qual o titular da coisa a poderia ter alugado.

No item 3.1 acima, afirmou-se que a ideia de restituição de todo o lucro obtido a partir da intervenção passa ao largo da concepção real de enriquecimento adotada pelo legislador brasileiro no art. 884, *caput*, do Código Civil. Neste ponto, cumpre acrescentar que tal ideia também passa ao largo do pressuposto da falta de causa, uma vez que, se o lucro da intervenção que não pertence a outrem, como conteúdo do direito de outrem, não é auferido sem causa e não deve ser restituído.

Pense-se novamente no emprego não autorizado de fotografia alheia na divulgação de dada mercadoria. O interventor usurpa exploração comercial destinada ao titular do direito patrimonial de imagem e é isso que aufere sem causa à sua custa. Fica, pois, obrigado à restituição do valor de tal exploração, sendo irrelevantes o lucro ou prejuízo de sua atividade empresarial.

O lucro feito pelo interventor é estranho ao conteúdo de destinação do direito violado. O lucro decorre, na realidade, de outras relações jurídicas, que não a relação jurídica de enriquecimento sem causa. Por outras palavras, não pertence ao titular do direito violado. Como observa a doutrina portuguesa, nessa hipótese, a intervenção criou uma riqueza nova, que não é imputável ao titular do direito.[362]

3.2.3. Falta de causa da prestação

A falta de causa da prestação, para efeito da obrigação de restituição fundada no enriquecimento sem causa, caracteriza-se tal como nas *condictiones* do direito romano. Como observa a doutrina portuguesa, "uma prestação não terá 'causa justificativa' quando não advenha de nenhuma fonte ou de nenhuma fonte válida e, ainda, quando, não obstante, o direito não permita a sua retenção".[363]

[362] Pereira Coelho, Francisco Manuel. *O enriquecimento e o dano*, cit., p. 17, nota 28.

[363] Menezes Cordeiro, António. *Tratado de direito civil português*, vol. II: *Direito das obrigações*, tomo III, cit., p. 237.

Principal hipótese de enriquecimento por prestação é o pagamento indevido, que goza de regime próprio entre os arts. 876 e 883 do Código Civil.

No pagamento indevido, a falta de fundamento jurídico para retenção do auferido assume, propriamente, a feição de falta de causa da atribuição patrimonial. Nas palavras de Antonio Junqueira de Azevedo, "sempre que há um deslocamento patrimonial de A para B, deve-se procurar a causa, que justifica a atribuição".[364] Assim compreendida, a causa de atribuição patrimonial pode ser eficácia de negócio jurídico ou da lei.

No que interesse ao pagamento indevido, falta causa para retenção de uma prestação se falta obrigação de base a justificá-la. Nos termos do art. 877 do Código Civil, em adição, para que surja a obrigação de restituir é preciso que o prestante tenha acreditado na existência de obrigação. A pretensão restitutória por pagamento indevido pressupõe, assim, erro do prestante quanto à existência de causa.[365]

À regra geral subsidiária do art. 884, *caput*, do Código Civil importam, como observado no segundo capítulo, outras duas hipóteses de enriquecimento por prestação, a *condictio ob causam finitam* e a *condictio ob rem*.

A *condictio ob causam finitam*, à qual o art. 885 do Código Civil faz referência expressa, distingue-se do pagamento indevido pelo fato de que, no momento da prestação, existe causa a justificar a atribuição patrimonial. A restituição tem lugar, porque, supervenientemente, o fundamento que justificava a retenção da prestação pelo receptor deixa de existir. Exem-

[364] JUNQUEIRA DE AZEVEDO, Antonio. *Negócio jurídico e declaração negocial*, cit., p. 124. Conforme, ainda, Pontes de Miranda, "a causa importa, quando se tem de saber qual o ato jurídico de que é efeito a atribuição" (PONTES DE MIRANDA, Francisco Cavalcanti. *Tratado de direito privado*, tomo III. 3ª ed., Rio de Janeiro: Borsoi, 1970, p. 81).

[365] Ao escrever sobre o pagamento indevido no direito francês, Wilburg observou que "dado que a doutrina naturalmente pense primeiro nos casos de enriquecimento por prestação, considera como *cause* o contrato que está à base da atribuição, o qual esclarece e justifica a aquisição, ou, de modo semelhante, a relação obrigacional que embasa a prestação". Tradução do original, assim redigido em língua alemã: "Indem nun die Bereicherungslehre naturgemäß zunächst an die Leistungskondiktion denkt, betrachtet sie als cause den der Leistung zu Grunde liegenden Vertrag, der den Erwerb erklärt und rechtfertigt, oder in ähnlicher Weise das der Leistung zur Seite gestellte Schuldverhältnis" (WILBURG, Walter. *Die Lehre von der ungerechtfertigten Bereicherung nach österreichischem und deutschem Recht: Kritik und Aufbau*, cit., p. 88).

plo disso é o recebimento de indenização securitária em virtude da subtração de bem que, mais tarde, vem a ser recuperado. Embora existisse causa para prestação da indenização pela seguradora, a recuperação do bem caracteriza a superveniente falta de causa para retenção da indenização e faz surgir a obrigação restitutória.

Na *condictio ob rem*, o problema da causa assume feição diversa. Tradicionalmente, as atribuições patrimoniais são classificadas, segundo sua causa, de três modos: *causa credendi, solvendi* e *donandi*. Essa classificação não é, porém, exaustiva, como exemplifica a *datio ob rem*.[366]

A *datio ob rem* é, na definição de Flume, "atribuição patrimonial com um acordo sobre determinada finalidade, sem que para o receptor dessa atribuição exista um dever de prestação dirigido à obtenção dessa finalidade".[367] Caracteriza-se, portanto, por um acordo quanto ao fim da prestação, "através do qual a prestação é colocada ao serviço de uma específica relação causal, cuja execução visa assegurar".[368]

Diversamente do que ocorre no pagamento indevido e na *condictio ob causam finitam*, a causa da *datio ob rem* não reside propriamente na existência de relação obrigacional, mas sim na realização do fim ajustado entre o prestante e o receptor da prestação. Se o fim acordado entre as partes não é atingido, não há fundamento para que o receptor retenha aquilo que lhe foi atribuído. Cabe, pois, a *condictio ob rem* para restituição da prestação.[369]

[366] FLUME, Werner. *Allgemeiner Teil des Bürgerlichen Rechts*, vol. II: *das Rechtsgeschäft*, cit., pp. 154-155.

[367] Tradução do original, assim redigido em língua alemã: "Die datio ob rem ist die Zuwendung mit einer Zweckvereinbarung, ohne daß für den Empfänger eine Leistungspflicht hinsichtlich der Erreichung des Zwecks besteht" (FLUME, Werner. *Allgemeiner Teil des Bürgerlichen Rechts*, vol. II: *das Rechtsgeschäft*, cit., p. 155). No mesmo sentido: PONTES DE MIRANDA, Francisco Cavalcanti. *Tratado de direito privado*, tomo XXVI, cit., p. 147.

[368] MENEZES LEITÃO, Luís Manuel Teles de. *O enriquecimento sem causa no direito civil*, cit., p. 507. De modo semelhante, na *condictio ob turpem causam*, prevista no art. 883 do Código Civil, a causa também consiste num acordo quanto à finalidade da prestação. Diversamente da *condictio ob rem*, entretanto, a tutela jurídica não está relacionada à não realização do fim visado pelas partes, mas à sua ilicitude desse fim.

[369] FLUME, Werner. *Allgemeiner Teil des Bürgerlichen Rechts*, vol. II: *das Rechtsgeschäft*, cit., p. 155.

Exemplo típico de *datio ob rem* é a doação feita em contemplação de casamento futuro, expressamente prevista no art. 546 do Código Civil. Se o casamento, fim acordado para a prestação, não se realiza, cabe a restituição.

O art. 884, *caput*, o Código Civil confere tutela restitutória a qualquer outra hipótese de *datio ob rem* não disciplinada na lei, a exemplo do já referido adiantamento para futuro aumento de capital. A sociedade que recebe o adiantamento não se obriga a realizar o aumento de capital. Este é, na realidade, o fim visado pelas partes com a prestação. Não realizado esse fim, falta ao receptor causa para retenção da prestação recebida, que, pois, deve ser restituída.

3.2.4. Falta de causa no enriquecimento forçado

A concepção de causa pertinente ao enriquecimento por intervenção é também aplicável às demais hipóteses de enriquecimento sem causa que não estejam fundadas numa prestação.[370]

Cogita-se aqui do chamado enriquecimento forçado, nomeadamente do enriquecimento por despesas feitas no interesse de outrem. Pense-se na realização de melhorias em coisa alheia, da qual o autor da benfeitoria erroneamente se creia proprietário, sem que sobre ela tenha sequer posse ou detenção.

De acordo com a doutrina portuguesa, "o benefício que a despesa produz é atribuído pela lei a outrem, o que implica que a despesa não tenha causa jurídica e, portanto, a lei determine a sua restituição".[371] É, pois, no conteúdo de destinação que se há de investigar a existência ou não de justificativa para retenção do enriquecimento forçado.

3.3. À custa de outrem

Enriquecer-se à custa de outrem significa obter algo que a ordem jurídica destina a outrem, enquanto conteúdo de direito de outrem. Como

[370] LARENZ, Karl; CANARIS, Claus-Wilhelm. *Lehrbuch des Schuldrechts*, vol. 2, tomo II, cit., p. 141. MORAES, Renato Duarte Franco de. *Enriquecimento sem causa e o enriquecimento por intervenção*, cit., p. 222.

[371] MENEZES LEITÃO, Luís Manuel Teles de. *O enriquecimento sem causa no direito civil*, cit., p. 803.

observa a doutrina portuguesa, o que caracteriza o pressuposto à custa de outrem e, por consequência, suscita a incidência da norma de enriquecimento sem causa é precisamente a circunstância de determinado valor achar-se no patrimônio de um sujeito, quando seu lugar não é aí, mas no patrimônio de outro sujeito.[372]

Todo enriquecimento sem causa se dá à custa de outrem, razão pela qual os dois pressupostos não são inteiramente dissociáveis. Trata-se, mais propriamente, de diferentes perspectivas da falta de causa. O foco do presente pressuposto está na determinação da direção e da extensão da restituição.

Do pressuposto à custa de outrem decorre, ainda, a exigência de imediação entre as esferas patrimoniais envolvidas na relação jurídica de enriquecimento sem causa, a evitar a aplicação da tutela restitutória a um enriquecimento indireto e, pois, fora das fronteiras do instituto. Nesse particular, o pressuposto à custa de outrem, no art. 884, *caput*, do Código Civil, evidencia a inadequação da adoção da ação de *in rem verso* no direito brasileiro.

O presente item se ocupará, primeiramente, da exigência de imediação do enriquecimento. Na sequência, serão delineadas as caraterísticas do pressuposto à custa de outrem a propósito de cada uma das hipóteses sujeitas ao art. 884, *caput*, do Código Civil, especialmente no que se refere à determinação da direção e da extensão da restituição.

3.3.1. Imediação

No direito brasileiro, apenas excepcionalmente a lei admite que se exija restituição diretamente de um terceiro. São exemplos as disposições dos arts. 879, parágrafo único,[373] e 1.257, parágrafo único,[374] do Código

[372] Pereira Coelho, Francisco Manuel. *O enriquecimento e o dano*, cit., p. 47. Aqui, é preciso ter presente que que "'à custa de' não deve ser tomado no sentido comum de 'com sacrifício para', 'em detrimento de' ou 'com prejuízo para'. Trata-se de uma proposição específica de enriquecimento sem causa, que exprime uma relação entre os futuros credores da obrigação de restituir o enriquecimento e o devedor da mesma" (Menezes Cordeiro, António. *Tratado de direito civil português*, vol. II: *Direito das obrigações*, tomo III, cit., p. 231).

[373] "Art. 879. Se aquele que indevidamente recebeu um imóvel o tiver alienado em boa-fé, por título oneroso, responde somente pela quantia recebida; mas, se agiu de má-fé, além do valor do imóvel, responde por perdas e danos.

Civil. Pela primeira, se aquele que indevidamente recebeu um imóvel o tiver alienado a título gratuito, ou se, ainda que a título oneroso, existiu má-fé por parte do terceiro adquirente, a lei confere ação direta contra o terceiro. Pela segunda, o *proprietário* de sementes, plantas ou materiais empregados em solo alheio poderá exigir do proprietário do solo indenização, se não puder havê-la do plantador ou construtor.

No que diz respeito ao art. 884, *caput*, do Código Civil, como se afirmou repetidas vezes ao longo do trabalho, o autor da ação de enriquecimento não tem pretensão restitutória, se o enriquecimento houver transitado pela esfera patrimonial de um intermediário. Isso porque, nessa hipótese, o enriquecimento não foi auferido à custa do autor da ação, mas à custa do intermediário.

A tal desdobramento do pressuposto à custa de outrem a doutrina denomina exigência de imediação (*Unmittelbarkeitserfordernis*).[375] Da exigência de imediação decorre que a relação jurídica de enriquecimento se estabelece apenas entre dois sujeitos e há de ser determinada por um único juízo de valor.[376]

Parágrafo único. Se o imóvel foi alienado por título gratuito, ou se, alienado por título oneroso, o terceiro adquirente agiu de má-fé, cabe ao que pagou por erro o direito de reivindicação."

[374] "Art. 1.257. O disposto no artigo antecedente aplica-se ao caso de não pertencerem as sementes, plantas ou materiais a quem de boa-fé os empregou em solo alheio.
Parágrafo único. O proprietário das sementes, plantas ou materiais poderá cobrar do proprietário do solo a indenização devida, quando não puder havê-la do plantador ou construtor."

[375] LARENZ, Karl; CANARIS, Claus-Wilhelm. *Lehrbuch des Schuldrechts*, vol. 2, tomo II, cit., p. 135.

[376] MENEZES CORDEIRO, António. *Tratado de direito civil português*, vol. II: *Direito das obrigações*, tomo III, cit., pp. 234-235. A esse único juízo de valor Pontes de Miranda denomina *causa comum* ao enriquecimento e à "perda" (PONTES DE MIRANDA, Francisco Cavalcanti. *Tratado de direito privado*, tomo XXVI, cit., p. 168). Parte da doutrina afirma, porém, "que o requisito da imediação no enriquecimento é um falso requisito, uma vez que o que se torna necessário é determinar quem é juridicamente o verdadeiro autor da prestação, sendo naturalmente este e não o seu executor material, que tem legitimidade para recorrer à acção de enriquecimento, em caso de inexistência da obrigação" (MENEZES LEITÃO, Luís Manuel Teles de. *O enriquecimento sem causa no direito civil*, cit., p. 607). A objeção refere-se a atribuições patrimoniais indiretas, como no exemplo mencionado a propósito do direito alemão, em que *A*, por solicitação do credor *B*, presta diretamente a *C*. De fato, se falha a

A imediação não é propriamente um pressuposto do enriquecimento sem causa, mas uma consequência do que se expôs até aqui. Qualquer que seja a hipótese de enriquecimento, se há intermediação, isto é, se o auferido proveio do patrimônio de outro sujeito, que não aquele que alega ser titular da pretensão restitutória, não está caracterizado enriquecimento sem causa à sua custa. Nessa hipótese, incide a proibição de demandar aquele que auferiu enriquecimento à custa de um intermediário (*Durchgriffsverbot*).[377]

3.3.1.1. Terceiro enriquecido por prestação feita a contratante inadimplente?

O reconhecimento da exigência de imediação afasta a admissão, no direito brasileiro, da noção de nexo de causalidade indireto, própria à ação *de in rem verso* franco-italiana. Analisada sob os pressupostos do art. 884, *caput*, do Código Civil, uma situação como a do caso *Boudier* jamais caracterizaria enriquecimento sem causa à custa de outrem.

No caso Boudier, como narrado no item 1.2.1.1 acima, o arrendatário adquiriu, com causa, os insumos comercializados pelo vendedor de adubos e os aplicou ao solo do imóvel arrendado. Na sequência, o contrato de arrendamento foi resolvido em razão do não pagamento da renda e os frutos pendentes couberam ao proprietário do imóvel, a título de compensação. Note-se que o enriquecimento do proprietário do imóvel relativamente à aplicação dos adubos não ocorreu à custa do vendedor, mas à custa do arrendatário, circunstância bastante para afastar a ação restitutória movida pelo primeiro. Note-se, além disso, que sequer o arrendatário poderia exigir restituição contra o proprietário, pois o enriquecimento deste teve causa na compensação operada ao término do contrato de arrendamento.

obrigação entre *A* e *B*, *B* é obrigado a restituir, sem que tenha havido um deslocamento patrimonial imediato. No sentido aqui empregado, todavia, a prestação de *A e* o enriquecimento de *B*, consistente na sua liberação perante *C*, são determinados por um único juízo de valor. Em adição, no direito brasileiro, o problema há de ser analisado sob o regime do pagamento indevido, e não sob o art. 884, *caput*, do Código Civil.

[377] LARENZ, Karl; CANARIS, Claus-Wilhelm. *Lehrbuch des Schuldrechts*, vol. 2, tomo II, cit., p. 135.

Nesse caso, não há nem uma prestação indevida do vendedor de adubos ao proprietário do imóvel, nem a aplicação de bem do vendedor de adubos no imóvel do proprietário, tampouco intervenção deste em posição jurídica de titularidade do vendedor. Além de contrariar o teor do art. 884, *caput*, do Código Civil, a aplicação do enriquecimento sem causa a esse tipo de situação acaba por subverter o princípio da relatividade dos contratos e o regime próprio ao inadimplemento das obrigações.

Apesar disso, como já observado, a doutrina nacional continua a tomar o caso Boudier como exemplo paradigmático de enriquecimento sem causa.[378] Formulam-se inclusive variações do caso, como a seguinte:

> "Figure-se o exemplo de um empreiteiro que executa, por conta do locatário, um melhoramento no prédio locado. Posteriormente, sem receber o pagamento, com o serviço efetuado, o locatário abandona o prédio e desaparece. Não sobra dúvida de que houve um enriquecimento por parte do proprietário do imóvel e um empobrecimento por parte do empreiteiro. Pergunta-se: haveria aqui possibilidade da ação *in rem verso*? Não temos dúvida da resposta afirmativa. Não se está em sede de responsabilidade contratual, mas no campo de uma diversa fonte de obrigações. Não podendo se voltar contra o contratante, o empreiteiro se volta contra aquele que obteve o enriquecimento, devendo ser considerado parte legítima para a ação." [379]

O exemplo não preenche os pressupostos do art. 884, *caput*, do Código Civil.

Trata-se, como no caso Boudier, de hipótese de inadimplemento. A obra foi executada com causa ao locatário. Do ponto de vista do proprietário do imóvel, o melhoramento é benfeitoria e, como tal, deve ser indenizado ao locatário. É certo que o regime das benfeitorias pode, ele

[378] Assim: MORAES, Renato Duarte Franco de. *Enriquecimento sem causa e o enriquecimento por intervenção*, cit., p. 226; MELO, Diogo Leonardo Machado de. *Comentários ao Código Civil: Direito privado contemporâneo*, cit., pp. 1249-1250; BDINE JR., Hamid Charaf. *Código Civil comentado*, cit., pp. 872-873; BARROS MONTEIRO, Washington de. *Curso de direito civil*, vol. 5, cit., pp. 546-547; MICHELON JR., Cláudio. *Direito restituitório: Enriquecimento sem causa, pagamento indevido e gestão de negócios*, cit., pp. 207, 216, 225; RODRIGUES, Silvio. *Direito civil*, vol. 3, cit., p. 422.

[379] VENOSA, Sílvio de Salvo. *Direito civil*, vol. II, cit., p. 223.

próprio, ser compreendido como espécie que segue a lógica do enriquecimento sem causa. Trata-se, no entanto, de enriquecimento auferido à custa do possuidor, e não do empreiteiro.

Em relação ao empreiteiro, o proveito obtido pelo proprietário é apenas indireto. Para utilizar as palavras de Pontes de Miranda, não há causa comum à perda do empreiteiro e ao enriquecimento do proprietário.[380] A perda do empreiteiro decorre do inadimplemento do contrato de empreitada. O enriquecimento do proprietário, por sua vez, decorre da benfeitoria realizada no âmbito do contrato de locação. Note-se que o adimplemento do contrato de empreitada elimina a perda do empreiteiro, mas não a obrigação do proprietário de indenizar a benfeitoria ao locatário. De modo semelhante, a indenização da benfeitoria ao locatário não elimina a perda do empreiteiro.

Como esclarece Menezes Leitão a propósito do direito português, com a prestação, "o prestante visa apenas o incremento patrimonial do seu parceiro contratual (não o de terceiro) e esse incremento patrimonial do seu parceiro contratual tem causa jurídica (o contrato celebrado entre ambos). O facto de um terceiro beneficiar em termos reflexos desta prestação não é relevante para a aplicação do instituto".[381]

O jurista português acrescenta que "a celebração do contrato com determinada pessoa implica sempre a assunção do risco da insolvência da outra parte e a sujeição nesse caso ao regime do concurso de credores, cujas regras não podem ser desvirtuadas através do recurso à acção de enriquecimento sem causa. O contrato validamente celebrado, embora não exequível, constitui, assim, uma barreira intransponível, que obsta à recuperação do enriquecimento obtido por um terceiro".[382]

Não procede, portanto, opinião segundo a qual "a ausência de menção legislativa expressa não significa necessariamente que o legislador não permita que o enriquecimento sem causa subverta – ainda que indireta-

[380] Pontes de Miranda, Francisco Cavalcanti. *Tratado de direito privado*, tomo XXVI, cit., p. 168.

[381] Menezes Leitão, Luís Manuel Teles de. *O enriquecimento sem causa no direito civil*, cit., p. 535.

[382] Menezes Leitão, Luís Manuel Teles de. *O enriquecimento sem causa no direito civil*, cit., p. 543.

mente – os riscos contratualmente assumidos pelas partes".[383] Tampouco procede a conclusão de que seria preferível "um credor beneficiado pelo enriquecimento com justa causa, do que um terceiro favorecido pelo enriquecimento sem causa".[384] O regime do enriquecimento sem causa não seja apto a tornar o terceiro garantidor de contraprestação inadimplida em relação contratual da qual não é parte. Sobretudo, o terceiro não aufere um enriquecimento sem causa à custa do contratante lesado pelo inadimplemento de tal contraprestação.

3.3.1.2. Vantagens reflexas

A restituição do enriquecimento indireto há de ser negada não apenas nos casos em que tenha havido uma prestação a um intermediário, mas também quando se tratar de vantagens meramente reflexas não relacionadas a uma prestação.[385]

Como exemplo, a doutrina alemã faz referência ao caso do construtor de um farol que pleiteou restituição em face dos donos das embarcações que por ele se orientaram. A construção do farol constitui, entretanto, sacrifício patrimonial voluntário (*freiwilliges Vermögensopfer*) que não teve diretamente em vista os interesses dos proprietários das embarcações. A exigência de imediação cumpre, aqui, a função de impedir que a obrigação de restituir o enriquecimento converta-se em espécie de responsabilidade ilimitada.[386]

De fato, não houve, nesse caso, uma prestação do proprietário do farol aos proprietários das embarcações. Tampouco o farol confere a seu proprietário, com exclusividade, o aproveitamento experimentado pelos donos das embarcações. Nesse caso, a vedação à restituição da vantagem

[383] MORAES, Renato Duarte Franco de. *Enriquecimento sem causa e o enriquecimento por intervenção*, cit., p. 264. Ao contrário do que afirma o autor, não há atribuição patrimonial distorcida, a ser corrigida mediante recurso ao enriquecimento sem causa.

[384] MORAES, Renato Duarte Franco de. *Enriquecimento sem causa e o enriquecimento por intervenção*, cit., p. 265.

[385] LARENZ, Karl; CANARIS, Claus-Wilhelm. *Lehrbuch des Schuldrechts*, vol. 2, tomo II, cit., p. 136.

[386] LARENZ, Karl; CANARIS, Claus-Wilhelm. *Lehrbuch des Schuldrechts*, vol. 2, tomo II, cit., p. 136.

reflexa nada mais é do que consequência da ausência dos pressupostos do enriquecimento sem causa.

No mesmo sentido, a doutrina portuguesa aponta o caso do construtor de um dique que exigiu dos vizinhos a restituição do enriquecimento que obtiveram com a poupança de despesas para defesa de seus imóveis contra as cheias, bem como o caso do moleiro que trouxe água de um canal até o seu moinho, aproveitando, com isso, também os moleiros vizinhos. Em ambos, embora produzidas a partir dos patrimônios do construtor do dique e do primeiro moleiro, as vantagens auferidas por seus vizinhos não são reservadas aos primeiros. Não ocorreram à sua custa.[387] Tal como no caso da construção do farol, cuida-se de sacrifícios patrimoniais voluntários.

Na jurisprudência brasileira, suscitam aceso debate ações de cobrança movidas por associações de proprietários de imóveis situados em loteamentos fechados contra proprietários não associados. Tal como nos exemplos acima, à luz do art. 884, *caput*, do Código Civil, as vantagens experimentadas pelos proprietários não associados são, em regra, meramente reflexas.

A matéria foi objeto de recurso repetitivo julgado pelo Superior Tribunal de Justiça em março de 2015.[388]

Conforme o voto proferido pelo relator, que restou vencido, a obrigação do proprietário de arcar com a taxa de associação funda-se tanto numa "aceitação tácita" de tal obrigação, por ser "razoável que o adquirente de imóvel em loteamento fechado, com associação de moradores já constituída e com plena ciência das despesas correspondentes aos serviços prestados à coletividade participe do rateio mensal", quanto "no princípio geral de direito que veda o enriquecimento sem causa, que inegavelmente ocorrerá se o recorrente, beneficiado pelos serviços que sabidamente são prestados pela recorrida, inclusive com a valorização de seu imóvel, e suportados pelos outros moradores, nada pagar por eles".

[387] Campos, Diogo José Paredes Leite de. *A subsidiariedade da obrigação de restituir o enriquecimento*, cit., pp. 381-385.

[388] STJ, REsp n.º 1.280.871-SP, Segunda Seção, rel. Min. Ricardo Villas Bôas Cueva, rel. para o acórdão Min. Marco Buzzi, j. 11.03.2015.

O voto conclui, assim, que o enriquecimento sem causa funda uma "responsabilidade pelo pagamento do rateio das despesas".

De acordo com o voto vencedor, em contrapartida, "é defeso ao poder jurisdicional, apenas calcado no princípio [do] enriquecimento sem causa, em detrimento aos princípios constitucionais da legalidade e da liberdade associativa, instituir um dever tácito a terceiros, pois, ainda que se admita a colisão de princípios norteadores, prevalece, dentre eles, dada a verticalidade de preponderância, os preceitos constitucionais".

Em um terceiro voto, convergente com o voto vencedor, ressalvou-se que "nada obsta, mesmo que aprovada essa tese repetitiva, que uma determinada associação ajuíze ação contra um determinado morador de condomínio, loteamento, bairro, e alegue: faço serviço de limpeza, tenho uma guarita para segurança, entrego a correspondência na casa de todos. Nesta ação, ele seria cobrado não do valor de taxa estipulada pela associação, mas apenas daquilo que o beneficia e na medida do benefício".

As três soluções são insatisfatórias.

No que se refere à primeira, diversamente do sustentado pelo voto vencido, o enriquecimento sem causa não se presta a reforçar a exigibilidade da taxa de associação fundada em negócio jurídico. Na realidade, ou há aceitação tácita e o fundamento à cobrança da taxa de associação é negocial, ou há enriquecimento sem causa e o fundamento da pretensão da associação é extra-negocial.

A menção que o voto vencido faz a uma obrigação de rateio de despesas fundada no enriquecimento sem casa é baseada em interpretação equivocada da seguinte passagem do Tratado de Direito Privado:

> "O fundamento das relações jurídicas pessoais por enriquecimento injustificado está em exigência de justiça comutativa, que impõe a restituição daquilo que se recebeu de outrem, sem origem jurídica. **Também êsse é o fundamento da obrigação de indenizar gastos que se fizeram, voluntàriamente, no interêsse de outrem.**" [389] (trecho destacado em negrito no acórdão)

[389] Pontes de Miranda, Francisco Cavalcanti. *Tratado de direito privado,* tomo XXVI, cit., p. 120.

A partir do trecho destacado o voto vencido conclui que "o enriquecimento sem causa (...) é ato-fato jurídico apto a gerar a responsabilidade pelo pagamento do rateio das despesas e, consequentemente, irradia direito, ação e pretensão de caráter indenizatório".

Note-se que a passagem se limita a afirmar que o fundamento da obrigação de indenizar gastos que se fizeram voluntariamente no interesse de outrem reside em "exigência de justiça comutativa", não no enriquecimento sem causa. De acordo com o tratadista, a exigência de justiça comutativa é fundamento comum ao enriquecimento sem causa e à obrigação de indenizar gastos que se fizeram voluntariamente no interesse de outrem. O trecho destacado refere-se, assim, a outro instituto. Possivelmente à gestão de negócios.

Não se nega que o enriquecimento sem causa admita, no âmbito do chamado enriquecimento forçado, a restituição de despesas feitas no interesse de outrem, mas desde que ausente a voluntariedade destacada pelo tratadista. De acordo com a doutrina alemã, o conhecimento sobre ser alheio o bem deve afastar a pretensão restitutória por enriquecimento sem causa, pois, nessa hipótese, é de se concluir que as despesas foram realizadas por liberalidade ou em interesse próprio.[390]

A voluntariedade destacada por Pontes de Miranda, no trecho citado pelo acórdão, pode ser identificada com o *animus negotia aliena gerendi*. No loteamento fechado, pode ocorrer gestão de negócios se, por exemplo, na ausência do proprietário não associado, a associação de moradores providenciar a extinção de incêndio em seu imóvel ou o reparo em encanamento que esteja a provocar alagamento, como prevê o art. 870 do Código Civil.[391] A gestão de negócios não autoriza, porém, a cobrança de valor equivalente à taxa de associação. Na hipótese, sequer se está a

[390] VON CAEMMERER, Ernst. *Grundprobleme des Bereicherungsrechts*, cit., p. 384. De acordo com recente monografia a respeito do tema, no enriquecimento imposto, "enquanto o indivíduo que realiza a prestação ignora a ausência de causa, o beneficiado não possui ciência acerca do benefício que lhe favorece" (MORAES, Renato Duarte Franco de. *Enriquecimento sem causa e o enriquecimento por intervenção*, cit., p. 241).

[391] "Art. 870. Aplica-se a disposição do artigo antecedente, quando a gestão se proponha a acudir a prejuízos iminentes, ou redunde em proveito do dono do negócio ou da coisa; mas a indenização ao gestor não excederá, em importância, as vantagens obtidas com a gestão."

falar de despesas efetivamente realizadas no patrimônio do proprietário não associado.

Pelo simples fato de não ser associado, o proprietário de determinado lote não se enriquece sem causa à custa da associação de moradores. Como regra, a associação presta serviços a seus associados. Atua, por outras palavras, em seu próprio interesse, mediante sacrifícios patrimoniais voluntários. Eventual proveito do não associado, com serviços de segurança ou limpeza das vias, é indireto. Se a associação atua no próprio interesse, não cabe falar em obrigação de indenizar gastos que se fizeram no interesse de outrem, como consta do voto vencido.[392]

O próprio enriquecimento do proprietário é duvidoso. A rigor, o proprietário não associado não aufere algo com os serviços de segurança ou limpeza das vias, pois as áreas em que a associação desenvolve tais atividades são públicas. Nesse particular, mesmo que o art. 884, *caput*, do Código Civil admitisse concepção patrimonial de enriquecimento, uma poupança de despesas por parte do não associado não seria evidente.[393]

O proprietário não associado tampouco experimenta efetivo acréscimo patrimonial. A valorização de seu imóvel, mencionada no voto vencido, é meramente hipotética. Note-se, além disso, que o voto vencido apenas cogita de casos em que a aquisição do imóvel pelo não associado tenha ocorrido em momento posterior à constituição da associação. A eventual valorização do imóvel em função da associação é fato anterior à aquisição, portanto.

[392] A hipótese de enriquecimento sem causa que autoriza a restituição de despesas realizadas no interesse do enriquecido tem em mira constelação bastante diversa. De acordo com a doutrina alemã, a restituição de despesas feitas no interesse de outrem fundada no enriquecimento sem causa tem em mira situação assemelhada à das benfeitorias. Exige-se, em adição, que aquele que realizou tais despesas desconheça o caráter alheio da coisa (Medicus, Dieter; Lorenz, Stephan. *Schuldrecht*, vol. II: *Besonderer Teil.* 18ª ed., Munique: C.H.Beck, 2018, p. 431). Como exemplo, Lorenz refere o caso do filho que, crendo-se herdeiro, reformou a casa que seria deixada pela mãe. Posteriormente, veio a descobrir que a mãe transferira o imóvel a uma neta (Lorenz, Stephan. *Staudinger BGB: §§ 812-822 Ungerechtfertigte Bereicherung*, cit., pp. 114-115).

[393] Cf. Hildebrand, Lucas Fajardo Nunes. *Pressupostos da obrigação de restituir o enriquecimento sem causa no Código Civil brasileiro*. Dissertação de mestrado, FDUSP, 2010, pp. 184-185.

A ideia que subjaz o voto vencido parece aproximar-se daquela que é própria às contribuições de melhoria. Todavia, as contribuições de melhoria apenas são exigíveis com fundamento em legislação tributária específica e não no enriquecimento sem causa.[394] No que diz respeito à taxa de associação, o enriquecimento sem causa não confere à associação pretensão contra o proprietário não associado.[395]

O voto vencedor é igualmente criticável. Isso porque toma o enriquecimento sem causa em sentido atécnico, como princípio, para afastá-lo por meio de ponderações entre princípios. Todavia, a possibilidade de dado proprietário enriquecer-se sem causa à custa da associação não é

[394] Nesse sentido são os artigos 81 e 82 do Código Tributário Nacional: "Art. 81. A contribuição de melhoria cobrada pela União, pelos Estados, pelo Distrito Federal ou pelos Municípios, no âmbito de suas respectivas atribuições, é instituída para fazer face ao custo de obras públicas de que decorra valorização imobiliária, tendo como limite total a despesa realizada e como limite individual o acréscimo de valor que da obra resultar para cada imóvel beneficiado.
Art. 82. A lei relativa à contribuição de melhoria observará os seguintes requisitos mínimos: I – publicação prévia dos seguintes elementos: a) memorial descritivo do projeto; b) orçamento do custo da obra; c) determinação da parcela do custo da obra a ser financiada pela contribuição; d) delimitação da zona beneficiada; e) determinação do fator de absorção do benefício da valorização para toda a zona ou para cada uma das áreas diferenciadas, nela contidas; II – fixação de prazo não inferior a 30 (trinta) dias, para impugnação pelos interessados, de qualquer dos elementos referidos no inciso anterior; III – regulamentação do processo administrativo de instrução e julgamento da impugnação a que se refere o inciso anterior, sem prejuízo da sua apreciação judicial. § 1º A contribuição relativa a cada imóvel será determinada pelo rateio da parcela do custo da obra a que se refere a alínea c, do inciso I, pelos imóveis situados na zona beneficiada em função dos respectivos fatores individuais de valorização. § 2º Por ocasião do respectivo lançamento, cada contribuinte deverá ser notificado do montante da contribuição, da forma e dos prazos de seu pagamento e dos elementos que integram o respectivo cálculo.

[395] Na jurisprudência do Superior Tribunal de Justiça, já se afirmou ser risco da associação de moradores a circunstância de que nem todos os proprietários do loteamento estejam dispostos a se associar e que tal risco não é eliminável por meio da ação de enriquecimento, mas sim pela constituição de um condomínio: "Nada impede que os moradores de determinado loteamento constituam condomínio, mas deve ser obedecido o que dispõe o art. 8º da Lei nº 4.591/64. No caso, isso não ocorreu, sendo a autora sociedade civil e os estatutos sociais obrigando apenas aqueles que o subscreverem ou forem posteriormente admitidos." (STJ, REsp n.º 623.274-RJ, 3ª Turma, rel. Min. Carlos Alberto Menezes Direito, j. 07.05.2007).

conflitante com a liberdade de associação. Trata-se de domínios distintos: um negocial, outro extra-negocial.

O voto convergente ao voto vencedor, por fim, sugere que, em lugar do valor da taxa de associação, o proprietário não associado seja obrigado a restituir valores relativos a serviços de segurança, limpeza ou entrega de correspondências prestados pela associação.

O voto não menciona, porém, que a prestação de um serviço sem causa, nos termos do art. 881 do Código Civil, há de se ser analisada sob o regime do pagamento indevido, cuja incidência, de acordo com o art. 877 do Código Civil, reclama erro quanto à falta de vínculo entre a associação e o não associado. Nessa hipótese, erro não há. Ninguém melhor do que a associação sabe quem são seus associados.

Todavia, a caracterização de enriquecimento sem causa do proprietário não associado não é impossível. Ela pode ocorrer ao menos em determinadas hipóteses de intervenção.

O proprietário não associado pode ser obrigado a restituir o enriquecimento auferido mediante sua intervenção em prestação ofertada pela associação. A caracterização da intervenção, nesse caso, não é, porém, evidente. Exige que a associação desconheça que está a prestar um serviço ao não associado.[396] A hipótese pode ocorrer, por exemplo, se o proprietário não associado dispuser seu lixo junto ao de vizinho associado, para que seja recolhido pelo serviço de coleta da associação. Nesse caso, o não associado intervém na decisão patrimonial da associação de apenas desempenhar esse serviço a seus associados.

Com relação aos serviços de segurança e limpeza das vias do loteamento fechado, não há, contudo, ingerência do não associado na autonomia da associação. Aqui, vale o que se observou acima. A associação atua em interesse próprio e em de seus associados.

O enriquecimento sem causa do proprietário não associado também pode ocorrer no caso de intervenção na esfera patrimonial da associação, a exemplo da utilização das dependências de área destinada apenas a associados. Não há intervenção, entretanto, em razão do uso das vias

[396] MENEZES LEITÃO, Luís Manuel Teles de. *O enriquecimento sem causa no direito civil*, cit., p. 737.

do loteamento, que são públicas, nos termos do art. 22, *caput*, da Lei n.º 6.766/1979.[397]

Em qualquer hipótese, o art. 884, *caput*, do Código Civil não autoriza a cobrança da taxa de associação. A reforçar a conclusão, em recente julgado, o Supremo Tribunal Federal decidiu que "é inconstitucional a cobrança por parte de associação de taxa de manutenção e conservação de loteamento imobiliário urbano de proprietário não associado até o advento da Lei 13.465/2017, ou de anterior lei municipal que discipline a questão, a partir da qual se torna possível a cotização dos titulares de direitos sobre lotes em loteamentos de acesso controlado, que: (i) já possuindo lote, adiram ao ato constitutivo das entidades equiparadas a administradoras de imóveis ou (ii) sendo novos adquirentes de lotes, o ato constitutivo da obrigação esteja registrado no competente Registro de Imóveis".[398]

A necessidade de lei para disciplinar a matéria e os requisitos explicitados pelo Supremo Tribunal Federal evidenciam que a cobrança da taxa de associação a proprietários não associados não é problema pertinente ao enriquecimento sem causa.

3.3.2. Enriquecimento auferido à custa de outrem mediante intervenção

Enriquecer-se à custa de outrem significa alcançar algo que a ordem jurídica reserva a outrem, nomeadamente, o aproveitamento econômico

[397] "Art. 22. Desde a data de registro do loteamento, passam a integrar o domínio do Município as vias e praças, os espaços livres e as áreas destinadas a edifícios públicos e outros equipamentos urbanos, constantes do projeto e do memorial descritivo."

[398] STF, RE n.º 695.611/SP, Tribunal Pleno, r. Min. Dias Toffoli, j. 18.12.2020. Nos termos do art. 36-A da Lei n.º 6.766/1979, introduzido pela Lei n.º 13.465/2017, "Art. 36-A. As atividades desenvolvidas pelas associações de proprietários de imóveis, titulares de direitos ou moradores em loteamentos ou empreendimentos assemelhados, desde que não tenham fins lucrativos, bem como pelas entidades civis organizadas em função da solidariedade de interesses coletivos desse público com o objetivo de administração, conservação, manutenção, disciplina de utilização e convivência, visando à valorização dos imóveis que compõem o empreendimento, tendo em vista a sua natureza jurídica, vinculam-se, por critérios de afinidade, similitude e conexão, à atividade de administração de imóveis. Parágrafo único. A administração de imóveis na forma do caput deste artigo sujeita seus titulares à normatização e à disciplina constantes de seus atos constitutivos, cotizando-se na forma desses atos para suportar a consecução dos seus objetivos".

decorrente do uso, fruição, consumo ou alienação de bens e direitos que, segundo seu conteúdo de destinação, pertençam a outrem.[399]

Na intervenção, ser o enriquecimento sem causa e à custa de outrem são duas faces da mesma moeda. Quem, por exemplo, sem autorização, emprega imagem alheia na promoção de determinada mercadoria, enriquece-se sem causa precisamente porque a faculdade de empregar a imagem pertence a outrem. É pela destinação do enriquecimento a outrem que se define a falta de causa.[400]

Os dois pressupostos conservam, porém, sentidos próprios. Nas palavras de Pereira Coelho, "ser *sem causa* o enriquecimento de *A* justifica que ele seja removido do seu património; ser ele obtido *à custa de B* justifica que o enriquecimento seja restituído precisamente a *B*".[401] O pressuposto à custa de outrem tem, assim, em mira a determinação das partes da relação jurídica de enriquecimento sem causa. Serve, ainda, à apuração da extensão da restituição.[402] Sua distinção em relação à falta de causa é de perspectiva.

No que diz respeito à determinação das partes da relação jurídica, credor da restituição é o titular da posição juridicamente protegida em que se deu a intervenção. Devedor, por sua vez, é o beneficiário da intervenção, ainda que não seja ele próprio o interventor, mas desde que o benefício auferido seja imediato, isto é, não tenha fluído pela esfera patrimonial de um intermediário.[403]

Pense-se em atos de prepostos.[404] O empregado que, em serviço, estaciona veículo de seu empregador, sem autorização, em vaga pertencente

[399] Campos, Diogo José Paredes Leite de. *A subsidiariedade da obrigação de restituir o enriquecimento*, cit., pp. 390-391.

[400] Pereira Coelho, Francisco Manuel. *O enriquecimento e o dano*, cit., p. 11, nota. 9.

[401] Pereira Coelho, Francisco Manuel. *O enriquecimento e o dano*, cit., p. 11, nota. 9.

[402] Sprau, Hartwig. *Palandt BGB*, cit., p. 1407.

[403] Larenz, Karl; Canaris, Claus-Wilhelm. *Lehrbuch des Schulrechts*, vol. 2, tomo II, cit., pp. 135-136, 189.

[404] A esse respeito, pode-se referir o exemplo de Schwab sobre o zelador que queima a lenha de terceiro para aquecimento do prédio de seu empregador. Embora o ato da intervenção tenha sido praticado pelo zelador, quem se enriqueceu à custa do proprietário da lenha foi proprietário do prédio (Schwab, Martin. *Münchener Kommentar zum BGB*, vol. VI. 6ª ed., Munique: C.H.Beck, 2013, § 812, n. 235). Note-se que o enriquecimento do

a outrem, enriquece diretamente seu empregador. Ainda que não haja, a propósito do enriquecimento sem causa, disposição semelhante à do art. 932, III, do Código Civil,[405] o empregado que intervém em posição jurídica alheia enriquece o empregador, sem que o enriquecimento deste possa ser qualificado como indireto.

Quanto à extensão do enriquecimento, lê-se, em parte da doutrina, que o objeto da restituição deve corresponder a todo o lucro feito pelo interventor a partir da intervenção.[406] Outra parte da doutrina defende, por sua vez, que "o juiz deverá verificar o grau de contribuição de cada um dos partícipes da relação, titular do direito e interventor, no resultado final e partilhar proporcionalmente o lucro obtido com a intervenção", de modo a considerar possível "sinergia valorável", exceção feita à hipótese de boa-fé do interventor.[407]

Em recente julgado, relativo à utilização indevida da imagem de certa atriz de novelas em campanha publicitária de um estabelecimento comercial, o Superior Tribunal de Justiça decidiu que o montante da restituição deveria ser apurado em fase de liquidação, "observados os seguintes critérios: a) apuração do *quantum debeatur* com base no denominado lucro patrimonial; b) delimitação do cálculo ao período no qual se verificou a indevida intervenção no direito de imagem da autora; c) aferição do grau de contribuição de cada uma das partes e d) distribuição do lucro obtido

proprietário do prédio não é indireto. Nada flui através do patrimônio do zelador. A ligação entre a vantagem auferida pelo enriquecido e a esfera jurídica de outrem estabelece-se em razão da destinação jurídica de tal vantagem a outrem, que não o enriquecido. Sob a perspectiva do direito brasileiro, em razão da subsidiariedade (regra inexistente no direito alemão), a tutela restitutória por enriquecimento sem causa cede lugar se o proprietário da lenha tiver ação indenizatória em razão do desfalque patrimonial sofrido.

405 "Art. 932. São também responsáveis pela reparação civil: (...) III – o empregador ou comitente, por seus empregados, serviçais e prepostos, no exercício do trabalho que lhes competir, ou em razão dele."

406 Nesse sentido: Michelon Jr., Cláudio. *Direito restituitório: Enriquecimento sem causa, pagamento indevido e gestão de negócios*, cit., p. 204.

407 Savi, Sérgio. *Reponsabilidade civil e enriquecimento sem causa: o lucro da intervenção*. São Paulo: Atlas, 2012, p. 140.

com a intervenção proporcionalmente à contribuição de cada partícipe da relação jurídica".[408]

Como já observado no item 3.1 acima, ao adotar concepção real de enriquecimento, o legislador deixou de fora do suporte fático do art. 884, *caput*, do Código Civil a consideração tanto ao patrimônio do enriquecido, quanto à sua boa ou má-fé. No item 3.2 acima, observou-se igualmente que a ideia de restituição de todo o enriquecimento passa ao largo do pressuposto da falta de causa.

Neste ponto, cumpre acrescentar que a restituição de todo o lucro feito a partir da intervenção, ou mesmo a apuração seja do grau de contribuição, seja de uma sinergia valorável, não respeitam a exigência de que o enriquecimento a ser restituído é aquele auferido à custa de outrem, como prevê o art. 884, *caput*, do Código Civil.

Volte-se ao caso julgado pelo Superior Tribunal de Justiça. O enriquecimento auferido à custa de outrem é aquele que, segundo a alocação determinada pelas normas de direito objetivo, cabe ao titular e não ao interventor. Cabe, portanto, questionar se a titularidade do direito patrimonial de imagem realmente reserva à atriz participação nos lucros da atividade na qual sua imagem foi empregada.

A resposta é negativa. O enriquecimento que o interventor auferiu à custa da atriz não corresponde ao lucro de sua própria atividade empresarial, mas à utilização da imagem em si, que o ordenamento jurídico reserva com exclusividade à titular do direito. É esse o enriquecimento sem causa à custa de outrem que há de ser restituído, em valor equivalente. No caso, o equivalente pecuniário há de ser calculado segundo o valor de mercado da utilização da imagem da atriz. A rigor, o valor de mercado da imagem já precifica seu grau de contribuição para o sucesso da atividade.

[408] STJ, REsp n.º 1.698.701-RJ, 3ª Turma, rel. Min. Ricardo Villas Bôas Cueva, j. 02.10.2018. Nesse mesmo sentido, afirma-se em recente monografia que "a melhor alternativa para a definição do objeto da restituição, no âmbito do enriquecimento por intervenção, consiste em definir em que medida o direito do titular e a iniciativa do interventor contribuíram para que o benefício fosse alcançado. Definida a contribuição de cada um desses elementos, deve-se dividir proporcionalmente o enriquecimento entre o enriquecido e o titular do direito" (MORAES, Renato Duarte Franco de. *Enriquecimento sem causa e o enriquecimento por intervenção*, cit., p. 369).

No que diz respeito ao lucro feito pelo interventor, é preciso distinguir entre as diferentes relações jurídicas envolvidas no problema. Por um lado, há a relação jurídica de enriquecimento sem causa resultante da intervenção, caracterizada, no caso concreto, pela veiculação não autorizada da imagem para fins publicitários. Tal fato jurídico, por si só, obriga à restituição. Por outro lado, há outro grupo de relações jurídicas composto pelos negócios jurídicos celebrados entre o interventor e sua clientela e do qual decorre o lucro de sua atividade. A utilização indevida da imagem de outrem não é objeto dessas relações. Dessas relações decorre, porém, com causa, o lucro da atividade empresarial do interventor. Ainda que o emprego não autorizado da imagem possa ter atraído mais clientes, o lucro do interventor tem causa e pertence apenas a si.

Esta deve ser a solução do caso, pois conforme ao art. 884, *caput*, do Código Civil.

Parte da doutrina sustenta, no entanto, que semelhante solução "acaba por legitimar a expropriação de bens a preço de mercado, além de não retirar do patrimônio do agente, de forma cabal, os ganhos por ele granjeados".[409] Designadamente, defende-se que o patrimônio do enriquecido deveria ser restituído a certo *statu quo ante*, "com a consequente entrega do montante ao titular do direito objeto da intervenção".[410]

A objeção não se mostra compatível com o texto legal por quatro razões. Em primeiro lugar, ela pressupõe concepção patrimonial de enriquecimento que é estranha ao art. 884, *caput*, do Código Civil. Em segundo lugar, deixa de esclarecer por que razão são sem causa os ganhos granjeados pelo interventor. Em terceiro lugar, não justifica por que esses ganhos devam pertencer a outrem, que não o interventor. Na realidade, a objeção parece pressupor como dado relevante à determinação do objeto

[409] TERRA, Aline de Miranda Valverde; GUEDES, Gisela Sampaio da Cruz. *Considerações acerca da exclusão do lucro ilícito do patrimônio do agente ofensor*. In: Revista da Faculdade de Direito da UERJ, n. 28, Rio de Janeiro, 2015, p. 12. No mesmo sentido, afirma-se que "remunerar o titular do direito apenas pelo preço devido pelo uso regular do direito significa tolerar o enriquecimento sem causa – ainda que parcial – do interventor" (MORAES, Renato Duarte Franco de. *Enriquecimento sem causa e o enriquecimento por intervenção*, cit., p. 369).

[410] TEPEDINO, Gustavo; TERRA, Aline de Miranda Valverde; GUEDES, Gisela Sampaio da Cruz. *Fundamentos do direito civil*, vol. 4: *responsabilidade civil*. 2ª ed., Rio de Janeiro: Forense, 2021, p. 3.

da obrigação de restituir a existência de um nexo de causalidade entre o ato da intervenção e qualquer acréscimo patrimonial a partir de então obtido. Em quarto lugar, atribui ao enriquecimento sem causa função punitiva que é estranha ao art. 884, *caput*, do Código Civil.[411]

Como esclarece a doutrina portuguesa, "se o titular do direito nunca teria feito o lucro sem o concurso de outros factores de produção, como pode pretender-se que o lucro lhe esteja atribuído ou destinado segundo a ordenação dos bens? O valor econômico que a propriedade (ou o outro direito violado) destinava ao proprietário não era esse novo valor, que o proprietário não estava em condições de realizar, mas tão-só o valor do próprio uso ou dos próprios bens consumidos ou alienados".[412]

Ao que parece, o equívoco está em analisar o problema apenas sob o ponto de vista de uma suposta ilegitimidade do lucro obtido pelo interventor. Corretamente decomposto o problema, ilegitimidade não há. Os ganhos obtidos pelo interventor nas relações jurídicas entabuladas com sua clientela não pertencem à esfera patrimonial do credor da restituição. No que interessa ao âmbito da relação jurídica de enriquecimento sem causa, o art. 884, *caput*, do Código Civil não incide sobre o lucro que não seja imputável à esfera patrimonial do credor da restituição.

Ademais, convém observar que o titular do direito de imagem violado também pode se valer de tutela inibitória contra o interventor, de modo que não se pode afirmar que a interpretação aqui exposta importe numa legitimação à expropriação de bens a preço de mercado.

Ainda a propósito do caso julgado pelo Superior Tribunal de Justiça, cumpre notar que a subsidiariedade do enriquecimento sem causa não impede que, diante de violação a direito da personalidade, o credor da

[411] Nas palavras de Pereira Coelho, "tratando-se de um valor económico que não 'pertencia' ao titular do direito (pois é certo que este também nunca teria feito o lucro com os seus próprios bens), a restituição do lucro ao titular do direito, como Schulz a defende, reveste o carácter de medida de confisco, de reacção penal contra a acção ilícita do interventor, constituindo verdadeira pena privada imposta a este em benefício daquele. (...) [N]ão tem o enriquecido de restituir ao empobrecido todo o obtido mas só o obtido 'à custa' dele; neste último aspecto, pode-se dizer que a doutrina de Schulz passa por cima da exigência expressa nas referidas disposições legais." (Pereira Coelho, Francisco Manuel. *O enriquecimento e o dano*, cit., pp. 52-53).

[412] Pereira Coelho, Francisco Manuel. *O enriquecimento e o dano*, cit., pp. 64-65.

restituição possa exigir inclusive a indenização de eventual dano moral. Ao contrário do que se passa na hipótese de venda de coisa alheia, na qual a indenização do dano material compreende também a restituição do enriquecimento auferido pelo interventor, a indenização do dano moral não se sobrepõe à restituição pela utilização indevida da imagem. Trata-se de outra ordem de violação.

A propósito, no que diz respeito à venda de coisa alheia, poder-se-ia argumentar que a subsidiariedade não impõe óbice à restituição da parte do preço que eventualmente exceda o valor da coisa e, pois, da indenização devida ao proprietário.

Nos termos do art. 884, *caput*, do Código Civil, todavia, aquele que vende coisa alheia por preço superior ao seu valor de mercado não deve ser obrigado à restituição desse lucro, porque não imputável à esfera jurídica do proprietário. Por outras palavras, não há falta de causa a justificar que o lucro seja removido da esfera patrimonial do interventor e entregue ao proprietário da coisa alienada. A ordem jurídica não destina esse lucro ao titular da coisa alienada. Como bem observa a doutrina portuguesa, em semelhante hipótese, a intervenção criou uma riqueza nova, que não pertence ao titular do direito.[413]

Note-se que o lucro auferido pelo interventor não pode ser qualificado como fruto da coisa alienada. Frutos, segundo a doutrina, "são vantagens que a coisa periodicamente produz sem perda de substância podendo ser separados da coisa principal, da qual são acessórios".[414] Na venda de coisa alheia, a intervenção se dá no direito do titular de aliená-la, não de frui-la. Exemplo desta hipótese é o aluguel de coisa alheia. Na alienação de coisa alheia, à esfera patrimonial do proprietário pertence apenas o valor da coisa, como equivalente pecuniário do direito de aliená-la. O que excede esse valor é imputável à própria atividade do interventor. Assim, dada a concorrência do regime da responsabilidade civil, em virtude da subsidiariedade, a restituição do valor da coisa estará compreendida na indenização do dano sofrido pelo proprietário. O tema voltará a ser abordado no item 4.1.1 abaixo.

[413] Pereira Coelho, Francisco Manuel. *O enriquecimento e o dano*, cit., p. 17, nota 28.

[414] Benacchio, Marcelo. *Comentários ao Código Civil: Direito privado contemporâneo*. Coord. Giovanni Ettore Nanni, São Paulo: Saraiva, 2019, p. 1613.

3.3.3. Enriquecimento auferido à custa de outrem mediante prestação

Nas hipóteses em que o auferido decorre de uma prestação, o enriquecimento se dá à custa do prestante. Isso não significa que o prestante deva ser proprietário da coisa prestada. Como já observado, ao contrário do que se passa no enriquecimento por intervenção, a falta de causa da prestação não decorre de seu pertencimento a outrem, mas sim da inexistência de obrigação a justificá-la, ainda que a falha da obrigação seja superveniente, como na *condictio ob causam finitam,* ou da não realização do resultado ajustado entre as partes, na *condictio ob rem.*

Mais relevante, nas hipóteses de enriquecimento por prestação sujeitas ao art. 884, *caput,* do Código Civil, será, pois, sempre a falta de causa. Canaris, como observado a propósito da disciplina do enriquecimento sem causa no direito alemão, chega mesmo a afirmar que o pressuposto à custa de outrem é dispensável no enriquecimento por prestação.[415]

Quanto à extensão da restituição, em virtude da concepção real de enriquecimento adotada pelo legislador brasileiro, o receptor da prestação, nas hipóteses sujeitas à regra geral, estará sempre obrigado a restituir o que recebeu,[416] observadas, conforme o caso, as consequências previstas no art. 884, *caput,* se se tratar de quantia em dinheiro, ou do art. 884, parágrafo único, se se tratar do recebimento de coisa determinada.

3.3.4 Enriquecimento forçado à custa de outrem

Tal como a falta de causa, o presente pressuposto, no enriquecimento forçado, há de ser determinado conforme o conteúdo de destinação. Deve, pois, ser restituído o dinheiro, trabalho ou material empregado em coisa alheia e que pertença à esfera patrimonial do credor da restituição.[417]

3.4. Subsidiariedade

Sob influência do modelo franco-italiano, a doutrina nacional discute se a subsidiariedade prevista no art. 886 do Código Civil deve ser tomada em sentido abstrato ou em sentido concreto.

[415] Larenz, Karl; Canaris, Claus-Wilhelm. *Lehrbuch des Schulrechts,* vol. II/2, cit., p. 131.
[416] Von Caemmerer. *Bereicherung und Unerlaubte Handlung,* cit., p. 226.
[417] Larenz, Karl; Canaris, Claus-Wilhelm. *Lehrbuch des Schulrechts,* vol. II/2, cit., p. 189.

Em sentido abstrato, basta a existência de outro meio jurídico para afastar a ação de enriquecimento. Em sentido concreto, expresso no Enunciado 36, aprovado na I Jornada de Direito Civil,[418] sustenta-se que, diante de um obstáculo de fato ao exercício do remédio jurídico cabível, dentre os quais a doutrina relaciona a insuficiência de provas, a ausência de requisitos normativos ou a insolvência do devedor contratual, será possível recorrer ao enriquecimento sem causa.[419]

[418] "Art. 886: o art. 886 do novo Código Civil não exclui o direito à restituição do que foi objeto de enriquecimento sem causa nos casos em que os meios alternativos conferidos ao lesado encontram obstáculos de fato."

[419] "[A] melhor alternativa para se lidar com a dicotomia entre a vertente concreta e abstrata é analisar a questão a partir da vertente concreta, mas sob a perspectiva da diferença entre os óbices de fato e de direito que eventualmente impedem o acolhimento da pretensão principal. (...) É inadmissível que a insuficiência de provas, a ausência de requisitos normativos ou a insolvência do devedor principal respaldem o enriquecimento injusto, pois nenhum desses fatores possui relevância jurídica para permitir a manutenção do benefício obtido de forma injustificada. (...) A própria literalidade dos diversos dispositivos legais que tratam da subsidiariedade indica – ainda que implicitamente – que a efetividade do remédio jurídico específico é necessária para o afastamento do enriquecimento sem causa" (MORAES, Renato Duarte Franco de. *Enriquecimento sem causa e o enriquecimento por intervenção,* cit., pp. 290-291); "Os fatos que podem tornar um remédio inefetivo em desfazer o enriquecimento sem causa são vários e, mais importantemente, não podem ser todos previamente previstos. A insolvência do responsável contratual pelo pagamento de uma prestação que aproveita a terceiro ou a impossibilidade de localizá-lo são todos casos de ineficiência de remédios jurídicos existentes que poderiam, em princípio, promover a restituição do que foi adquirido sem causa" (MICHELON JR., Cláudio. *Direito restituitório: Enriquecimento sem causa, pagamento indevido e gestão de negócios,* cit., p. 260); "[A] despeito da subsidiariedade, [é possível] o exercício da ação de locupletamento contra terceiro quando existir um obstáculo de fato não imputável ao empobrecido" (NANNI, Giovanni Ettore. *Enriquecimento sem causa,* cit., p. 305); "Um arrendatário compra insumos de uma loja para plantar na terra arrendada. Antes do final do contrato de arrendamento, o arrendante é declarado insolvente, o contrato de arrendamento é resolvido e o proprietário recebe a propriedade e faz a colheita, obtendo grande lucro às custas do dono da loja de insumos. Do que adianta a ação do dono da loja de insumos contra o insolvente arrendate? A subsidiariedade não pode servir de entrave para se prestigiar o lucro ilícito de quem quer que seja" (MELO, Diogo Leonardo Machado de. *Comentários ao Código Civil: Direito privado contemporâneo,* cit., p. 1249). O último excerto é criticável sob variados aspectos. O autor utiliza o caso Boudier não apenas para defender a subsidiariedade em sentido concreto, mas também uma particularmente infundada restituição do "lucro ilícito" do proprietário do imóvel.

Como esclarece a doutrina portuguesa ao tratar da hipótese de insolvência do devedor contratual, a reconhecer-se o sentido concreto à subsidiariedade, "o contraente prejudicado pela sua imprevisão ou falta de sentido comercial poderia pedir à contraparte a restituição do enriquecimento que esta teria obtido à sua custa".[420]

O sentido concreto da subsidiariedade pressupõe concorrência normativa que, a rigor, não ocorre. Pressupõe, ainda, a definição de causa como contraprestação ou contrapartida e, por consequência, a ideia de que o enriquecimento sem causa funda espécie de tutela indenizatória de natureza subsidiária, inclusive contra terceiros.[421] Em última instância, falar-se em sentido concreto da subsidiariedade é falar-se em tutela a despeito da não caracterização dos pressupostos do art. 884, *caput*, do Código Civil, como exemplifica a hipótese exercício de ação contra terceiro em virtude da insolvência de devedor contratual.

O sentido concreto da subsidiariedade somente se justifica em ambiente jurídico no qual os pressupostos da ação de enriquecimento sejam pouco precisos. Por si só, a existência de regra expressa sobre a subsidiariedade do enriquecimento sem causa já exprime tal imprecisão de pressupostos.

Como já observado, o caráter subsidiário da ação de enriquecimento no direito francês, que acabou por se transmitir ao direito brasileiro, não é fruto de reflexão aprofundada sobre as necessidades do ordenamento jurídico, mas o resultado de certa conjuntura histórica.[422] Na realidade, os autores e tribunais franceses se esforçaram por eliminar a insegurança inerente à ação de *in rem verso* através do requisito da subsidiariedade.[423] A função da subsidiariedade não pode, porém, residir no combate à subversão do sistema, como até hoje defende a doutrina brasileira.[424] Como

[420] Campos, Diogo José Paredes Leite de. *A subsidiariedade da obrigação de restituir o enriquecimento*, cit., p. 373.

[421] Schlechtriem, Peter. *Restitution und Bereicherungsausgleich in Europa*, vol. II, cit., p. 296.

[422] Campos, Diogo José Paredes Leite de. *A subsidiariedade da obrigação de restituir o enriquecimento*, cit., p. 220.

[423] Campos, Diogo José Paredes Leite de. *A subsidiariedade da obrigação de restituir o enriquecimento*, cit., p. 398.

[424] Em obra recente, afirma-se, por exemplo, que "a regra da subsidiariedade do instituto do enriquecimento sem causa foi forjada apenas para que ele não acabasse se tornando

se procurou demonstrar até aqui, tal tarefa há de ser garantida pela precisão dos pressupostos do enriquecimento sem causa.

Daí que, no direito alemão, diversamente do modelo franco-italiano, semelhante regra não se tenha revelado necessária. Conforme esclarece a doutrina portuguesa, "no momento da feitura do BGB, existia na Alemanha uma consciência muito apurada dos requisitos necessários ao funcionamento do princípio. Consciência ausente da doutrina e jurisprudência francesas da época do Arrêt Boudier".[425]

De fato, se precisados os pressupostos do instituto, como concebido no art. 884, *caput*, do Código Civil, na maioria dos casos a discussão sobre a subsidiariedade do enriquecimento sem causa sequer se coloca.[426] Hipóteses como de inadimplemento, para ficar no exemplo da insolvência, jamais preencherão os pressupostos do enriquecimento sem causa.[427] Embora possa servir ao modelo franco-italiano, a subsidiariedade em sentido concreto é incompatível com a lei brasileira e, por essa razão, entre nós, revela-se falsa como teoria jurídica.[428]

A razão de ser do art. 886 do Código Civil tem de ser outra, portanto. Em particular, a subsidiariedade pode ser explicada pela evolução do regramento do instituto no ordenamento jurídico brasileiro. Sob esse aspecto, a regra geral do art. 884, *caput*, do Código Civil é subsidiária porque supre lacunas do próprio enriquecimento sem causa.

a panaceia jurídica, afetando a segurança do sistema. Isso está conectado com a atual funcionalização dos institutos jurídicos" (Nascimento, Fábio Calheiros do. *Pagamento indevido*, cit., p. 45). No mesmo sentido: Nanni, Giovanni Ettore. *Enriquecimento sem causa*, cit., pp. 294-306.

[425] Campos, Diogo José Paredes Leite de. *A subsidiariedade da obrigação de restituir o enriquecimento*, cit., pp. 298-299.

[426] Larenz, Karl; Canaris, Claus-Wilhelm. *Lehrbuch des Schuldrechts*, vol. 2, tomo II, cit., pp. 144-145.

[427] A contradição entre o preenchimento dos pressupostos e aplicação do enriquecimento sem causa para além dos limites do instituto revela-se em passagens como a seguinte: "não se verificando a intenção de burlar o sistema jurídico por parte daquele que é prejudicado, nada impede que assuma o ônus de comprovar os elementos do enriquecimento sem causa, com vistas a ver restituído o quanto, às suas custas, alguém enriqueceu" (Nascimento, Fábio Calheiros do. *Pagamento indevido*, cit., pp. 45-46).

[428] Canaris, Claus-Wilhelm. *Funktion, Struktur und Falsifikation juristischer Theorien*, cit., p. 407.

Tendo em vista que uma lacuna não é a simples falta de regra, mas a falta de regra onde, de acordo com as valorações do ordenamento jurídico, deveria haver uma regra,[429] a clareza quanto aos pressupostos do enriquecimento sem causa mostra-se fundamental à tarefa de integração. Nas palavras de Diogo Leite de Campos, "a actuação correcta da subsidiariedade pressupõe que o requisito causa indique com precisão as lacunas da lei a preencher com recurso ao enriquecimento sem causa. Se o requisito causa não se mostrar apto a fornecer pelo menos uma directiva certa e segura, estará o intérprete à vontade para criar – por vezes mesmo inconscientemente – lacunas artificiais, derrogando a lei através da resolução dessas situações pelo enriquecimento *sem causa*".[430]

A rigor, a subsidiariedade da regra geral do art. 884, *caput*, do Código Civil se dá em relação às hipóteses especiais de restituição do enriquecimento sem causa previstas na legislação, em sua maioria repetidas do Código anterior.[431] Principal exemplo é o pagamento indevido. Caracterizada a hipótese do art. 876 do Código Civil, não se aplica o art. 884, *caput*. À partida, tal solução dispensa regra expressa, pois decorre da própria especialidade da disciplina do pagamento indevido. Apenas se verificada "a existência de uma situação de facto não regulada por qualquer norma específica e que integra os pressupostos do enriquecimento sem causa, a pretensão por enriquecimento será livremente exercitável".[432]

Dada a literalidade do art. 886 do Código Civil, a regra conserva seu sentido também no caso de concorrência dos pressupostos da tutela restitutória fundada no art. 884, *caput*, do Código Civil, com a tutela indenizatória fundada nos arts. 186 e 927 do Código Civil.

Pense-se no consumo de coisa alheia. O interventor se enriquece em montante equivalente ao valor da coisa. Simultaneamente, porém, pratica ato ilícito, pois causa dano ao proprietário da coisa. Nessa hipótese,

[429] CANARIS, Claus-Wilhelm. *Die Feststellung von Lücken im Gesetz*, cit., p. 39.
[430] CAMPOS, Diogo José Paredes Leite de. *A subsidiariedade da obrigação de restituir o enriquecimento*, cit., p. 442.
[431] Nesse sentido: SILVA, Rodrigo da Guia. *Enriquecimento sem causa: as obrigações restitutórias no direito civil*, cit., p. 209. Em Portugal: CAMPOS, Diogo José Paredes Leite de. *A subsidiariedade da obrigação de restituir o enriquecimento*, cit., pp. 529-531.
[432] CAMPOS, Diogo José Paredes Leite de. *A subsidiariedade da obrigação de restituir o enriquecimento*, cit., p. 327.

a lei confere ao proprietário outro meio, que não o do enriquecimento sem causa, "para se ressarcir do prejuízo sofrido" e, pois, a tutela restitutória cede lugar à tutela indenizatória. No caso, o enriquecimento do interventor equivale ao dano do proprietário da coisa e a indenização de tal dano cumpre também a função de restituir o enriquecimento auferido pelo interventor.

Se, pois, houver prejuízo ao titular do direito e estiverem presentes os pressupostos do ato ilícito, deve-se buscar a indenização do dano, segundo o regime da responsabilidade civil, e não a restituição do enriquecimento, segundo o regime do enriquecimento sem causa. Conforme observa a doutrina portuguesa, "se a intervenção é culposa e preenche os demais pressupostos da responsabilidade civil, o interventor será obrigado a indemnizar o titular do direito, nos termos gerais. O enriquecimento do primeiro é então coberto pelo dano do segundo. Verdadeiramente, a questão do lucro da intervenção não tem aqui interesse, pois o titular do direito recebe do interventor uma indemnização pelos danos sofridos, e esta já o satisfaz".[433]

A prevalência do enriquecimento sem causa, em semelhante hipótese, exigiria o não preenchimento de todos os pressupostos do ato ilícito. Exemplo seria eventual intervenção de boa-fé, de modo a não restar caracterizada a culpa do interventor no sentido do art. 186 do Código Civil. Também nessa hipótese, entretanto, o regime do enriquecimento sem causa pode, em razão da subsidiariedade, ceder lugar ao regime jurídico da posse, caso o interventor possa ser caracterizado como possuidor de boa-fé.

Cumpre observar, por fim, que "prejuízo", no art. 886 do Código Civil deve ser compreendido como dano material. Por essa razão, o art. 886 do Código Civil não obsta o concurso da tutela restitutória fundada no art. 884, *caput*, do Código Civil, com a indenização do dano moral oriundo do mesmo fato.

Pense-se no emprego não autorizado de fotografia alheia na divulgação de dada mercadoria. Sem causar qualquer prejuízo financeiro ao titular do direito de imagem, o interventor usurpa exploração comercial

[433] PEREIRA COELHO, Francisco Manuel. *O enriquecimento e o dano*, cit., pp. 9-10.

a ele destinada e fica obrigado à restituição do valor dessa exploração, em valor equivalente. Inexiste, nessa hipótese, dano material. Pode acontecer, porém, que o emprego da fotografia simultaneamente cause dano moral ao titular do direito de imagem. Exemplo disso pode ser dado pela comercialização não autorizada, no carnaval de 2019, de máscaras com o rosto de determinado ator de novelas, em referência a quadro de dependência química.[434] Nesse caso, cabe tanto a restituição do enriquecimento, consistente na exploração não autorizada da imagem do ator, em valor equivalente a tal utilização, quanto a indenização do dano moral, em virtude da exploração jocosa de problema de saúde.

[434] www1.folha.uol.com.br/colunas/monicabergamo/2019/03/estao-falando-muito-de-mim-diz-fabio-assuncao-sobre-aparicao-em-carnaval-de-sp.shtml, acessado em 19 de julho de 2020.

4.
TIPOLOGIA DO ART. 884, *CAPUT*, DO CÓDIGO CIVIL

A regra geral subsidiária prevista no art. 884, *caput*, do Código Civil destina-se a disciplinar hipóteses de enriquecimento sem causa não reguladas nas demais disposições especiais dedicadas à matéria.

No Código Civil, como observado no segundo capítulo, as disposições especiais pertinentes ao enriquecimento sem causa são quase todas reproduzidas da legislação anterior. Principal exemplo é o regime do pagamento indevido. No presente capítulo, serão expostos quatro tipos de enriquecimento sem causa que não encontravam tutela na legislação anterior, ou a encontravam apenas parcialmente, e hoje podem ser abarcados pelo art. 884, *caput*, do Código Civil.

A mais relevante dessas quatro figuras é o enriquecimento auferido mediante intervenção em esfera patrimonial alheia, hipótese que confere ao titular de dado direito subjetivo pretensão dirigida à restituição do aproveitamento obtido por outrem em violação à destinação jurídica de tal aproveitamento. A relevância da figura, como já observado ao longo do trabalho, está em conferir tutela ao titular do direito independentemente da caracterização de dano material e, pois, fora do âmbito da responsabilidade civil.

Nas outras três hipóteses abordadas neste capítulo, o enriquecimento ocorre por ato do empobrecido.

Nas duas primeiras, a *condictio ob rem* e a *condictio ob causam finitam*, o enriquecimento se dá propriamente mediante uma prestação do empobrecido ao enriquecido, isto é, por ato de disposição voluntário e dirigido a dar cumprimento a dado vínculo obrigacional.

A *condictio ob rem*, como já afirmado, encontra previsão especial, por exemplo, no art. 546 do Código Civil, que disciplina a restituição de doação feita em contemplação de casamento futuro que não se realiza. Com fundamento no art. 884, *caput*, do Código Civil, torna-se possível conceber uma *condictio ob rem* de caráter geral, destinada a disciplinar a restituição de qualquer prestação realizada com um acordo sobre dada finalidade, *datio ob rem*, na hipótese de tal finalidade não vir a se concretizar.

A *condictio ob causam finitam*, a respeito da qual o art. 885 do Código Civil faz menção expressa, tem em mira os casos em que uma prestação é realizada em virtude de uma causa que, posteriormente, deixa de existir.[435]

A última hipótese, de verificação menos frequente, diz respeito ao enriquecimento forçado, mais especificamente à restituição de despesas efetuadas em bem alheio. Embora o enriquecimento seja produzido por ato do empobrecido, não se cuida, aqui, de uma prestação, isto é, de uma atribuição dirigida ao cumprimento de uma obrigação, mas de hipótese assemelhada às benfeitorias.

O propósito do presente capítulo é expor essas figuras em linhas gerais. O aprofundamento de cada uma delas pode ser objeto de pesquisa autônoma, a ser futuramente desenvolvida.

4.1. Intervenção do enriquecido em esfera patrimonial alheia

No pagamento indevido, determinada prestação desloca-se de uma esfera patrimonial a outra. O auferido pelo receptor da prestação corresponde, assim, a um respectivo empobrecimento do credor da restituição. A circunstância de o art. 884, *caput*, do Código Civil, à diferença do pagamento indevido e de outros modelos de enriquecimento sem causa, como a ação *de in rem verso*, não exigir um correspondente empobrecimento do credor da restituição é significativa e faz com que a regra geral brasileira se adeque com perfeição à tutela do enriquecimento por intervenção.

435 Na doutrina alemão, faz-se também alusão a um enriquecimento por intervenção *ob causam finitam* (Larenz, Karl; Canaris, Claus-Wilhelm. *Lehrbuch des Schuldrechts*, vol. 2, tomo II, cit., p. 180). Cuida-se, porém, de hipótese de exploração de determinado bem alheio após a cessão de autorização anteriormente existente e que, em termos dogmáticos, não apresenta particularidade em relação ao tratamento geral do enriquecimento por intervenção.

Face à evolução legislativa e aos termos empregados pelo legislador, o enriquecimento por intervenção surge, necessariamente, como matéria central no âmbito do art. 884, *caput*, do Código Civil. Tendo em vista que o pagamento indevido tem regime próprio e que as demais hipóteses de enriquecimento por prestação regidas pela regra geral tendem a ser menos frequentes, pode-se dizer que o enriquecimento por intervenção consiste na principal hipótese de enriquecimento sem causa sujeita à regra geral subsidiária do art. 884, *caput*, do Código Civil.

Sua peculiaridade, face às demais hipótese de enriquecimento sem causa, reside na ausência de deslocamento patrimonial entre os sujeitos da relação jurídica. Nas palavras de Menezes Leitão, na intervenção, o auferido à custa de outrem "nunca pode, por definição, consistir numa deslocação patrimonial".[436] Daí se segue, como observa Canaris, que o objeto da restituição, na intervenção, será sempre um equivalente pecuniário.[437]

Como consequência, a disposição do art. 884, parágrafo único, do Código Civil, por pressupor deslocamento patrimonial ("quem a *recebeu* [a coisa determinada] é obrigado a restituí-la"), é inaplicável ao enriquecimento por intervenção. Sua incidência é, pois, reservada às hipóteses de enriquecimento sem causa que resultem de um ato do empobrecido.

Note-se que, mesmo nas situações em que a intervenção provoca prejuízo ao titular do direito violado, como ocorre na alienação ou no consumo de coisa alheia, não há deslocamento de um bem do patrimônio do empobrecido para o patrimônio do enriquecido, isto é, a coisa alienada ou consumida não ingressa no patrimônio do enriquecido. O enriquecimento caracteriza-se, antes, pela usurpação das faculdades de alienar e de consumir, que o direito destina com exclusividade ao proprietário.

Como observado no segundo capítulo, o enriquecimento por intervenção não foi disciplinado no Código anterior. Isso porque, na visão de Bevilaqua, a intervenção caracteriza ato ilícito. Como exemplo, o codi-

[436] Menezes Leitão, Luís Manuel Teles de. *O enriquecimento sem causa no direito civil*, cit., p. 763.

[437] Larenz, Karl; Canaris, Claus-Wilhelm. *Lehrbuch des Schuldrechts*, vol. 2, tomo II, cit., p. 169.

ficador cita, em seus comentários, precisamente a alienação de coisa alheia.[438]

É certo que, mesmo sob o Código atual, em semelhante hipótese, em virtude da subsidiariedade do enriquecimento sem causa, expressamente prevista no art. 886 do Código Civil, a caracterização de prejuízo ao titular do direito violado atrairá o regime da responsabilidade civil.

Todavia, a caracterização do enriquecimento por intervenção não pressupõe prejuízo ao titular do direito violado. Nem sempre, portanto, estarão presentes os pressupostos que autorizam a tutela indenizatória. O enriquecimento por intervenção afigura-se relevante sobretudo nas hipóteses em que o aproveitamento indevido de um bem alheio não produza dano patrimonial a seu titular. É o que ocorre nas hipóteses de utilização não autorizada de coisa alheia. Nessa hipótese, o proprietário não necessariamente suporta um prejuízo material em razão da utilização não autorizada, de modo que o enriquecimento sem causa pode ser a única tutela contra a indevida intervenção em seu direito.

A intervenção caracteriza-se pela usurpação. O enriquecimento auferido mediante intervenção corresponde ao aproveitamento econômico do uso, fruição, consumo ou alienação de dado bem jurídico, sem a autorização de seu titular.[439] A função do art. 884, *caput*, do Código Civil, nas hipóteses de intervenção, é corrigir essa vantagem indevida, auferida à custa daquele a quem, segundo as valorações do ordenamento jurídico, tal vantagem é destinada.[440]

O problema que se coloca, nessa matéria, é o de precisar se e em que extensão dada posição jurídica possui conteúdo de destinação e, portanto, autoriza a tutela restitutória. Por outras palavras, qual, efetivamente, é o enriquecimento auferido sem causa à custa de outrem. Em última instância, essa pergunta deverá ser respondida à luz do caso concreto. Em particular, caberá verificar se a legislação garante ao titular de dada posição jurídica violada o monopólio dos bens materiais e imateriais

[438] BEVILAQUA, Clovis. *Código civil comentado*, v. IV, cit., p. 126.

[439] AUER, Marietta. *Staudinger BGB: Eckpfeiler des Zivilrechts*, cit., p. 1128.

[440] ELLGER, Reinhard. *Bereicherung durch Eingriff*, cit., p. 3.

a ela pertinentes. Nisso consiste saber se determinada vantagem é sem causa e à custa de outrem.[441]

Como observado no item 3.2.1 acima, possuem conteúdo de destinação, em primeiro lugar, as posições passíveis de proteção delitual, isto é, posições cuja violação pode dar ensejo a tutela indenizatória. A tutela restitutória, na intervenção, é de fato complementar à tutela delitual. No caso de intervenção em direito de propriedade, também pode ser considerada complementar em relação à tutela reivindicatória.[442]

Em segundo lugar, para que reste caracterizado o conteúdo de destinação, para fins de enriquecimento sem causa, é preciso que a exploração usurpada pelo interventor seja passível de remuneração.[443] Se tal exploração não é remunerável, inexiste enriquecimento sem causa à custa de outrem a ser restituído. É concebível, por exemplo, que o emprego da imagem de determinada pessoa, por um lado, caracterize violação do direito de personalidade e autorize a indenização do dano moral, mas, por outro lado, não autorize tutela restitutória, porque, da maneira como ocorrido no caso concreto, não seja passível de remuneração.

A destinação jurídica, que concretiza os pressupostos sem causa e à custa de outrem, previstos no art. 884, *caput*, do Código Civil, revela-se clara sobretudo no âmbito dos direitos absolutos, como os direitos reais e os direitos de personalidade.

Sob determinadas circunstâncias, tal destinação também pode decorrer de negócio jurídico, a exemplo do direito do locatário à posse, no contrato de locação. De modo mais amplo, o conteúdo de destinação pode resultar, inclusive, da liberdade econômica do agente que oferta determinada prestação ao público mediante remuneração, ou, ainda, da posição jurídica do sujeito que goza de determinada posição de exclusividade.

441 Von Caemmerer, Ernst. *Grundprobleme des Bereicherungsrechts*, cit., p. 382.

442 Larenz, Karl; Canaris, Claus-Wilhelm. *Lehrbuch des Schuldrechts*, vol. 2, tomo II, cit., p. 130. No mesmo sentido: Baur, Jürgen; Stürner, Rolf. *Sachenrecht*. 18ª ed., Munique: C.H.Beck, 2009, p. 154; Grigoleit, Hans Christoph; Auer, Marietta. *Schuldrecht III: Bereicherungsrecht*, cit., p. 31.

443 Larenz, Karl; Canaris, Claus-Wilhelm. *Lehrbuch des Schuldrechts*, vol. 2, tomo II, cit., pp. 170-171.

Nos itens 4.1.1 e 4.1.2 abaixo, o trabalho se dedicará, sem pretensão de exaustividade, a expor as linhas gerais da intervenção em direitos absolutos e em outras posições jurídicas dotadas de conteúdo de destinação.

4.1.1 Intervenção em direitos absolutos

Nesta parte do trabalho releva a intervenção em direitos reais, particularmente a propriedade, bem como em direitos sobre bens imateriais, com especial destaque para os direitos patrimoniais da personalidade. De acordo com a doutrina do conteúdo de destinação, os direitos subjetivos absolutos conferem a seu titular a exclusividade do gozo e da fruição da utilidade econômica de determinado bem. Dessa exclusividade decorre a destinação jurídica do bem. Uma vez violada tal exclusividade e usurpada alguma dessas faculdades, surge ao titular do direito absoluto pretensão restitutória contra o interventor.[444]

Os direitos absolutos são objeto mais comum das hipóteses de enriquecimento por intervenção. Nesse domínio, a pretensão restitutória conferida ao titular, nos termos do art. 884, *caput*, do Código Civil, é fruto da concretização do conteúdo de destinação do direito absoluto violado.[445]

Por corresponder ao que o ordenamento jurídico destina ao titular, o auferido sem causa consiste no próprio aproveitamento usurpado, a ser restituído em valor equivalente.[446] Quem, por exemplo, estaciona em vaga pertencente a outrem usurpa utilização destinada ao proprietário da vaga e fica obrigado a restituir o valor dessa utilização. Do igual modo, quem, sem autorização, emprega fotografia de outrem na divulgação de dada mercadoria, usurpa exploração comercial destinada ao titular do direito patrimonial de imagem e fica obrigado à restituição do valor dessa exploração, sendo irrelevante o lucro ou o prejuízo de sua atividade comercial. O lucro feito pelo interventor é estranho ao conteúdo de destinação do direito violado. Por outras palavras, não pertence ao titular

[444] Menezes Leitão, Luís Manuel Teles de. *O enriquecimento sem causa no direito civil*, cit., p. 772.

[445] Menezes Leitão, Luís Manuel Teles de. *O enriquecimento sem causa no direito civil*, cit., p. 773.

[446] Von Caemmerer. *Bereicherung und Unerlaubte Handlung*, cit., pp. 229-230, p. 232.

do direito violado. O conteúdo de destinação do direito absoluto atua também na determinação da extensão da restituição. Daí que, como já observado, o eventual lucro feito a partir da intervenção seja circunstância alheia ao suporte fático do art. 884, *caput*, do Código Civil.

4.1.1.1. Intervenção em direitos reais

Como observado no item 1.2.2 acima, Wilburg constrói o conceito de conteúdo de destinação a partir do direito de propriedade. Em suas palavras, "do direito de propriedade surge a ação de enriquecimento".[447] Na esteira do jurista austríaco, von Caemmerer esclarece "ser da essência do direito absoluto que ele destine um bem ao seu titular. É com base na função destinadora de bens da propriedade e dos demais direitos absolutos que, na intervenção, se funda o juízo sobre a falta de causa do enriquecimento. Ao proprietário o ordenamento jurídico confere o *uti, frui* e *abuti*. A ele é dado empregar e utilizar a coisa, consumi-la ou transformá-la em dinheiro, aproveitá-la. O mesmo se aplica ao titular de direitos reais limitados, que têm por conteúdo decomposições do direito de propriedade. Se, pois, alguém emprega ou utiliza coisa alheia, se a consome, se faz dela nova coisa ou a emprega na construção de outro bem, de modo que ela deixe de existir como coisa autônoma, se, sob proteção da aparência jurídica, a aliena eficazmente, terá então auferido algo que, segundo o conteúdo de destinação do direito de propriedade, cabe apenas ao seu titular e, pois, terá se enriquecido injustificadamente".[448]

[447] Tradução do original, assim redigido em língua alemã: "Aus dem Eigentum entsteht die Bereicherungsklage" (WILBURG, Walter. *Die Lehre von der ungerechtfertigten Bereicherung nach österreichischem und deutschem Recht: Kritik und Aufbau*, cit., p. 28)

[448] Nas palavras do jurista alemão: "Es ist das Wesen des absoluten Rechts, daß es dem Inhaber ein Gut zuweist. Auf die güterzuordnende Funktion des Eigentums und sonstiger absoluter Rechte stützt sich das Urteil über die Unrechtmäßigkeit der Bereicherung. Dem Eigentümer der Sache gebührt das uti, frui, abuti, ihm (bzw. den Inhabern beschränkter dinglicher Rechte, aus denen man sich den Inhalt des Eigentums als des umfassendsten Rechts zusammensetzen mag) steht es zu, die Sache zu gebrauchen und zu nutzen, sie zu verbrauchen und sie zu Gelde zu machen, sie zu verwerten. Wenn jemand also eine fremde Sache gebraucht oder nutzt, wenn er sie verbraucht (§ 812 Abs. 1 Satz 1 BGB), wenn er sie verarbeitet oder sein Haus einbaut, so daß sie als selbständige Sache untergeht (§ 951 Abs. 1 BGB), wenn er sie unter dem Schutz des Rechtsscheins wirksam veräußert und damit für sich verwertet (§ 816 Abs. 1 Satz 1 BGB), dann hat er etwas erlangt, was

No âmbito dos direitos reais, a intervenção consiste, assim, na exploração indevida de possibilidades fáticas ou jurídicas de determinada coisa.[449] Tal exploração será sem causa e à custa de outrem sempre que a ordem jurídica a destinar a outrem, seja ele proprietário ou titular de direito real limitado.

No direito brasileiro, o conteúdo de destinação do direito de propriedade, isto é, o aproveitamento que o ordenamento jurídico confere com exclusividade ao titular do direito de propriedade, encontra-se expresso no art. 1.228 do Código Civil, a saber:

> "Art. 1.228. O proprietário tem a faculdade de usar, gozar e dispor da coisa, e o direito de reavê-la do poder de quem quer que injustamente a possua ou detenha."

Do ponto de vista do enriquecimento sem causa, o art. 1.228 do Código Civil é uma norma de ordenação. Tal como esclarece a doutrina alemã a propósito da disposição equivalente no BGB,[450] embora a restituição do enriquecimento sem causa não decorra diretamente do art. 1.228 do Código Civil, é a violação da ordenação nele contida que concretiza os pressupostos *sem causa* e *à custa de outrem*, previstos no art. 884, *caput*, do Código Civil e, pois, faz surgir a pretensão restitutória.

Desse modo, quem usa, goza ou dispõe eficazmente de coisa pertencente a outrem, enriquece-se sem causa à custa do proprietário de tal coisa. De acordo com a doutrina portuguesa, "sempre que o interventor tenha retirado da coisa objecto do direito real determinadas vantagens, pode dizer-se que obteve um enriquecimento à custa do titular desse direito, uma vez que se apropriou de determinada utilidade que a ordem jurídica reservava exclusivamente a esse titular, segundo o direito da ordenação dos bens. Assim, há lugar à restituição do enriquecimento,

nach dem *Zuweisungsgehalt des Eigentums* dem Eigentümer gebührt, Unrechtmäßig ist die Bereicherung deshalb, weil sie der in dem Eigentum liegenden Güterzuweisung widerspricht" (VON CAEMMERER. *Bereicherung und Unerlaubte Handlung*, cit., pp. 229-230).

[449] MENEZES LEITÃO, Luís Manuel Teles de. *O enriquecimento sem causa no direito civil*, cit., p. 684.

[450] HERRLER, Sebastian. *Palandt BGB*. 78ª ed., Munique: C.H.Beck, 2019, p. 1671.

independentemente da circunstância de o titular do direito pretender ou não realizar o mesmo aproveitamento da coisa".[451]

Nos termos do art. 884, *caput*, do Código Civil, o auferido corresponderá precisamente às faculdades de uso, gozo ou disposição da coisa, e há de ser restituído segundo seu equivalente pecuniário, monetariamente atualizado. Nesse sentido, aquele que utiliza coisa alheia, deve restituir o valor de tal utilização. Se *A* utiliza a vaga de garagem de seu vizinho *B*, toma para si utilização que a ordem jurídica destina com exclusividade a *B*, proprietário da vaga. Fica, pois, obrigado a restituir o equivalente pecuniário dessa utilização, ainda que *B* não fizesse qualquer uso da vaga de garagem.[452]

Noutros exemplos, colhidos da jurisprudência pela doutrina portuguesa, em parte expostos no capítulo anterior, aponta-se que, "ocupando a intrometida um imóvel sem título, deverá ser condenada a pagar à proprietária o valor de que ilegitimamente beneficiou", "quando o prédio do autor esteja indevidamente fruído pelos réus, em restituição, eles devem pagar o valor do correspondente arrendamento", e "a concessionária que instale postes elétricos não autorizados deve, a título de restituição do enriquecimento, retornar ao proprietário o valor da ocupação".[453]

Note-se que a restituição do enriquecimento não se confunde, nesses casos, com a restituição da própria coisa, disciplinada pelo art. 952 do Código Civil.[454] De acordo com o art. 952, *caput*, a coisa objeto de usurpação ou esbulho deve ser restituída acompanhada de indenização de suas deteriorações, bem como de lucros cessantes. Em caso de perecimento, o art. 952, parágrafo único, esclarece que o valor a ser restituído deverá ser

[451] MENEZES LEITÃO, Luís Manuel Teles de. *O enriquecimento sem causa no direito civil*, cit., p. 692.

[452] SCHWAB, Martin. *Münchener Kommentar zum BGB*, vol. VI, cit., § 812, n. 253.

[453] MENEZES CORDEIRO, António. *Tratado de direito civil português*, vol. II: *Direito das obrigações*, tomo III, cit., p. 278.

[454] "Art. 952. Havendo usurpação ou esbulho do alheio, além da restituição da coisa, a indenização consistirá em pagar o valor das suas deteriorações e o devido a título de lucros cessantes; faltando a coisa, dever-se-á reembolsar o seu equivalente ao prejudicado.
Parágrafo único. Para se restituir o equivalente, quando não exista a própria coisa, estimar-se-á ela pelo seu preço ordinário e pelo de afeição, contanto que este não se avantaje àquele."

estimado "pelo seu preço ordinário e pelo de afeição, contanto que este não se avantaje àquele". Conforme esclarece Bevilaqua, cuida-se aqui de previsões distintas: "para a restituição do equivalente, attende-se ao valor da coisa ao tempo do damno" e, somado a isso, "attende-se ao damno moral, de affeição, ao qual, entretanto, por fugir ao arbitrio, estabeleceu o legislador uma medida".[455]

Tal como aquele que utiliza coisa alheia, também se enriquece sem causa quem, sem autorização, dela retire frutos. Em razão da subsidiariedade, porém, caso caracterizada relação jurídica entre proprietário e possuidor, esta prevalecerá sobre o regime do enriquecimento sem causa e, portanto, incidirão, quanto aos frutos, os arts. 1.214 a 1.216 do Código Civil.[456]

Nesse ponto, pode-se questionar qual a extensão do enriquecimento daquele que obtém rendimento mediante a exploração de bem alheio. Em particular, cumpre precisar se o que há de ser restituído é o ganho obtido em virtude da intervenção ou um valor correspondente à exploração do bem alheio.

Dada a orientação real do enriquecimento no art. 884, *caput*, do Código Civil, deve-se restituir o valor da exploração do bem alheio e não os ganhos patrimoniais do interventor.[457] Pense-se, nesse sentido, na sublocação não autorizada. A doutrina alemã reconhece ao proprietário pretensão restitutória contra o locatário que subloca o imóvel sem autorização. Não se trata, porém, de pretensão à restituição do montante total

[455] Bevilaqua, Clovis. *Código civil comentado*, v. V, 4ª ed., Rio de Janeiro: Livraria Francisco Alves, 1939, p. 328.

[456] "Art. 1.214. O possuidor de boa-fé tem direito, enquanto ela durar, aos frutos percebidos. Parágrafo único. Os frutos pendentes ao tempo em que cessar a boa-fé devem ser restituídos, depois de deduzidas as despesas da produção e custeio; devem ser também restituídos os frutos colhidos com antecipação.
Art. 1.215. Os frutos naturais e industriais reputam-se colhidos e percebidos, logo que são separados; os civis reputam-se percebidos dia por dia.
Art. 1.216. O possuidor de má-fé responde por todos os frutos colhidos e percebidos, bem como pelos que, por culpa sua, deixou de perceber, desde o momento em que se constituiu de má-fé; tem direito às despesas da produção e custeio."

[457] No mesmo sentido: Menezes Leitão, Luís Manuel Teles de. *O enriquecimento sem causa no direito civil*, cit., pp. 880-881.

dos aluguéis auferidos pelo locatário, mas do valor equivalente à remuneração que seria devida ao proprietário, caso existisse autorização para sublocação.[458]

Se, por um lado, é certo que a ordem jurídica não destina ao proprietário todo o valor auferido pelo locatário com a sublocação não autorizada, por outro, o locatário que subloca o imóvel sem autorização aufere remuneração que seria devida ao proprietário, se autorizada a sublocação. Preenchem-se, aqui, os critérios de violação do direito e de capacidade de remuneração, necessários à apuração do conteúdo de destinação do direito violado.

A situação exemplifica, ademais, que será sempre necessário ponderar caso a caso o aproveitamento da coisa alheia, a fim de se verificar se a intervenção se deu no âmbito de utilidade reservada a seu titular, ou se se trata de intervenção em utilidades que a ordem jurídica não destina ao titular com exclusividade.[459]

Reitere-se que a relevância do art. 884, *caput*, do Código Civil na intervenção em direitos absolutos se dará sobretudo nos casos de que não resulte dano ao titular do direito. Se da intervenção culposa resultar dano, em razão da subsidiariedade, deverá prevalecer o regime da responsabilidade civil.[460] Por essa razão, o art. 884, *caput*, do Código Civil tende a não incidir nas hipóteses de consumo ou de alienação de coisa alheia, pois, nessas hipóteses, há prejuízo ao proprietário.

Quem consome coisa alheia, deve, à partida, restituir seu valor ao proprietário. No exemplo oferecido pela doutrina alemã, aquele que utiliza

[458] LARENZ, Karl; CANARIS, Claus-Wilhelm. *Lehrbuch des Schuldrechts*, vol. 2, tomo II, cit., p. 173. Para outra parte da doutrina, o valor auferido pelo locatário com a sublocação não autorizada sequer está compreendido no conteúdo de destinação do direito do proprietário, mas sim no conteúdo de destinação do direito do próprio locatário à utilização do imóvel, fundado no contrato de locação (SCHWAB, Martin. *Münchener Kommentar zum BGB*, vol. VI, cit., § 812, n. 254).

[459] MENEZES LEITÃO, Luís Manuel Teles de. *O enriquecimento sem causa no direito civil*, cit., pp. 690-691.

[460] MENEZES LEITÃO, Luís Manuel Teles de. *O enriquecimento sem causa no direito civil*, cit., p. 684.

combustível alheio no aquecimento de sua casa aufere vantagem equivalente ao valor do combustível e fica obrigado a restitui-lo.[461]

Entre nós, uma vez que o consumo da coisa alheia importa prejuízo a seu proprietário, a tutela restitutória cede lugar à tutela indenizatória fundada na responsabilidade civil. Se o interventor puder ser caracterizado como possuidor, prevalecem, igualmente, as disposições dos arts. 1.217 e 1.218 do Código Civil.[462]

De modo semelhante, à luz do art. 884, *caput*, do Código Civil, o sujeito que eficazmente aliene coisa alheia, deve restituir seu valor ao proprietário. Todavia, uma vez que a alienação de coisa alheia resulta em prejuízo ao proprietário, devido à subsidiariedade do enriquecimento sem causa, a hipótese reclamará incidência do regime da responsabilidade civil.

Parte da doutrina sustenta que o afastamento do enriquecimento sem causa em semelhante hipótese é apenas parcial, pois seria cabível a restituição do eventual lucro que exceda o valor da indenização. A hipótese é versada no seguinte exemplo: "suponha-se (...) que Tício vendeu o automóvel de Caio a terceiro, por 1.000; se não for possível identificar ou localizar o comprador, ou se Caio quiser manter o negócio, Tício terá de devolver a este os 1.000 que recebeu, e não apenas os 600 que o veículo valia; com base nas regras da responsabilidade civil Caio poderá exigir 600, mas só com base nas de enriquecimento sem causa terá condições de exigir os restantes 400".[463]

A solução não é compatível com o texto legal. O que o art. 1.228 do Código Civil destina ao proprietário da coisa alienada é o seu valor.

[461] MENEZES LEITÃO, Luís Manuel Teles de. *O enriquecimento sem causa no direito civil*, cit., p. 693.

[462] "Art. 1.217. O possuidor de boa-fé não responde pela perda ou deterioração da coisa, a que não der causa.
Art. 1.218. O possuidor de má-fé responde pela perda, ou deterioração da coisa, ainda que acidentais, salvo se provar que de igual modo se teriam dado, estando ela na posse do reivindicante."

[463] NORONHA, Fernando. *Direito das obrigações*, vol. 1. São Paulo: Saraiva, 2003, p. 423. De modo semelhante, a doutrina mais recente afirma que os institutos da responsabilidade civil e do enriquecimento sem causa "não se sobrepõem, podendo ser utilizados de forma alternativa ou concomitante" (MORAES, Renato Duarte Franco de. *Enriquecimento sem causa e o enriquecimento por intervenção*, cit., p. 304).

Eventual lucro feito pelo interventor não é imputável à coisa ou ao seu titular, mas ao próprio interventor.[464] Como já observado, não cabe aqui observar um *commodum ex negotiatione cum re*.[465] Isso significa que, nos termos do art. 884, *caput*, do Código Civil, eventual lucro do interventor alienante não é sem causa, porque não destinado ao proprietário da coisa.

Desse modo, não há lugar à cumulação da ação indenizatória, voltada ao recebimento do valor da coisa, com a ação de enriquecimento, voltada ao recebimento de eventual lucro que tenha excedido tal valor.

Considerando que a restituição está limitada ao valor da coisa alheia alienada, a aplicação do enriquecimento sem causa, nessa situação, somente ocorrerá se, por hipótese, não incidir o regime da responsabilidade civil, situação que, ao que parece, dependerá da ausência de dolo ou culpa do interventor.

Uma segunda dificuldade a que está sujeita a incidência do regime do enriquecimento por intervenção, na hipótese de alienação de coisa alheia, reside na própria eficácia da alienação. Em particular, a alienação de coisa alheia será eficaz na hipótese do art. 1.268, *caput*, do Código Civil, de acordo com o qual, "feita por quem não seja proprietário, a tradição não aliena a propriedade, exceto se a coisa, oferecida ao público, em leilão ou estabelecimento comercial, for transferida em circunstâncias tais que, ao adquirente de boa-fé, como a qualquer pessoa, o alienante se afigurar dono".

Se a alienação é ineficaz, o proprietário poderá se socorrer de ação reivindicatória contra quem injustamente possua ou detenha a coisa, conforme prevê o art. 1.228 do Código Civil. Nessa hipótese, o adquirente poderá se voltar contra o interventor, nos termos dos arts. 447 a 457 do Código Civil.

[464] LARENZ, Karl; CANARIS, Claus-Wilhelm. *Lehrbuch des Schuldrechts*, vol. 2, tomo II, cit., p. 278.

[465] GRIGOLEIT, Hans Christoph; AUER, Marietta. *Schuldrecht III: Bereicherungsrecht*, cit., p. 45 e nota 206. No mesmo sentido: MENEZES LEITÃO, Luís Manuel Teles de. *O enriquecimento sem causa no direito civil*, cit., p. 756.

4.1.1.2. Intervenção em direitos sobre bens imateriais

Para além dos direitos reais, a intervenção em direitos absolutos também pode se dar em direitos sobre bens imateriais, nomeadamente, a propriedade industrial, o direito de autor e os direitos da personalidade.

No direito brasileiro, a utilização não autorizada de patentes, desenhos industriais e marcas encontra disciplina específica nas disposições dos arts. 44 e 207 a 210 da Lei n.º 9.279/1996.[466] Não se sujeita, portanto, ao regime do art. 884, *caput*, do Código Civil.

[466] "Art. 44. Ao titular da patente é assegurado o direito de obter indenização pela exploração indevida de seu objeto, inclusive em relação à exploração ocorrida entre a data da publicação do pedido e a da concessão da patente.
§ 1º Se o infrator obteve, por qualquer meio, conhecimento do conteúdo do pedido depositado, anteriormente à publicação, contar-se-á o período da exploração indevida para efeito da indenização a partir da data de início da exploração.
§ 2º Quando o objeto do pedido de patente se referir a material biológico, depositado na forma do parágrafo único do art. 24, o direito à indenização será somente conferido quando o material biológico se tiver tornado acessível ao público.
§ 3º O direito de obter indenização por exploração indevida, inclusive com relação ao período anterior à concessão da patente, está limitado ao conteúdo do seu objeto, na forma do art. 41.
(...)
Art. 207. Independentemente da ação criminal, o prejudicado poderá intentar as ações cíveis que considerar cabíveis na forma do Código de Processo Civil.
Art. 208. A indenização será determinada pelos benefícios que o prejudicado teria auferido se a violação não tivesse ocorrido.
Art. 209. Fica ressalvado ao prejudicado o direito de haver perdas e danos em ressarcimento de prejuízos causados por atos de violação de direitos de propriedade industrial e atos de concorrência desleal não previstos nesta Lei, tendentes a prejudicar a reputação ou os negócios alheios, a criar confusão entre estabelecimentos comerciais, industriais ou prestadores de serviço, ou entre os produtos e serviços postos no comércio.
§ 1º Poderá o juiz, nos autos da própria ação, para evitar dano irreparável ou de difícil reparação, determinar liminarmente a sustação da violação ou de ato que a enseje, antes da citação do réu, mediante, caso julgue necessário, caução em dinheiro ou garantia fidejussória.
§ 2º Nos casos de reprodução ou de imitação flagrante de marca registrada, o juiz poderá determinar a apreensão de todas as mercadorias, produtos, objetos, embalagens, etiquetas e outros que contenham a marca falsificada ou imitada.
Art. 210. Os lucros cessantes serão determinados pelo critério mais favorável ao prejudicado, dentre os seguintes:
I – os benefícios que o prejudicado teria auferido se a violação não tivesse ocorrido; ou

As consequências previstas em tais normas são distintas daquelas dispostas na regra geral subsidiária do Código Civil. Nomeadamente, o art. 210 da Lei n.º 9.279/1996 confere ao titular do direito violado a opção entre a indenização de lucros cessantes (art. 210, I) ou, propriamente, a indenização do enriquecimento auferido pelo interventor (art. 210, II e III). Nesta segunda hipótese, a norma confere ao titular a possibilidade de escolha entre a restituição do enriquecimento patrimonial (art. 210, II) ou real (art. 210, III).

A exploração indevida de obras protegidas por direito de autor, por sua vez, encontra disciplina nos arts. 103 e 104 da Lei n.º 9.610/1998[467] e, por essa razão, também não está sujeita à disciplina do art. 884, *caput*, do Código Civil. Em particular, a indenização prevista no art. 103, *caput*, da Lei n.º 9.610/1998 tem eminente caráter patrimonial, o que possivelmente se explica por finalidade punitiva voltada a desencorajar a violação. Caso fosse aplicável à intervenção no direito de autor o regime do art. 884, *caput*, do Código Civil, a tutela restitutória seria dirigida ao valor equivalente à remuneração que lhe teria sido paga pela exploração autorizada, e não à integralidade do preço da venda de suas obras.[468]

II – os benefícios que foram auferidos pelo autor da violação do direito; ou
III – a remuneração que o autor da violação teria pago ao titular do direito violado pela concessão de uma licença que lhe permitisse legalmente explorar o bem."

[467] "Art. 103. Quem editar obra literária, artística ou científica, sem autorização do titular, perderá para este os exemplares que se apreenderem e pagar-lhe-á o preço dos que tiver vendido.
Parágrafo único. Não se conhecendo o número de exemplares que constituem a edição fraudulenta, pagará o transgressor o valor de três mil exemplares, além dos apreendidos.
Art. 104. Quem vender, expuser a venda, ocultar, adquirir, distribuir, tiver em depósito ou utilizar obra ou fonograma reproduzidos com fraude, com a finalidade de vender, obter ganho, vantagem, proveito, lucro direto ou indireto, para si ou para outrem, será solidariamente responsável com o contrafator, nos termos dos artigos precedentes, respondendo como contrafatores o importador e o distribuidor em caso de reprodução no exterior."

[468] À luz do regime do enriquecimento sem causa, a doutrina portuguesa esclarece que, "em todos os casos de intervenção sobre bens imateriais, a restituição por enriquecimento deve ter por objecto o preço da licença que o autor teria podido obter em condições normais e não o lucro por intervenção, ou seja, todos os ganhos obtidos pelo interventor através da exploração da obra" (Menezes Leitão, Luís Manuel Teles de. *O enriquecimento sem causa no direito civil*, cit., p. 701).

A intervenção em direitos da personalidade, por sua vez, desde que passíveis de exploração econômica, a exemplo da imagem e do nome, oferece amplo espaço à tutela restitutória fundada no art. 884, *caput*, do Código Civil.

Conforme refere a doutrina, a proteção da imagem, como objeto de tutela do enriquecimento sem causa, foi reconhecida pela primeira vez em decisão do BGH de 1956. O caso consistiu na comercialização com fins publicitários, pelo fotógrafo, de fotografia que havia sido feita por certo ator para divulgação pessoal. Na ocasião, o BGH entendeu que o fotógrafo se enriqueceu em razão da comercialização da fotografia e o condenou a restituir ao ator o valor equivalente à remuneração habitual pela utilização da imagem.[469]

A hipótese se assemelha àquela julgada pelo Superior Tribunal de Justiça, referida no terceiro capítulo, relativa à utilização indevida da imagem de certa atriz de novelas em campanha publicitária de um estabelecimento comercial.[470] Naquele caso, o interventor usurpou exploração que a ordem jurídica reserva com exclusividade à titular do direito de personalidade e, pois, enriqueceu-se sem causa à sua custa. Nos termos do art. 884, *caput*, do Código Civil, diversamente do decidido pelo Superior Tribunal de Justiça, o enriquecimento corresponde precisamente à utilização da imagem, que deve ser restituída em valor equivalente.[471]

[469] LARENZ, Karl; CANARIS, Claus-Wilhelm. *Lehrbuch des Schuldrechts*, vol. 2, tomo II, cit., p. 173. MENEZES LEITÃO, Luís Manuel Teles de. *O enriquecimento sem causa no direito civil*, cit., pp. 716-717. A propósito do tema, Canaris também refere o caso de Caroline de Mônaco, que, na década de 1990, teve fotos de sua vida privada publicadas com fins lucrativos por determinado tabloide alemão, sem a sua autorização. O auferido, segundo o jurista alemão, consistiu na utilização do direito de personalidade de outrem, a ser restituída em seu equivalente pecuniário (CANARIS, Claus-Wilhelm. *Gewinnabschöpfung bei Verletzung des allgemeinen Persönlichkeitsrechts*. In: *Gesammelte Schriften*, vol. III: *Privatrecht*. Org. Jörg Neuner; Hans Christoph Grigoleit, Berlim: De Gruyter, 2012, p. 876).

[470] STJ, REsp n.º 1.698.701-RJ, 3ª Turma, rel. Min. Ricardo Villas Bôas Cueva, j. 02.10.2018.

[471] Naquele caso, conforme apontado no item 3.3.1 acima, o STJ afastou-se da concepção real de enriquecimento prevista no art. 884, *caput*, do Código Civil e decidiu que a restituição deveria ser apurada conforme os seguintes critérios: "a) apuração do *quantum debeatur* com base no denominado lucro patrimonial; b) delimitação do cálculo ao período no qual se verificou a indevida intervenção no direito de imagem da autora; c) aferição

Como bem esclarece a doutrina portuguesa, "a restituição não pode abranger mais do que o valor que representa o aproveitamento do direito de personalidade". Isso porque, "o aproveitamento das qualidades ou capacidades do interventor ou da sua organização empresarial não se encontra destinado ao titular do direito de personalidade, nem se pode considerar como contingente à utilização do direito violado".[472]

A mesma proteção que o art. 884, *caput*, do Código Civil confere ao direito de imagem deve se aplicar também ao nome, à expressão oral, cartas pessoais, desenhos privados. Em todos esses casos, como observa a doutrina, o enriquecimento sem causa pode ser a única maneira de se reagir contra intervenção no aproveitamento econômico do direito de personalidade violado.[473] A título de exemplo, a doutrina portuguesa faz referência à utilização "de um brasão de uma família numa marca de vinho, da publicação de diários ou contas domésticas, que não possam ser consideradas obras intelectuais, da publicação de conversas telefónicas privadas, de exames médicos, bem como a divulgação de factos relativos à intimidade da vida privada, com fins lucrativos".[474] Como hipótese limítrofe de intervenção sobre bens imateriais, pode-se ainda citar situação peculiar mencionado por Lorenz, de enriquecimento em virtude da exploração não autorizada de fotografia de propriedade imóvel alheia.[475] Em concreto, tal hipótese apenas autorizará restituição se restar caracterizado, segundo os critérios acima, o conteúdo de destinação.

do grau de contribuição de cada uma das partes e d) distribuição do lucro obtido com a intervenção proporcionalmente à contribuição de cada partícipe da relação jurídica".

472 Menezes Leitão, Luís Manuel Teles de. *O enriquecimento sem causa no direito civil*, cit., pp. 723-724.

473 Menezes Leitão, Luís Manuel Teles de. *O enriquecimento sem causa no direito civil*, cit., p. 722.

474 Menezes Leitão, Luís Manuel Teles de. *O enriquecimento sem causa no direito civil*, cit., pp. 722-723.

475 Lorenz, Stephan. *Staudinger BGB: §§ 812-822 Ungerechtfertigte Bereicherung*, cit., p. 113. Como destacado em recente monografia sobre o tema, "nada impede que indivíduos tirem fotografias de edifícios em locais públicos, utilizando-as comercialmente, mas as fotografias obtidas de locais privados pertencem ao respectivo proprietário" (Moraes, Renato Duarte Franco de. *Enriquecimento sem causa e o enriquecimento por intervenção*, cit., pp. 325-326).

4.1.2. Intervenção em outras posições jurídicas

O conteúdo de destinação pode restar caracterizado também a propósito de outras posições jurídicas, que não as resultantes de direitos absolutos. Assim se dá, por exemplo, com o direito à posse, fundado em negócio jurídico. Pode, ainda, caracterizar-se em virtude da liberdade do agente econômico de apenas realizar determinada prestação mediante remuneração, ou, ainda, em virtude de determinada posição de exclusividade, como demonstram as figuras abaixo.

4.1.2.1. Intervenção no direito à posse

A posse é um fato jurídico particular. Sua qualificação como direito subjetivo ou como mera situação fática é há muito controvertida. Se compreendida neste segundo sentido, falta à posse, para efeito de incidência do enriquecimento por intervenção, um correspondente conteúdo de destinação. Assim, sob essa perspectiva, a perturbação da posse não concretiza, por si só, os pressupostos do enriquecimento sem causa.[476] Daí que, contra aquele que intervém na posse de alheia, o ordenamento jurídico não confira tutela restitutória fundada no enriquecimento sem causa, mas a proteção dessa situação de fato, por meio das ações possessórias.

Como regra, a intervenção, para efeito do art. 884, *caput*, do Código Civil, ocorre na esfera do proprietário da coisa, não do possuidor. Se, por exemplo, o interventor colhe frutos pendentes, deve restitui-los ao proprietário e não ao possuidor. O possuidor apenas terá direito à restituição fundada no enriquecimento sem causa se as normas pertinentes à sua posse lhe destinarem algum aproveitamento. Assim, por exemplo, em hipótese de intervenção nos frutos colhidos, a violação se dá em direito do possuidor, não em direito do proprietário. Nesse caso, o conteúdo de destinação não decorre imediatamente da posse, mas da norma que confere a propriedade dos frutos ao possuidor de boa-fé.[477] Nesse tipo de

[476] "A posse é assim apenas um poder de facto sobre uma coisa, sendo os seus efeitos jurídicos um resultado do exercício fáctico de poderes sobre a coisa e não da concessão de um direito subjectivo sobre ela" (Menezes Leitão, Luís Manuel Teles de. *O enriquecimento sem causa no direito civil*, cit., p. 727).

[477] Menezes Leitão, Luís Manuel Teles de. *O enriquecimento sem causa no direito civil*, cit., pp. 727-728.

violação, a situação em nada difere da intervenção em direitos reais, de que se tratou no item 4.1.1.1 acima.

Para além dessa hipótese, o enriquecimento à custa do possuidor será possível, sobretudo, se caracterizada a intervenção no seu direito à posse. Melhor exemplo é dado pela posição jurídica do locatário. Se *A* aluga prédio de *B* e, sem autorização, o terceiro *C* utiliza parede exterior para fins de publicidade, há intervenção de *C* no direito de *A* à posse do prédio e, consequentemente, obrigação de restituir ao possuidor o enriquecimento auferido à sua custa.[478] Nessa hipótese, o interventor usurpa aproveitamento destinado com exclusividade ao possuidor, fundado no negócio jurídico que confere a este o direito à posse do imóvel.[479]

4.1.2.2. Aproveitamento de prestação não dirigida ao interventor

O enriquecimento sem causa também encontra aplicação na intervenção em prestações não dirigidas ao interventor. Assim, quem assiste peça de teatro sem pagar pela entrada, quem indevidamente capta sinal fechado de televisão, ou, ainda, quem utiliza transporte sem bilhete, deve a restituição do enriquecimento auferido, segundo o valor equivalente ao aproveitamento usurpado.[480]

Por não pressuporem dano, a responsabilidade civil não se aplica a tais hipóteses de intervenção. Não se trata, igualmente, de hipótese de enriquecimento por prestação, uma vez que, nos termos do art. 877 do Código Civil, a atribuição patrimonial que caracteriza o pagamento indevido deve ser consciente.

[478] Larenz, Karl; Canaris, Claus-Wilhelm. *Lehrbuch des Schuldrechts*, vol. 2, tomo II, cit., p. 174.

[479] "Der Besitz kann aber auch die Grundlage einer sog. Eingriffskondiktion ('in sonstiger Weise': § 812 Abs. 1) sein, freilich nur dann, wenn er durch ein – dinglich oder schuldrechtlich begründetes – Recht zum Besitz einem bestimmten 'Zuweisungsgehalt' gewonnen hat. Beispiel: M hat von E ein Geschäftshaus gemietet. D benutzt unberechtigt die Hauswand zu Reklamezwecken. M kann von D bis zur Beseitigung der Werbung (§ 862!) eine Entschädigung nach § 812 fordern, weil die wirtschaftliche Nutzung des Besitzes am Haus M rechtlich zugewiesen war (...)" (Baur, Jürgen; Stürner, Rolf. *Sachenrecht*, cit., p. 102).

[480] Menezes Leitão, Luís Manuel Teles de. *O enriquecimento sem causa no direito civil*, cit., p. 737.

Conforme esclarece a doutrina portuguesa, nesses casos, o interventor "utiliza ilegitimamente um bem alheio que, segundo o comportamento conforme à ordem apenas poderia utilizar contra remuneração".[481] Nomeadamente, viola-se o conteúdo de destinação da liberdade econômica do titular de não realizar prestações sem receber a correspondente remuneração.[482]

Ainda de acordo com a doutrina portuguesa, "em qualquer caso a fundamentação do enriquecimento por intervenção assume neste tipo de situações uma configuração quase-contratual, na medida em que a contrariedade à destinação dos bens resulta exclusivamente no não-pagamento da contraprestação que seria normalmente devida pela sua utilização".[483]

Tal hipótese de enriquecimento por intervenção encontra aplicação a propósito de casos que, de início, foram enquadrados sob a denominada teoria das relações contratuais de fato, sendo o mais notório o chamado caso do estacionamento (*Parkplatzfall*). Naquele caso, a prefeitura de Hamburgo havia concedido a determinada empresa a administração de área pública destinada ao estacionamento de automóveis e autorizou tal empresa a exigir remuneração pelo uso das vagas em determinados horários. Durante o ano de 1953, certa motorista estacionou repetidamente no local e, em todas as vezes, declarou ao funcionário da empresa que recusava a vigilância do seu veículo, bem como o pagamento pelo uso da vaga, que considerava indevido. A empresa exigiu o pagamento em juízo. Nas instâncias ordinárias, a ação foi julgada improcedente. Em 1956, todavia, com referência expressa à teoria das relações contratuais de fato, formulada por Haupt e Larenz, o BGH julgou a ação procedente sob o fundamento de que, por força da boa-fé, estava caracterizada a relação contratual.[484]

481 MENEZES LEITÃO, Luís Manuel Teles de. *O enriquecimento sem causa no direito civil*, cit., p. 739.

482 MENEZES LEITÃO, Luís Manuel Teles de. *O enriquecimento sem causa no direito civil*, cit., p. 741.

483 MENEZES LEITÃO, Luís Manuel Teles de. *O enriquecimento sem causa no direito civil*, cit., p. 742.

484 BGHZ 21, 319.

Embora a teoria das relações contratuais de fato tenha sido posteriormente refutada, parte da doutrina sustenta que, no resultado, a decisão do *Parkplatzfall* foi correta, pois o comportamento da motorista caracterizava ao menos aceitação tácita, de modo que suas declarações em sentido contrário à conclusão de um contrato deveriam ser tomadas sob a máxima *protestatio facto contraria non valet.*[485]

Para outros autores, a ideia da *protestatio facto contraria* é incompatível com a autonomia privada, razão pela qual inexistiu celebração tácita no *Parkplatzfall*. De acordo com tal entendimento, a correta solução do caso deve ser buscada fora do direito contratual, nomeadamente no enriquecimento sem causa.[486]

Ao menos nos casos em que se coloque algum óbice a uma aceitação tácita, seja em razão da incapacidade do sujeito, seja em razão da exigência de forma ao contrato, a divergência em torno da *protestatio facto contraria* deverá ceder espaço à aplicação do enriquecimento sem causa.

Exemplo disso é o chamado caso da viagem aérea (*Flugreisefall*). Acompanhado da mãe, um menor de idade voou de Munique a Hamburgo. Uma vez no aeroporto de Hamburgo, o menor logrou embarcar, sozinho e sem passagem, em voo para Nova Iorque. Em 1971, o BGH julgou procedente ação ajuizada pela companhia aérea e condenou o menor a restituir o enriquecimento por ele injustificadamente auferido em virtude do voo aos Estados Unidos.[487]

4.1.2.3. Intervenção em posições de exclusividade

A violação a normas destinadas a proteger a concorrência em geral não autoriza a incidência do enriquecimento sem causa, uma vez que tais normas não destinam a quem quer que seja o aproveitamento, com exclusividade, de determinado bem ou vantagem. Como observa a doutrina, "não se reconhece o conteúdo de destinação nas normas de comportamento

[485] FLUME, Werner. *Allgemeiner Teil des Bürgerlichen Rechts*, vol. II: *das Rechtsgeschäft*, cit., pp. 75-76 e 99-100.

[486] WOLF, Manfred; NEUNER, Jörg. *Allgemeiner Teil des Bürgerlichen Rechts*, cit., p. 429; KÖHLER, Helmut. *BGB Allgemeiner Teil*. 41ª ed., Munique: C.H.Beck, 2017, pp. 112-113; LORENZ, Stephan. *Staudinger BGB: §§ 812-822 Ungerechtfertigte Bereicherung*, cit., p. 113.

[487] BGHZ 55, 128.

que obrigam igualmente todos os concorrentes. A ausência de exclusividade quanto à exploração de direito para algum ou alguns deles afasta a caracterização de eventual usurpação ou intromissão. A mera possibilidade de se exigir a omissão quanto à prática de determinada conduta não confere a determinado sujeito o monopólio da exploração do direito".[488]

Situação diversa é a violação de norma voltada à proteção de uma posição particular que confira a seu destinatário uma situação de monopólio ou exclusividade.[489] Nessa hipótese, o juízo sobre a existência de conteúdo de destinação e, pois, sobre ser o enriquecimento do interventor sem causa à custa de outrem exige consideração sobre a possibilidade de remuneração ao titular em caso de concessão da posição violada.[490] Nomeadamente, estará caracterizada a intervenção se houver usurpação de possibilidade de remuneração, conteúdo econômico da posição violada.[491]

Como exemplo, Schlechtriem menciona caso no qual determinada empresa de táxis não se limitou a atuar no território que lhe fora concedido, mas também atendeu a clientes em áreas destinadas a outras empresas.[492] Embora não se possa afirmar que as empresas afetadas tivessem direito à clientela, elas tinham o direito de atuar com exclusividade nas respectivas áreas.

Diversamente, a intervenção em atividade empresarial mediante, por exemplo, o impedimento físico ao seu exercício, boicote ou emissão de juízos depreciativos, não admite tutela restitutória fundada no enriquecimento sem causa. Em particular, não decorre do denominado direito à empresa a destinação com exclusividade a seu titular do âmbito de deter-

[488] Moraes, Renato Duarte Franco de. *Enriquecimento sem causa e o enriquecimento por intervenção*, cit., p. 338.

[489] Menezes Leitão, Luís Manuel Teles de. *O enriquecimento sem causa no direito civil*, cit., p. 732.

[490] Larenz, Karl; Canaris, Claus-Wilhelm. *Lehrbuch des Schuldrechts*, vol. 2, tomo II, cit., p. 176.

[491] Schlechtriem, Peter. *Restitution und Bereicherungsausgleich in Europa*, vol. II, cit., pp. 234-235.

[492] Schlechtriem, Peter. *Restitution und Bereicherungsausgleich in Europa*, vol. II, cit., p. 233.

minada atividade empresarial, ou de oportunidades ou expectativas de ganho.[493]

Pela mesma razão, embora não se ignore importante posição doutrinária nesse sentido, dificilmente poderá ser fundado no art. 884, *caput*, do Código Civil eventual direito do distribuidor após a denúncia motivada do contrato de distribuição.[494]

Para que tal pretensão pudesse encontrar fundamento no art. 884, *caput*, do Código Civil, seria preciso concluir que aquilo que o concedente aufere, isto é, a exploração da clientela criada pelo distribuidor, pertence ao distribuidor, como conteúdo de determinada posição jurídica de exclusividade. Tal conclusão não parece possível, todavia, uma vez que o distribuidor não é, à partida, titular de um direito exclusivo de exploração da clientela. Desse modo, após a extinção do contrato de

[493] LARENZ, Karl; CANARIS, Claus-Wilhelm. *Lehrbuch des Schuldrechts*, vol. 2, tomo II, cit., p. 175; MENEZES LEITÃO, Luís Manuel Teles de. *O enriquecimento sem causa no direito civil*, cit., pp. 736-737.

[494] A propósito, parte da doutrina sustenta que, ao distribuidor, ainda que inadimplente, "assiste o direito de ser ressarcido por eventual enriquecimento sem causa do fornecedor" (FORGIONI, Paula A. *Contrato de distribuição*. 3ª ed., São Paulo: Revista dos Tribunais, 2014, p. 318). Em particular, apresenta-se o seguinte exemplo: "uma empresa é, há mais de quarenta anos, distribuidora exclusiva no território brasileiro de móveis fabricados por fornecedor estrangeiro. Ao longo dessas décadas, abriu o mercado para esses produtos, tornando-os conhecidos no Brasil e amealhando clientela. Em determinado momento, a distribuidora descumpre uma de suas obrigações contratuais e a fornecedora rompe o contrato, passando a desfrutar de valores originados do trabalho desenvolvido pelo distribuidor na vigência do negócio; neste caso, a denúncia (ainda que motivada) possibilitará a apropriação definitiva, pelo concedente, do incremento patrimonial gerado pelo distribuidor. Assim, muito embora ao distribuidor não assista direito à concessão do prazo previsto no parágrafo único do art. 473 do CC/2002 (porque não se trata de ruptura imotivada, mas sim de exercício do poder derivado da cláusula resolutiva, nos termos previstos no art. 474), o ordenamento jurídico assegura-lhe compensação referente a essa incorporação de valores ao patrimônio do fornecedor (que, no momento da extinção do contrato, deixa de ter causa, como veremos adiante): trata-se da compensação pelo enriquecimento sem causa ou injustificado, expressamente prevista no art. 884 do CC/2002" (FORGIONI, Paula A. *Contrato de distribuição*, cit., pp. 318-319).

distribuição, não é sem causa o aproveitamento da clientela criada pelo distribuidor.[495]

Não se pretende, aqui, colocar em discussão se o distribuidor possui ou não pretensão contra o concedente após a extinção do contrato, mas seu fundamento. Designadamente, o fundamento de tal pretensão não reside na regra geral subsidiária de enriquecimento sem causa. De acordo com a doutrina portuguesa, trata-se, na realidade, de figura apenas aproximada, que, em Portugal, conta inclusive com fundamento legal próprio.[496] Nesse particular, observa-se que "a indemnização de clientela pode ser considerada uma contrapartida pela liberdade de cessação do contrato de que dispõe o principal, algo à semelhança do que sucede nas indemnizações por cessação do contrato de trabalho, não obstante a diferença de requisitos. (...) A aproximação da figura ao enriquecimento sem causa esbarra com o facto de a função da agência ser justamente angariar

[495] Quanto ao fundamento para tal compensação, acrescenta-se ser preciso considerar também o art. 885 do Código Civil, uma vez que "no caso da denúncia motivada do contrato de distribuição celebrado por prazo indeterminado, a causa do enriquecimento do fornecedor houve (= o próprio contrato de distribuição, enquanto vigente), mas deixou de existir em virtude da denúncia. A criação ou o desenvolvimento de uma clientela dá causa a um enriquecimento do fabricante que, com o fim do contrato, apropria-se e aproveita-se de certos valores que a outra parte perde" (Forgioni, Paula A. *Contrato de distribuição*, cit., p. 319). O art. 885 do Código Civil, cujo sentido será abordado no item 4.2.2 abaixo, não altera a análise do problema. De acordo com a doutrina alemã, embora a hipótese de enriquecimento por intervenção em razão de uma causa que deixou de existir seja concebível (*Eingriffskondiktion ob causam finitam*), a caracterização da figura continua a exigir a violação do conteúdo de destinação de determinada posição jurídica. Como exemplo, Canaris cogita de hipótese de exploração de determinado bem público mediante concessão estatal. Se a autorização deixa de existir, a continuidade dessa exploração será sem causa, porque não mais reservada ao concessionário, mas ao estado (Larenz, Karl; Canaris, Claus-Wilhelm. *Lehrbuch des Schuldrechts*, vol. 2, tomo II, cit., p. 180).

[496] Pinto Monteiro, António. *Contrato de agência*. 7ª ed., Coimbra: Almedina, 2010, pp. 142-144; Pinto Monteiro, António. *Contratos de distribuição comercial*. Coimbra: Almedina, 2009, pp. 153-154. Nas palavras de Canaris, "dogmaticamente, não é uma pretensão indenizatória, mas uma pretensão de remoção de vantagem ou, ao menos uma pretensão substancialmente mais próxima desta do que da primeira. Tradução do original, assim redigido em língua alemã: "dogmatisch kein Entschädigunsgs-, sondern ein Vorteilsabschöpfungsanspruch ist oder zumindest Letzterem wesentlich näher steht als ersterem" (Canaris, Claus-Wilhelm. *Handelsrecht*. 24ª ed., Munique: C.H.Beck, 2006, p. 271).

ou fidelizar a clientela do principal, não sendo por isso injusto o principal colher os frutos do esforço do seu agente, pelo qual é remunerado".[497]

No direito alemão, de modo semelhante, ao tratar da natureza jurídica de tal pretensão, denominada *Ausgleichsanspruch* e expressamente prevista no § 89b do Handelsgesetzbuch (HGB), a doutrina atribui-lhe caráter de remuneração (*Entgeltcharakter*).[498] Nas palavras de Canaris, o § 89b I do HGB não é concebido conforme o enriquecimento sem causa (*nicht bereicherungsrechtlich konzipiert*).[499] Seus pressupostos consistem na existência, após a extinção do contrato, de vantagem considerável a uma parte, em virtude da clientela angariada pela outra e desde que, consideradas todas as circunstâncias, a compensação corresponda a medida de equidade.[500]

4.2. Hipóteses de enriquecimento por prestação

O principal caso de enriquecimento sem causa oriundo de uma prestação é o pagamento indevido, que goza de regime próprio e, pois, não é regido pelo art. 884, *caput*, do Código Civil. No âmbito do enriquecimento por prestação, portanto, restam à regra geral subsidiária do art. 884, *caput*, do Código Civil as hipóteses não previstas de modo específico em outros pontos do Código, ou, ao menos, não previstas em maior grau de generalidade.

Esse é o caso da *condictio ob rem*, também chamada *condictio causa data causa non secuta*. Embora pontualmente presente em algumas disposições

[497] Pereira, Alexandre Libório Dias. *Denúncia e indemnização de clientela nos contratos de distribuição: resenha de jurisprudência recente do STJ*. In: Boletim de ciências económicas, vol. LVII, tomo III, Faculdade de Direito da Universidade de Coimbra, 2014, p. 2657.

[498] Thume, Karl-Heinz. *Röhricht/Graf von Westphalen/Haas HGB Kommentar*. 5ª ed., Colônia: Otto Schmidt, 2019, § 89b, n. 5.

[499] Canaris, Claus-Wilhelm. *Handelsrecht*, cit., p. 272.

[500] "§ 89b. (1) Der Handelsvertreter kann von dem Unternehmer nach Beendigung des Vertragsverhältnisses einen angemessenen Ausgleich verlangen, wenn und soweit
1. der Unternehmer aus der Geschäftsverbindung mit neuen Kunden, die der Handelsvertreter geworben hat, auch nach Beendigung des Vertragsverhältnisses erhebliche Vorteile hat und
2. die Zahlung eines Ausgleichs unter Berücksichtigung aller Umstände, insbesondere der dem Handelsvertreter aus Geschäften mit diesen Kunden entgehenden Provisionen, der Billigkeit entspricht."

do Código Civil, como no art. 546, que determina a restituição da doação feita em contemplação de um casamento que não se realizou, apenas no art. 884, *caput*, do Código Civil a figura encontra disciplina geral, aplicável a todas as hipóteses de prestação feita com vista a determinada finalidade que não vem a se concretizar.

Outra hipótese de enriquecimento por prestação coberta pelo art. 884, *caput*, do Código Civil é a chamada *condictio ob causam finitam*. Por disposição expressa do art. 885 do Código Civil, a regra geral subsidiária também se aplica, assim, ao caso de desaparecimento da causa que justificava dada atribuição patrimonial.

4.2.1. *Condictio ob rem* geral

A *condictio ob rem*, ou *condictio causa data causa non secuta*, confere tutela restitutória à *datio ob rem*. Como abordado acima, a *datio ob rem* consiste em atribuição patrimonial com um acordo sobre sua finalidade, sem que exista, para o receptor de tal atribuição, um correspondente dever dirigido à obtenção da finalidade acordada.[501]

No direito romano, a *condictio ob rem* servia essencialmente para tutelar a restituição de prestações realizadas em virtude de contratos inominados sinalagmáticos, tendo em vista que não havia remédio voltado à exigência de cumprimento em tal hipótese.[502]

Como observa Flume, diversamente do que se passava no direito romano, no qual os tipos contratuais eram em *numerus clausus*, dada a autonomia privada hoje dominante, a *datio ob rem* encontra reduzidas possibilidades de aplicação. Se, com uma prestação, visa-se a uma contraprestação, em regra, os contratantes definirão também a obrigação quanto à contraprestação e, pois, terão à disposição não apenas a ação de cumprimento, mas também os direitos de extinguir o vínculo e de exigir indenização. Desse modo, o âmbito de aplicação da *condictio ob rem* fica limitado às hipóteses nas quais uma prestação seja realizada tendo em

[501] Flume, Werner. *Allgemeiner Teil des Bürgerlichen Rechts*, vol. II: *das Rechtsgeschäft*, cit., p. 155; Pontes de Miranda, Francisco Cavalcanti. *Tratado de direito privado*, tomo XXVI, cit., p. 147.

[502] Menezes Leitão, Luís Manuel Teles de. *O enriquecimento sem causa no direito civil*, cit., p. 500.

vista um fim que não possa ser objeto de uma obrigação, a exemplo da doação feita em razão de casamento futuro.[503]

De acordo com o jurista alemão, o fundamento jurídico da *datio ob rem* pode faltar por duas razões. Em primeiro lugar, se ineficaz o acordo dos contratantes quanto à finalidade. Nessa hipótese, a atribuição carece de causa desde o início e, pois, a depender do caso, serão relevantes os regimes da invalidade ou do pagamento indevido. Em segundo lugar, no que realmente interessa ao presente tópico, o fundamento jurídico da *datio ob rem* pode faltar porque não atingido o fim acordado pelos contratantes. Nesse caso, em virtude do acordo quanto ao fim, que justificava a retenção da prestação, deve o receptor restitui-la.[504]

Note-se que a *datio ob rem* não se confunde com prestação condicionada. Conforme esclarece a doutrina portuguesa, na *datio ob rem*, "o acontecimento futuro é antes considerado como um resultado certo, que vai ser atingido com a realização da prestação, pelo que as partes não vêem a necessidade de estabelecer uma condição para tornar a eficácia do negócio dependente da obtenção desse resultado".[505]

De igual modo, não se há de confundir a aplicação da *condictio ob rem* com hipótese de desaparecimento da base do negócio. A quebra da base terá lugar se a alteração das circunstâncias não estiver coberta pela álea contratual. Na *datio ob rem*, diversamente, o receptor da prestação assume o risco relativo à não realização do fim estipulado pelas partes. Nomeadamente, apenas poderá reter a prestação se o resultado visado se verificar. Trata-se, pois, de figuras mutuamente excludentes.[506]

Como já observado, entre as hipóteses típicas de *condictio ob rem*, o Código Civil prevê, em seu art. 546, a restituição da doação feita em con-

[503] Flume, Werner. *Allgemeiner Teil des Bürgerlichen Rechts*, vol. II: *das Rechtsgeschäft*, cit., p. 155; Menezes Leitão, Luís Manuel Teles de. *O enriquecimento sem causa no direito civil*, cit., p. 500.

[504] Flume, Werner. *Allgemeiner Teil des Bürgerlichen Rechts*, vol. II: *das Rechtsgeschäft*, cit., p. 155.

[505] Menezes Leitão, Luís Manuel Teles de. *O enriquecimento sem causa no direito civil*, cit., p. 508.

[506] Menezes Leitão, Luís Manuel Teles de. *O enriquecimento sem causa no direito civil*, cit., p. 505.

templação de casamento futuro que não se realiza.[507] Nesse caso, juntamente com a prestação, pactua-se determinada finalidade ou resultado que não é objeto de uma contraprestação. Não verificado esse resultado, a lei determina a restituição.

Parte da doutrina defende que a *condictio ob rem* encontra disciplina geral no regime do pagamento indevido.[508] Trata-se, contudo, de hipótese incompatível com a literalidade do art. 876 do Código Civil, uma vez que, na *datio ob rem*, a prestação é efetivamente devida e apenas será restituível se falhar o fim acordado entre as partes. Dada a sua generalidade, apenas o art. 884, *caput,* do Código Civil amolda-se à disciplina da hipótese.

Os casos de *datio ob rem* não regulados de maneira específica na lei estão, pois, sujeitos à regra geral subsidiária de enriquecimento sem causa, sendo o principal deles o denominado adiantamento para futuro aumento de capital, ou AFAC.

O AFAC consiste em transferência de recursos ou bens a uma sociedade com o objetivo de que o crédito daí resultante venha a ser capitalizado, nos termos do art. 171, § 2º, da Lei n.º 6.404/1976,[509] com a emissão de ações de titularidade do autor do aporte.[510]

Uma vez que a capitalização depende do resultado de deliberação dos acionistas, aquele que realizou a atribuição patrimonial não tem uma pretensão de cumprimento contra a sociedade, isto é, não pode exigir da sociedade que promova a capitalização.

[507] "Art. 546. A doação feita em contemplação de casamento futuro com certa e determinada pessoa, quer pelos nubentes entre si, quer por terceiro a um deles, a ambos, ou aos filhos que, de futuro, houverem um do outro, não pode ser impugnada por falta de aceitação, e só ficará sem efeito se o casamento não se realizar."

[508] Nascimento, Fábio Calheiros do. *Pagamento indevido*, cit., pp. 93-94.

[509] "Art. 171. Na proporção do número de ações que possuírem, os acionistas terão preferência para a subscrição do aumento de capital. (...) § 2º No aumento mediante capitalização de créditos ou subscrição em bens, será sempre assegurado aos acionistas o direito de preferência e, se for o caso, as importâncias por eles pagas serão entregues ao titular do crédito a ser capitalizado ou do bem a ser incorporado."

[510] Paulin, Luiz Alfredo. *Adiantamento para futuro aumento de capital em face do art. 34, iv, da lei bancária*. In: Revista dos Tribunais, vol. 718/1995, agosto/1995, pp. 22-28, consultado em www.revistadostribunais.com.br.

Não realizada a capitalização, todavia, falta à sociedade causa para retenção daquilo que lhe foi atribuído. Nos termos do art. 884, *caput*, do Código Civil, a prestação deve, pois, ser restituída ao prestante. Se o adiantamento para futuro aumento de capital tiver consistido em atribuição de coisa certa, de acordo com o art. 884, parágrafo único, do Código Civil, deverá ela ser restituída. Se a coisa determinada não mais subsistir, a restituição se fará pelo seu valor na época em que exigido.

A doutrina portuguesa destaca três grupos de aplicação da *condictio ob rem*.

O primeiro, na qual se pode incluir o AFAC, cuida da realização de prestação antecipadamente à constituição da obrigação, sem que esta venha depois a se verificar.[511] Outro exemplo seria a realização de prestação em contrato celebrado com representante sem poderes, na expectativa de que seja ratificado, mas a ratificação vem a faltar.[512]

O segundo consiste na realização de prestação para obtenção de determinada atuação do receptor. Como exemplos, a doutrina portuguesa cita a realização de prestação para que alguém o constitua herdeiro ou legatário, ou para que não faça queixa de um crime.[513] Entre nós, os fins expostos em tais exemplos mostram-se ilícitos e, pois, atraem a incidência da *condictio ob turpem vel iniustam causam*, que o legislador brasileiro disciplinou no art. 883 do Código Civil.

O terceiro diz respeito à realização de prestação com destinação de fim. Exemplo é a doação feita em contemplação de um casamento futuro,[514] cuja restituição, entre nós, é regulada pelo art. 546 do Código Civil.

Como observa Pontes de Miranda, por fim, a *condictio ob rem* não incide "*a*) se o resultado foi impossível desde o início, e conhecia isso o que prestou; *b*) se o resultado só transitoriamente é impossível; *c*) se o que

511 Menezes Leitão, Luís Manuel Teles de. *O enriquecimento sem causa no direito civil*, cit., p. 512.

512 Menezes Leitão, Luís Manuel Teles de. *O enriquecimento sem causa no direito civil*, cit., p. 513.

513 Menezes Leitão, Luís Manuel Teles de. *O enriquecimento sem causa no direito civil*, cit., p. 514.

514 Menezes Leitão, Luís Manuel Teles de. *O enriquecimento sem causa no direito civil*, cit., pp. 515-516.

prestou foi quem impediu o resultado".[515] Nessas hipóteses, ainda que não verificado o fim estipulado pelas partes, não cabe a restituição por enriquecimento sem causa.

4.2.2. *Condictio ob causam finitam* (art. 885)

Nos termos do art. 885 do Código Civil, a restituição disciplinada pela regra geral subsidiária tem lugar "não só quando não tenha havido causa que justifique o enriquecimento, mas também se esta deixou de existir". A norma versa sobre a denominada *condictio ob causam finitam*, hipótese de enriquecimento produzido por uma prestação do empobrecido ao enriquecido que se distingue do pagamento indevido precisamente porque, neste, nunca houve causa, ao passo que, na *condictio ob causam finitam*, a prestação é efetuada em virtude de causa que efetivamente existe, mas que, depois, vem a faltar, de modo a tornar injustificada sua retenção pelo receptor.

Parte da doutrina defende que a *condictio ob causam finitam* encontra disciplina no pagamento indevido, em desconsideração ao texto expresso do art. 885 do Código Civil.[516] Semelhante interpretação extensiva do regime do pagamento indevido poderia ser adequada sob o Código Civil de 1916, que carecia tanto de uma regra geral de enriquecimento sem causa quanto de disposição específica como a do atual art. 885, mas não é compatível com o Código Civil em vigor.

Como já referido acima, exemplo de restituição por posterior extinção do direito de reter a prestação recebida pode ser dado pela prestação de indenização securitária recebida em razão do furto de automóvel que, na sequência, vem a ser recuperado pelo segurado. Nesse caso, a recuperação do automóvel faz desaparecer a causa para retenção da indenização pelo segurado[517] e, com fundamento nos arts. 884, *caput*, e 885 do Código Civil, obriga a restituir o valor à seguradora. Nas palavras de Pontes de

[515] Pontes de Miranda, Francisco Cavalcanti. *Tratado de direito privado*, tomo XXVI, cit., p. 148.

[516] Nascimento, Fábio Calheiros do. *Pagamento indevido*, cit., pp. 93-94.

[517] Menezes Leitão, Luís Manuel Teles de. *O enriquecimento sem causa no direito civil*, cit., pp. 489-490.

Miranda, "se, paga a indenização, o segurado recobra a posse das coisas roubadas ou furtadas, cabe a *condictio*".[518]

De acordo com a doutrina, a *condictio ob causam finitam* também se aplica à hipótese de antecipação de uma prestação no âmbito de relação contratual duradoura que, entretanto, vem a ser extinta antes do momento em que tal prestação seria devida. Exemplo dessa hipótese é o adiantamento de aluguéis ou de salários futuros. Embora ainda não fossem devidos, a existência de contrato conferia causa à atribuição. Extinto o contrato, todavia, cabe a restituição.[519]

A doutrina portuguesa também identifica a restituição do título da obrigação após a extinção da dívida como hipótese de *condictio ob causam finitam*. Em caso de impossibilidade da restituição do título, não há restituição de um valor equivalente, mas sua substituição por quitação.[520] Entre nós, o regime da prova do pagamento, em particular o disposto no art. 321 do Código Civil,[521] parece tornar desnecessário o recurso ao enriquecimento sem causa em semelhante hipótese.

Outra hipótese referida pela doutrina portuguesa diz respeito à restituição das arras. Nesse particular, afirma-se que "a aplicação da *condictio ob causam finitam* coloca-se, apenas, quando a restituição do sinal se verifica em virtude de este já não poder desempenhar a sua função confirmatória-penal do contrato, em relação ao qual foi constituído, por este já se encontrar cumprido (não sendo possível realizar a imputação), ser impossível o seu cumprimento ou ter sido revogado pelas partes".[522]

[518] Pontes de Miranda, Francisco Cavalcanti. *Tratado de direito privado*, tomo XXVI, cit., p. 124.

[519] Menezes Leitão, Luís Manuel Teles de. *O enriquecimento sem causa no direito civil*, cit., p. 489.

[520] Menezes Leitão, Luís Manuel Teles de. *O enriquecimento sem causa no direito civil*, cit., pp. 491-492.

[521] "Art. 321. Nos débitos, cuja quitação consista na devolução do título, perdido este, poderá o devedor exigir, retendo o pagamento, declaração do credor que inutilize o título desaparecido."

[522] Menezes Leitão, Luís Manuel Teles de. *O enriquecimento sem causa no direito civil*, cit., p. 490.

Entre nós, a restituição das arras em caso de cumprimento do contrato encontra-se prevista no art. 417 do Código Civil.[523] Embora a doutrina nacional também afirme que, em caso de impossibilidade superveniente da obrigação, as arras devam ser restituídas com fundamento no enriquecimento sem causa,[524] em razão da subsidiariedade do instituto, deve prevalecer o regime da restituição fundada na resolução.

A propósito desse ponto, cumpre notar que parte da doutrina brasileira compreende o art. 885 do Código Civil como norma destinada a disciplinar a restituição que ocorre em virtude da resolução contratual.[525] Tal restituição não é, todavia, fundada no enriquecimento sem causa. Cuida-se, na realidade, da liquidação do vínculo contratual.[526] Nas palavras de Pontes de Miranda, a "relação de aplanação", que emerge da resolução, é "relação jurídica que ainda é resultante do negócio jurídico".[527] Desse modo, os arts. 884, *caput*, e 885 do Código Civil, não têm relação com a resolução contratual.[528]

[523] "Art. 417. Se, por ocasião da conclusão do contrato, uma parte der à outra, a título de arras, dinheiro ou outro bem móvel, deverão as arras, em caso de execução, ser restituídas ou computadas na prestação devida, se do mesmo gênero da principal."

[524] "Se, porém, o negócio se impossibilitar sem culpa, restituem-se, porque não sobrevive a causa de sua retenção" (PEREIRA, Caio Mário da Silva. *Instituições de direito civil*, vol. III. 24ª ed. atual. por Caitlin Mulholland, Rio de Janeiro: Forense, 2020, p. 87).

[525] MICHELON JR., Cláudio. *Direito restituitório: Enriquecimento sem causa, pagamento indevido e gestão de negócios*, cit., pp. 252-255.

[526] MENEZES LEITÃO, Luís Manuel Teles de. *O enriquecimento sem causa no direito civil*, cit., p. 456.

[527] PONTES DE MIRANDA, Francisco Cavalcanti. *Tratado de direito privado*, tomo XXVI, cit., p. 130. No mesmo sentido: ZANETTI, Cristiano de Sousa. *Comentários ao Código Civil: Direito privado contemporâneo*. Coord. Giovanni Ettore Nanni, São Paulo: Saraiva, 2019, p. 770.

[528] No direito comparado, em contrapartida, nota-se que os códigos alemão e português, em disposições legais expressas, reconhecem a aplicação da *condictio ob causam finitam* à hipótese de resolução por impossibilidade superveniente (cf. LARENZ, Karl; CANARIS, Claus-Wilhelm. *Lehrbuch des Schuldrechts*, vol. 2, tomo II, cit., p. 147; MENEZES LEITÃO, Luís Manuel Teles de. *O enriquecimento sem causa no direito civil*, cit., pp. 492-495). Entre nós, nas palavras de Pontes de Miranda, "a invocação dos princípios que regem a restituição por enriquecimento injustificado, em se tratando de resolução legal ou de resilição legal por impossibilidade sem culpa de um dos figurantes, é de repelir-se, ainda que seja a solução, *de lege lata*, de outros sistemas jurídicos" (PONTES DE MIRANDA, Francisco Cavalcanti. *Tratado de direito privado*, tomo XXVI, cit., p. 136).

O art. 885 do Código Civil não se aplica, igualmente, à restituição devida em virtude do reconhecimento da invalidade do negócio jurídico.[529] A restituição, nessa hipótese, é disciplinada pelo art. 182 do Código Civil e, pois, "não são os princípios do enriquecimento injustificado que se hão de aplicar em caso de anulação".[530] Em adição, por disposição expressa do art. 182 do Código Civil, tanto a anulação quanto a declaração de nulidade têm efeito *ex tunc*, de modo que a falta de causa da prestação, em tais hipóteses, não seria superveniente, mas contemporânea à celebração do contrato. Daí que, no direito alemão, seja aplicável, em caso de invalidade do negócio jurídico, a *condictio indebiti* e não a *condictio ob causam finitam*.[531]

4.3. Enriquecimento forçado

Nesta parte do trabalho, cogita-se do denominado enriquecimento forçado. Não se trata de enriquecimento auferido mediante intervenção, porque, embora exista ingerência em bem alheio, quem se enriquece é o titular do bem. Também não se trata de enriquecimento por prestação, seja porque o empobrecido não visa ao cumprimento de um vínculo obrigacional, seja porque não tem consciência do incremento ao patrimônio alheio.[532]

Tal como observa a doutrina portuguesa, "a temática do enriquecimento forçado ultrapassa os quadros limitados do enriquecimento sem causa" e "aflora em muitos outros lugares".[533] Entre nós, a figura encontra-se quase integralmente disciplinada em outras disposições do Código

[529] Nesse sentido: Moraes, Renato Duarte Franco de. *Enriquecimento sem causa e o enriquecimento por intervenção*, cit., p. 233 e nota 643.

[530] Pontes de Miranda, Francisco Cavalcanti. *Tratado de direito privado*, tomo XXVI, cit., p. 136.

[531] "Unter § 812 I 1 Alt. 1 BGB und nicht unter § 812 I 2 Alt. 1 BGB fällt nach herrschender und richtiger Ansicht auch die Anfechtung des Kausalgeschäfts, weil diese nach § 142 I BGB *ex-tunc*-Wirkung hat" (Larenz, Karl; Canaris, Claus-Wilhelm. *Lehrbuch des Schuldrechts*, vol. 2, tomo II, cit., p. 147).

[532] Menezes Leitão, Luís Manuel Teles de. *O enriquecimento sem causa no direito civil*, cit., p. 792.

[533] Gomes, Júlio Manuel Vieira. *O conceito de enriquecimento, o enriquecimento forçado e os vários paradigmas do enriquecimento sem causa*, cit., p. 316.

Civil, o que faz com que, do ponto de vista do art. 884, *caput*, do Código Civil, a importância da espécie seja reduzida.

Em particular, o enriquecimento forçado pode dar-se tanto em razão de fato da natureza, quanto em virtude de despesas efetuadas pelo empobrecido no interesse de outrem.

As hipóteses de enriquecimento originado de um fato da natureza são tratadas entre as disposições de direitos reais, nomeadamente no regime da acessão, disciplinado nos arts. 1.248 e seguintes do Código Civil. Em razão da subsidiariedade, prevista no art. 886 do Código Civil, tais hipóteses não são pertinentes ao estudo do enriquecimento sem causa.

No que diz respeito à restituição de despesas efetuadas pelo empobrecido no interesse de outrem, a doutrina estrangeira distingue entre dois grupos de casos: (i) o pagamento de dívida alheia não sujeita ao regime de sub-rogação legal e (ii) o melhoramento de coisa alheia não sujeito ao regime das benfeitorias.[534]

Tendo em vista que o pagamento de dívida alheia não sujeita à sub-rogação encontra disciplina no art. 305 do Código Civil,[535] interessa à regra geral subsidiária de enriquecimento sem causa apenas o segundo grupo, relativo ao melhoramento de coisa alheia ao qual não se aplique o regime legal das benfeitorias.

Nos termos do art. 97 do Código Civil,[536] não se consideram benfeitorias os melhoramentos ou acréscimos sobrevindos ao bem sem a intervenção do proprietário, possuidor ou detentor. É possível, no entanto, que sejam realizadas melhorias em coisa alheia da qual o benfeitorizante acredite ser proprietário, mas sem que tenha sobre ela sequer a posse ou detenção.

534 MENEZES LEITÃO, Luís Manuel Teles de. *O enriquecimento sem causa no direito civil*, cit., p. 791.

535 "Art. 305. O terceiro não interessado, que paga a dívida em seu próprio nome, tem direito a reembolsar-se do que pagar; mas não se sub-roga nos direitos do credor.
Parágrafo único. Se pagar antes de vencida a dívida, só terá direito ao reembolso no vencimento."

536 "Art. 97. Não se consideram benfeitorias os melhoramentos ou acréscimos sobrevindos ao bem sem a intervenção do proprietário, possuidor ou detentor."

Pense-se no já referido exemplo da doutrina alemã a respeito do filho que, crendo-se herdeiro, reformou a casa deixada pela mãe e, depois, veio a descobrir que o bem tinha sido transferido a outro parente.[537] Com fundamento no enriquecimento sem causa, pode ele exigir desse outro parente a restituição do enriquecimento auferido.

Conforme esclarece a doutrina portuguesa, "o que determina a restituição é o facto de o incremento patrimonial do enriquecido ter origem em despesas suportadas pelo empobrecido, sendo por esse motivo que se considera esse enriquecimento 'à custa de outrem'". Em particular, "o benefício que a despesa produz é atribuído pela lei a outrem, o que implica que a despesa não tenha causa jurídica".[538] De acordo, ainda, com a doutrina alemã, o conhecimento sobre ser alheio o bem deve afastar a pretensão restitutória, pois, nessa hipótese, é de se concluir que as despesas foram realizadas em interesse próprio ou por liberalidade.[539]

Note-se que, na hipótese das ações ajuizadas por associações de moradores contra proprietários não associados, mencionada no item 3.3.1.2 acima, não há nem o desconhecimento sobre ser alheio o bem, nem, propriamente, um melhoramento desse bem. De modo semelhante, não há enriquecimento forçado em razão de despesa realizada na expectativa da celebração de um contrato. Como destaca recente monografia a respeito do tema, "realizado determinado trabalho na expectativa de futura aceitação – e de consequente contraprestação – por parte do enriquecido, verifica-se a existência de justa causa".[540]

Se, por outro lado, a despesa, ou serviço, for realizada com conhecimento sobre ser alheio o bem, mas em razão de falsa representação sobre a existência de obrigação, o problema será pertinente ao regime do pagamento indevido, mais precisamente à disposição do art. 881 do Código Civil.

[537] LORENZ, Stephan. *Staudinger BGB: §§ 812-822 Ungerechtfertigte Bereicherung*, cit., pp. 114-115

[538] MENEZES LEITÃO, Luís Manuel Teles de. *O enriquecimento sem causa no direito civil*, cit., p. 803.

[539] VON CAEMMERER, Ernst. *Grundprobleme des Bereicherungsrechts*, cit., p. 384.

[540] MORAES, Renato Duarte Franco de. *Enriquecimento sem causa e o enriquecimento por intervenção*, cit., p. 242.

Situação diversa é dada pelo exemplo da pessoa contratada para realizar a pintura de uma casa, mas, por equívoco, presta o serviço no imóvel vizinho, sem o conhecimento do respectivo proprietário.[541] Não há aí falsa representação sobre a existência de obrigação. Em princípio, a hipótese não é de pagamento indevido, nos termos do art. 881, mas de enriquecimento forçado, conforme o art. 884, *caput*, do Código Civil.

A doutrina admite, ainda, a restituição por enriquecimento sem causa no caso em que, embora o empobrecido conhecesse o caráter alheio da coisa, empregou materiais próprios na sua melhoria.[542] Entre nós, a hipótese está em parte disciplinada no art. 1.255 do Código Civil, que versa sobre o enriquecimento em virtude de melhorias em terreno alheio.[543]

Para além dessa hipótese, regida por norma especial, é possível cogitar a incidência do art. 884, *caput*, do Código Civil a casos assemelhados. A doutrina portuguesa cita, como exemplo, o caso do porteiro que, por engano, utiliza seu próprio carvão na fornalha do prédio, em lugar de utilizar o carvão pertencente ao proprietário.[544]

No que se refere às consequências, de acordo com a doutrina alemã, o que há de ser restituído, isto é, o algo obtido (*das erlangte Etwas*), no sentido do § 812 I 1 do BGB, não é a despesa como tal, mas o acréscimo de valor a ela relacionado.[545] Nessa figura, em particular, propõe-se que a tutela contra o enriquecido seja equiparada àquela que o possuidor tem à sua disposição.[546]

[541] MORAES, Renato Duarte Franco de. *Enriquecimento sem causa e o enriquecimento por intervenção*, cit., p. 241.

[542] MENEZES LEITÃO, Luís Manuel Teles de. *O enriquecimento sem causa no novo Código Civil brasileiro*. In: R. CEJ. Brasília, n. 25, pp. 24-33, abr./jun. 2004, p. 30

[543] "Art. 1.255. Aquele que semeia, planta ou edifica em terreno alheio perde, em proveito do proprietário, as sementes, plantas e construções; se procedeu de boa-fé, terá direito a indenização."

[544] MENEZES LEITÃO, Luís Manuel Teles de. *O enriquecimento sem causa no direito civil*, cit., p. 791, nota 2145.

[545] LARENZ, Karl; CANARIS, Claus-Wilhelm. *Lehrbuch des Schuldrechts*, vol. 2, tomo II, cit., pp. 189-190.

[546] MEDICUS, Dieter. *Gesetzliche Schuldverhältnisse*. 5ª ed., Munique: C.H.Beck, 2007, p. 138 e 143.

Como afirmado no item 3.1 acima, à luz da concepção real prevista no art. 884, *caput*, do Código Civil, o pressuposto do enriquecimento corresponde, em princípio, ao dinheiro, trabalho ou àquilo que foi empregado no bem alheio. Neste ponto, porém, não é de se descartar eventual possibilidade de abertura a um juízo patrimonial mediante analogia com o regime do pagamento indevido, nos termos do art. 878 do Código Civil,[547] ou, mais precisamente, com o regime das benfeitorias, nos termos do arts. 1.219 a 1.222 do Código Civil.[548] Isso porque, diferentemente das demais hipóteses sujeitas ao art. 884, *caput*, do Código Civil, no enriquecimento forçado existe semelhança fática com as situações de pagamento indevido ou benfeitorias, a justificar, sob o ponto de vista sistemático, o reconhecimento de uma lacuna a ser suprida mediante analogia a propósito da determinação do objeto da restituição.

Pense-se, a esse respeito, no exemplo da pintura equivocada da casa vizinha, antes mencionado. Tal como afirma a doutrina, caso seja possível concluir pela possibilidade de tal analogia, "ainda que o trabalho realizado por engano represente a valorização do imóvel, o enriquecido pode demonstrar a partir do contexto fático envolvido na situação, que

[547] "Art. 878. Aos frutos, acessões, benfeitorias e deteriorações sobrevindas à coisa dada em pagamento indevido, aplica-se o disposto neste Código sobre o possuidor de boa-fé ou de má-fé, conforme o caso."
"Art. 881. Se o pagamento indevido tiver consistido no desempenho de obrigação de fazer ou para eximir-se da obrigação de não fazer, aquele que recebeu a prestação fica na obrigação de indenizar o que a cumpriu, na medida do lucro obtido."

[548] "Art. 1.219. O possuidor de boa-fé tem direito à indenização das benfeitorias necessárias e úteis, bem como, quanto às voluptuárias, se não lhe forem pagas, a levantá-las, quando o puder sem detrimento da coisa, e poderá exercer o direito de retenção pelo valor das benfeitorias necessárias e úteis.
Art. 1.220. Ao possuidor de má-fé serão ressarcidas somente as benfeitorias necessárias; não lhe assiste o direito de retenção pela importância destas, nem o de levantar as voluptuárias.
Art. 1.221. As benfeitorias compensam-se com os danos, e só obrigam ao ressarcimento se ao tempo da evicção ainda existirem.
Art. 1.222. O reivindicante, obrigado a indenizar as benfeitorias ao possuidor de má-fé, tem o direito de optar entre o seu valor atual e o seu custo; ao possuidor de boa-fé indenizará pelo valor atual."

ele não tinha interesse ou que não realizaria a melhoria no bem".[549] A possibilidade de tal analogia no direito brasileiro exige aprofundamento do estudo do enriquecimento forçado, ainda a ser empreendido.

[549] MORAES, Renato Duarte Franco de. *Enriquecimento sem causa e o enriquecimento por intervenção*, cit., p. 245.

5.
OBRIGAÇÃO DE RESTITUIR O ENRIQUECIMENTO

Delineados os pressupostos e o âmbito de aplicação do art. 884, *caput*, do Código Civil, cumpre precisar os contornos da obrigação de restituir. Tendo em vista que a determinação do objeto da restituição é indissociável da determinação dos pressupostos da regra geral subsidiária de enriquecimento sem causa, o tema foi em larga medida abordado ao longo do trabalho.

Nos itens abaixo, em acréscimo, serão consideradas, primeiramente, a distinção entre as consequências previstas no *caput* e no parágrafo único do art. 884 do Código Civil, bem como a ausência, no direito brasileiro, de previsão de critérios subjetivos na determinação do objeto da restituição. Seguem-se, por fim, breves considerações sobre a mora do devedor da restituição e a prescrição da pretensão do credor.

5.1. Objeto da restituição

5.1.1. A restituição no art. 884, *caput* e parágrafo único, do Código Civil

Como introduzido no item 2.2 acima, as disposições do art. 884, *caput* e parágrafo único, do Código Civil dirigem-se a hipóteses distintas, para as quais tais disposições preveem consequências igualmente distintas.

A iniciar pela regra geral, o art. 884, *caput*, do Código Civil disciplina, em termos amplos, a restituição do indevidamente auferido. No que diz respeito às consequências, a disposição é expressa no sentido de que o valor do auferido deve ser monetariamente corrigido.

Por sua vez, o art. 884, parágrafo único, excetua a regra geral ao versar especificamente sobre a obrigação de restituir a coisa determinada recebida pelo enriquecido. Ainda de acordo com o parágrafo único, se a coisa determinada recebida pelo enriquecido não mais subsistir, a restituição se fará pelo valor do bem na época em que foi exigido.

Como se nota, o alcance do art. 884, parágrafo único, do Código Civil é limitado. Ao disciplinar a restituição de coisa determinada recebida pelo enriquecido, a disposição pressupõe o deslocamento patrimonial de um bem corpóreo. Tem, portanto, sua aplicação circunscrita àquelas hipóteses em que o enriquecimento sem causa resulta de um ato do empobrecido, seja em razão da prestação de coisa determinada, como no item 4.2 acima, seja em razão de eventual enriquecimento forçado mediante emprego de coisa determinada no patrimônio do enriquecido, como abordado no item 4.3 acima.

Na intervenção, tal como observado no item 4.1 acima, o enriquecimento nunca consistirá no recebimento de coisa determinada, mas na própria vantagem incorpórea representada pelo uso de bem alheio. Por essa razão, dada a ausência de deslocamento patrimonial, o enriquecimento auferido por intervenção sempre deverá ser restituído conforme seu equivalente pecuniário.[550]

Tendo em vista que o art. 884, parágrafo único, do Código Civil, versa apenas sobre hipótese de recebimento de coisa determinada e, pois, por seus próprios termos, não é pertinente ao enriquecimento por intervenção, a restituição do valor equivalente ao enriquecimento auferido pelo interventor deve ser regida pela regra geral do art. 884, *caput,* do Código Civil.

Por outras palavras, o equivalente pecuniário a ser restituído corresponde, na intervenção, ao valor da utilização do bem alheio usurpada pelo interventor, apurado conforme o critério da capacidade de remuneração, o qual concretiza o conteúdo de destinação do direito violado, a ser corrigido monetariamente desde o momento do enriquecimento.

No que se refere à apuração do equivalente pecuniário, evidencia-se, aqui, uma segunda distinção entre as disposições do *caput* e do parágrafo único do art. 884 do Código Civil.

[550] Menezes Leitão, Luís Manuel Teles de. *O enriquecimento sem causa no direito civil,* cit., p. 763; Larenz, Karl; Canaris, Claus-Wilhelm. *Lehrbuch des Schuldrechts,* vol. 2, tomo II, cit., p. 169.

Na intervenção e em qualquer outra hipótese em que o enriquecimento não consista no recebimento de coisa determinada, o equivalente pecuniário do que se auferiu deve seguir a regra geral e ser corrigido monetariamente desde a ocasião do enriquecimento. De acordo com o art. 884, parágrafo único, de modo diverso, o equivalente da coisa determinada que se perdeu deve corresponder ao valor que tal coisa teria na época em que foi exigida pelo autor da prestação.

A distinção pertinente às consequências jurídicas reforça a especialidade da regra do parágrafo único, que, portanto, não pode ser tomada como uma regra geral relativa ao cálculo do equivalente pecuniário. Sempre que o enriquecimento não tenha consistido no recebimento de uma coisa determinada, o parágrafo único não incide e a restituição do equivalente pecuniário deverá seguir a regra geral do art. 884, *caput*, do Código Civil.

Pense-se no seguinte exemplo de utilização de coisa alheia. Em um mesmo terreno encontram-se edificadas duas casas e a cada uma delas corresponde uma vaga de garagem. Estando apenas uma dessas casas alugada, o locador vem a descobrir que o locatário utiliza não apenas a vaga que lhe cabe em razão do contrato de locação, mas também a segunda vaga, que corresponde à casa desocupada. No que diz respeito a essa segunda vaga, o locatário intervém no direito do proprietário e, com isso, enriquece-se sem causa à sua custa. Em semelhante hipótese, a restituição da utilização da coisa alheia apenas é possível mediante pagamento de seu equivalente em dinheiro, que, como regra, deve corresponder aos valores que seriam periodicamente devidos ao proprietário em virtude do aluguel da segunda vaga indevidamente utilizada. Por não se tratar de coisa certa recebida pelo enriquecido, a restituição do equivalente há de observar a previsão do art. 884, *caput*, de modo que o montante da restituição deve ser corrigido desde a data do enriquecimento.

Dada a concepção real de enriquecimento presente no art. 884, no cálculo do equivalente, cogita-se apenas do valor objetivo de tal utilização, mensurável segundo seu valor de mercado, não de um valor subjetivo, mensurável, por exemplo, segundo uma hipotética poupança de despesas por parte do interventor.

Note-se, ademais, que, caso a segunda casa e respectiva vaga de garagem estivessem alugadas a terceiro, também restaria caracterizada a intervenção, agora não mais no direito absoluto do proprietário, mas no direito de tal terceiro à posse em razão de seu próprio contrato de locação, como apontado no item 4.1.2.1 acima.

O mesmo ocorre na hipótese de intervenção no direito de imagem, a exemplo da utilização da imagem de certa atriz de novelas, objeto de julgado referido no item 3.3.2 acima.[551] Naquele caso, diversamente do decidido pelo Superior Tribunal de Justiça, nos termos do art. 884, *caput*, do Código Civil, o enriquecimento do interventor consiste na própria utilização da imagem, que deve ser restituída em valor equivalente, mensurável segundo seu valor de mercado, e feita a atualização dos valores monetários desde a data do enriquecimento.

Em contrapartida, se, em adiantamento para futuro aumento de capital, fora prestado um automóvel a determinada sociedade e, posteriormente, o bem veio a ser alienado a terceiro, ou perdeu-se, sem que se tenha realizado o aumento de capital, a restituição devida ao autor da prestação, nos termos do art. 884, parágrafo único, do Código Civil, deve corresponder ao valor que o automóvel teria no momento da propositura da ação, uma vez que se trata de hipótese de enriquecimento sem causa caracterizada pelo recebimento de coisa determinada. Se o adiantamento tiver sido realizado em dinheiro, incide a regra geral e o montante prestado deverá ser restituído com correção monetária.

As diferenças aqui apontadas concernem apenas ao modo de apuração do equivalente pecuniário. Como exposto no item 3.1 acima, tanto o *caput* quanto o parágrafo único do art. 884 do Código Civil reforçam a concepção real, ou objetiva, de enriquecimento adotada pelo legislador brasileiro, ao determinarem que a restituição deve ter por objeto seja o auferido corrigido monetariamente, seja a coisa certa ou o equivalente desta.

Em particular, como observado ao longo deste trabalho e retomado no item 5.1.2 abaixo, em nenhuma dessas disposições há abertura a critérios patrimoniais ou subjetivos na determinação do objeto da restituição.

[551] STJ, REsp n.º 1.698.701-RJ, 3ª Turma, rel. Min. Ricardo Villas Bôas Cueva, j. 02.10.2018.

5.1.2. Ausência de critérios subjetivos

Nos termos do art. 884, *caput* e parágrafo único, do Código Civil, o objeto da restituição consiste, a depender da hipótese concreta, no valor daquilo que o enriquecido auferiu, corrigido monetariamente, na coisa determinada por ele recebida, ou no equivalente pecuniário da coisa determinada.

A norma não prevê, portanto, a restituição de uma diferença positiva verificada no patrimônio do enriquecido, tampouco limita a restituição a seu enriquecimento atual, isto é, ao enriquecimento ainda existente ao tempo em que exigida a restituição. Como observado no item 3.1 acima, a restituição devida em virtude do art. 884, *caput* e parágrafo único, do Código Civil orienta-se segundo o objeto auferido, e não segundo o patrimônio do enriquecido. Segue, portanto, orientação real, ou objetiva.

Quanto ao enriquecimento não consistir num aumento patrimonial, tratou-se suficientemente no item 3.1 acima. Designadamente, o art. 884, *caput* e parágrafo único, do Código Civil não abre margem à restituição de uma mera diferença positiva no patrimônio do devedor, mediante análise subjetiva, ou hipotética, do enriquecimento.

Em particular, o texto da regra geral afastou-se de concepção patrimonial que se fazia presente nos projetos de Código de Obrigações de 1941 e 1965, cujas normas equivalentes expressamente previam a restituição "na medida do lucro". Afastou-se, igualmente, de disposições do próprio Código Civil nas quais acolhida concepção patrimonial de enriquecimento, a exemplo do art. 881, também introduzido em nosso sistema em 2002, que prevê que aquele que recebe, sem causa, prestação consistente num fato, fica obrigado a restituir não a prestação, em valor equivalente, mas o lucro obtido.

Neste ponto do trabalho, merece maior atenção o tema da atualidade do enriquecimento. Embora a atualidade do enriquecimento a ser restituído esteja relacionada a um juízo patrimonial, a previsão de regra nesse sentido não é incompatível com a concepção real de enriquecimento, enquanto pressuposto do suporte fático da regra geral. Exemplo disso é dado pelo modelo alemão, no qual o enriquecimento, como pressuposto do § 812 I 1 do BGB, é concebido em termos reais, ou objetivos, e, num segundo momento, demonstrada a boa-fé do enriquecido, o § 818 III autoriza que ele apenas tenha de restituir o enriquecimento de que ainda dispõe ao tempo da exigência.

Para parte da doutrina brasileira, decorre do art. 884, parágrafo único, do Código Civil que o enriquecimento deva existir e ter sua extensão fixada no momento da propositura ação.[552] Todavia, ao dispor que, "se a coisa não mais subsistir, a restituição se fará pelo valor do bem na época em que foi exigido", o parágrafo único determina o oposto do que seria uma regra sobre a atualidade do enriquecimento.

Como observado acima, a parte final do art. 884, parágrafo único, do Código Civil não versa sobre a atualidade do enriquecimento, mas sobre o critério de cálculo do equivalente pecuniário da coisa determinada que não mais subsista no patrimônio do devedor. A disposição prevê, precisamente, que o receptor da coisa determinada permanece responsável pela restituição do enriquecimento auferido independentemente da subsistência de tal enriquecimento em seu patrimônio.

Para outra parte da doutrina, embora se reconheça que o art. 884, *caput*, do Código Civil, à diferença de outros ordenamentos jurídicos, nada dispõe a respeito da atualidade do enriquecimento, a previsão de regra expressa nesse sentido seria desnecessária, uma vez que "a permanência do enriquecimento é efetivamente parte do suporte fático da obrigação de restituir o enriquecimento sem causa".[553]

A posição não se sustenta, pois não se pode considerar implícita uma regra incompatível com a literalidade do art. 884, *caput* e parágrafo único, do Código Civil. Com efeito, se o enriquecimento a ser restituído corresponde ao auferido, corrigido monetariamente (art. 884, *caput*), à coisa

[552] "O parágrafo único do art. 884 evita qualquer tipo de dúvida a respeito de qual o momento em que se fixa o valor do enriquecimento, estabelecendo a época em que foi exigida a restituição, isto é, quando a demanda for proposta" (NANNI, Giovanni Ettore. *Enriquecimento sem causa*. 3ª ed., São Paulo: Saraiva, 2012, pp. 315).

[553] MICHELON JR., Cláudio. *Direito restituitório: Enriquecimento sem causa, pagamento indevido e gestão de negócios*, cit., pp. 196-197. O autor sustenta, apesar disso, a incidência das regras sobre impossibilidade previstas nos arts. 238 a 240 do Código Civil para justificar uma exoneração do enriquecido em caso de perda do enriquecimento. Note-se, porém, que o regime da impossibilidade, conforme previsto nos arts. 238 a 240 do Código Civil, é incompatível com a regra geral de enriquecimento sem causa, seja porque o art. 884, *caput*, não versa sobre a restituição de coisa certa, seja porque, no art. 884, parágrafo único, a consequência para a perda da coisa certa é diversa daquela determinada pelo regime da impossibilidade.

determinada ou ao valor desta, quando não mais subsista no patrimônio do enriquecido (art. 884, parágrafo único), não é possível afirmar que a extensão da restituição há de ser determinada apenas conforme o enriquecimento de que o enriquecido ainda disponha no momento da propositura da ação.

No direito comparado, diversamente, tal como reconhece a doutrina,[554] as regras relacionadas à atualidade do enriquecimento são expressas. Nos ordenamentos em que o enriquecimento é concebido desde o início em termos patrimoniais, sua atualidade assume papel central na definição do objeto da restituição. Assim é no modelo franco-italiano, no qual a responsabilidade do enriquecido é, desde o princípio, patrimonial.

Mais precisamente, os arts. 1.303 do código civil francês e 2.041 do código civil italiano preveem que, no limite do enriquecimento de uma parte, deve-se indenizar o empobrecimento da outra. Por esse modo, o objeto da restituição fica limitado ao enriquecimento subsistente no patrimônio do enriquecido, quando inferior ao dano do empobrecido. Trata-se do denominado duplo limite, regra que não é compatível com o art. 884, *caput*, do Código Civil, o qual não faz referência a um correspondente empobrecimento, ou dano, do credor da restituição.[555]

A reforçar a atualidade do enriquecimento, a segunda parte do art. 2.041 do código civil italiano, na qual inspirada a hipótese do art. 884,

554 Michelon Jr., Cláudio. *Direito restituitório: Enriquecimento sem causa, pagamento indevido e gestão de negócios*, cit., pp. 196-197.

555 "Pela teoria do duplo limite, o empobrecido tem direito à restituição do menor valor entre empobrecimento e enriquecimento. No entanto, não se verifica no arcabouço do enriquecimento sem causa perante o Código Civil o esboço de tal ponto de vista" (Nanni, Giovanni Ettore. *Enriquecimento sem causa*. 3ª ed., São Paulo: Saraiva, 2012, p. 310). Apesar disso, parte da doutrina brasileira defende a aplicação da teoria do duplo limite em sua formulação portuguesa, expressamente prevista no código civil daquele país, mas que igualmente não tem base legal entre nós: "de acordo com a teoria do duplo limite, o *quantum* da obrigação de restituir no enriquecimento sem causa deve ser, entre o enriquecimento patrimonial e o 'empobrecimento' real, o de menor valor (ou menor monta)" (Pereira, Caio Mário da Silva. *Instituições de direito civil*, vol. II, cit., p. 278). Outra parte da doutrina defende espécie de duplo limite consistente na análise do grau de contribuição do direito do titular e da iniciativa do interventor para que o benefício fosse alcançado (Moraes, Renato Duarte Franco de. *Enriquecimento sem causa e o enriquecimento por intervenção*, cit., p. 369).

parágrafo único, do Código Civil, ao contrário da norma nacional, não prevê a obrigação de restituir o equivalente, caso a coisa determinada pereça.[556] Nessa hipótese, o enriquecido responde conforme a regra geral, isto é, no limite do seu enriquecimento.[557]

Como observado acima, a atualidade do enriquecimento também pode ser relevante na hipótese de abertura a critérios subjetivos na determinação do objeto da restituição, a exemplo da previsão do § 818 III do BGB, que, em caso de boa-fé, permite ao enriquecido opor à parte contrária a perda do enriquecimento e, pois, responder conforme o enriquecimento ainda existente, muito embora o pressuposto do enriquecimento, no § 812 I 1 do BGB, seja determinado em termos objetivos.

Parte da doutrina portuguesa afirma, a propósito da norma equivalente no código civil português, que a disposição funda um outro tipo de duplo limite, segundo o qual o devedor, em caso de boa-fé, deve a restituição do menor valor entre seu enriquecimento real e seu enriquecimento patrimonial.[558] De acordo com a doutrina alemã, porém, tal generalização pode conduzir a equívocos. Isso porque apenas a conside-

[556] "Se o enriquecimento tiver por objeto uma coisa determinada, aquele que a recebeu é obrigada a restitui-la, se existir no momento da demanda." Tradução do original, assim redigido em língua italiana: "Qualora l'arricchimento abbia per oggetto una cosa determinata, colui che l'ha ricevuta è tenuto a restituirla in natura, se sussiste al tempo della domanda."

[557] Bianca, Massimo. *Diritto civile*, vol. V. Milão: Giuffrè, 1994, p. 820.

[558] "É preciso ver que o locupletamento do devedor não nos dá a medida da obrigação de restituir, mas é apenas um de seus limites. A obrigação de restituir está limitada – e é esta, quanto a nós, a versão exacta da doutrina do duplo limite – pelo enriquecimento, em sentido 'patrimonial', e pelo dano, em sentido 'real'. Assim, desde logo pode notar-se que é irrelevante o apuramento de um 'saldo' ou 'diferença' no pratimónio do enriquecido superior ao dano 'real' do empobrecido. Mas, se se apura um 'saldo' ou 'diferença' inferior? Aqui, é certo que segundo a concepção 'patrimonial' do enriquecimento não terá o enriquecido de restituir mais que essa diferença" (Pereira Coelho, Francisco Manuel. *O enriquecimento e o dano*, cit., p. 39). De acordo com Menezes Leitão, no entanto, a posição não é dominante, sobretudo porque a doutrina portuguesa tradicional segue a orientação de Wilburg, segundo a qual o enriquecimento consiste no resultado do emprego do bem alheio, isto é, das vantagens que tal bem proporcionou (*Verwendungserfolg*), e não no uso do bem alheio, em si (Menezes Leitão, Luís Manuel Teles de. *O enriquecimento sem causa no direito civil*, cit., pp. 871-872).

ração do tipo concreto de enriquecimento sem causa permite concluir qual o enriquecimento e, pois, qual o objeto da obrigação de restituir.[559] Assim, caso se trate de prestação de bem corpóreo, o enriquecimento consiste no próprio bem prestado. Se a prestação é de um fato, há maior espaço à distinção entre enriquecimento real e patrimonial. Na intervenção, por sua vez, o enriquecimento consiste na própria vantagem incorpórea usurpada, que, como tal, não desaparece. A consideração de um enriquecimento patrimonial do interventor exigiria a análise de todo o seu patrimônio.

A regra geral brasileira não contém tal abertura à consideração da atualidade do enriquecimento. Ao contrário do regime do pagamento indevido, no qual o art. 878 permite a consideração da boa ou má-fé do devedor e, por esse meio, possibilita que a restituição observe o enriquecimento ainda existente, o legislador não previu disposição semelhante a propósito do art. 884, *caput*, do Código Civil.

Parte da doutrina sustenta a aplicação analógica do art. 878 do Código Civil à obrigação fundada no art. 884, *caput*, do Código Civil.[560] Trata-se, na realidade, de solução semelhante à que admite a doutrina italiana a propósito da regra geral daquele país.[561] Como observado no segundo capítulo, porém, as diferenças entre os regramentos brasileiro e italiano, no que se refere às concepções real e patrimonial de enriquecimento, são significativas e não permitem semelhante transposição. A restituição, conforme a regra geral italiana, segue concepção patrimonial de enriquecimento. A regra geral brasileira, diversamente, adota posição real que se contrapõe à abertura patrimonial prevista no art. 878 do Código Civil.

[559] Von Caemmerer, Ernst. *Bereicherung und unerlaubte Handlung*, cit., p. 253. De acordo com Menezes Leitão, "é metodologicamente inadequado considerar a obrigação de restituição como duplamente limitada pelo enriquecimento e pelo empobrecimento, conforme tem vindo a fazer a nossa doutrina, havendo antes, como aliás refere o art. 479.º, n.º 1, que determinar primariamente, consoante a categoria de enriquecimento sem causa, o que se obteve à custa de outrem, para depois se averiguar se o enriquecimento ainda subsiste no momento do conhecimento da sua ausência de causa (art. 479.º, n.º 2)" (Menezes Leitão, Luís Manuel Teles de. *O enriquecimento sem causa no direito civil*, cit., pp. 873-874).

[560] Nanni, Giovanni Ettore. *Enriquecimento sem causa*, cit., p. 272.

[561] Bianca, Massimo. *Diritto civile*, vol. V. Milão: Giuffrè, 1994, p. 820.

Note-se, ademais, que o art. 878 do Código Civil remete às disposições aplicáveis ao possuidor de boa ou má-fé quanto a frutos, acessões, benfeitorias e deteriorações. A equiparação feita pelo legislador entre o receptor do pagamento indevido e o possuidor mostra-se, assim, adequada, uma vez que o receptor de bem corpóreo é, propriamente, possuidor.

Em contrapartida, na maioria das hipóteses regidas pelo art. 884, *caput*, do Código Civil, ou não há posse, sequer perda do enriquecimento, como na intervenção, ou não há boa-fé, isto é, não há desconhecimento sobre a falta de causa para retenção do enriquecimento, como na *condictio ob rem* ou na *condictio ob causam finitam*.

Designadamente, por consistir no próprio uso ou consumo de bens alheios, o enriquecimento auferido por intervenção, como tal, não desaparece. A perda do enriquecimento por intervenção somente seria concebível segundo concepção patrimonial que, reitere-se, é estranha ao texto legal.

Na *condictio ob rem* e na *condictio ob causam finitam*, o óbice à analogia não está relacionado à perda do enriquecimento, que é plenamente possível, mas à caracterização da boa-fé do receptor da prestação. O devedor da restituição, na *condictio ob rem*, tem consciência de que, em razão da não realização do fim acordado, não existe causa para retenção da prestação. O mesmo se pode afirmar em relação ao desaparecimento da causa na *condictio ob causam finitam*.

A propósito dessas três figuras, portanto, não há lacuna a ser suprida mediante recurso analógico ao art. 878 do Código Civil. E precisamente por se tratar de hipóteses distintas em relação ao pagamento indevido, sequer se pode afirmar a existência de uma incoerência valorativa por parte do legislador nesse particular ao criar regimes jurídicos distintos para a restituição. Dito por outras palavras, no que se refere ao enriquecimento por intervenção e às *condictiones ob rem* e *ob causam finitam*, não há regra semelhante ao art. 878 do Código Civil e não há razão para haver semelhante regra.

A possibilidade de analogia, ao que parece, fica possivelmente reservada ao enriquecimento forçado, nomeadamente à restituição de despesas feitas pelo empobrecido no interesse de outrem, hipótese que, concretamente, assemelha-se, seja ao pagamento indevido, seja ao regime das benfeitorias. Quanto a essa figura, pode, assim, revelar-se possível a analogia com o art. 878 do Código Civil, ou, mais precisamente, com as disposições pertinentes ao regime das benfeitorias,[562] como apontado no item 4.3 acima.

Finalmente, outra parte da doutrina sustenta que "dentre os potenciais parâmetros utilizados para identificar a justa causa do enriquecimento, a boa-fé subjetiva adquire relevância", pois "é possível afirmar que o ordenamento jurídico, como regra, busca resguardar benefícios patrimoniais obtidos de boa-fé, ao mesmo tempo em que rejeita o acréscimo de patrimônio obtido pelo sujeito de má-fé".[563]

A afirmação é verdadeira no que se refere aos exemplos citados pelo autor, pertinentes aos artigos 167, § 2º, 686, 1.214, 1.242, 1.255 e 1.269 do Código Civil. Todavia, não se extrai dessas normas um princípio geral. Ao contrário, no art. 1.238 do Código Civil, por exemplo, o legislador autoriza a aquisição da propriedade mediante usucapião independentemente de boa-fé e título. Nessa hipótese, a ausência de boa-fé não obsta o acréscimo patrimonial, mas apenas repercute sobre a extensão do prazo aplicável.

Na ausência de previsão legislativa nesse sentido, não é possível afirmar que a boa-fé seja relevante à identificação da causa do enriquecimento ou da extensão da restituição, no sentido do art. 884, *caput*, do Código Civil, sobretudo porque não demonstrada a existência de semelhante lacuna na regra geral de enriquecimento sem causa a ser suprida mediante recurso analógico a tais hipóteses.

A atualidade do enriquecimento apenas poderia ser adotada como critério para determinação do objeto da restituição se vigente entre nós alguma abertura a critérios subjetivos e, consequentemente, a um juízo patrimonial sobre o enriquecimento auferido, como ocorre em outros ordenamentos ou no regime do pagamento indevido. Nos termos em que concebida, a regra geral subsidiária de enriquecimento sem causa não

[562] De acordo com a doutrina, "nesse aspecto, é imperiosa a observação das regras de benfeitorias exteriorizadas na lei civil, lembrando-se sempre da distinção entre as benfeitorias necessárias, úteis e voluptuárias" (NANNI, Giovanni Ettore. *Enriquecimento sem causa*, cit., p. 329).

[563] MORAES, Renato Duarte Franco de. *Enriquecimento sem causa e o enriquecimento por intervenção*, cit., p. 393.

considera a boa ou má-fé do enriquecido na determinação do objeto da restituição.

Em síntese, dada a orientação real adotada pelo legislador no art. 884 do Código Civil, a regra geral subsidiária de enriquecimento sem causa não cuida da restituição de uma diferença positiva verificada no patrimônio do enriquecido quando do exercício da pretensão restitutória. Tampouco, prevê-se abertura a critérios subjetivos e, consequentemente, a um juízo patrimonial sobre o objeto da restituição.

5.2. Mora

A constituição do enriquecido em mora não apresenta particularidades. O devedor da restituição está em mora desde a sua interpelação, nos termos do art. 397, parágrafo único, do Código Civil[564] e do art. 240, *caput*, do Código de Processo Civil.[565]

Não há, no direito brasileiro, regra especial a determinar termo inicial diverso para a mora do devedor da restituição do enriquecimento sem causa, a exemplo da disposição do § 819 do BGB, que prevê que a mora do devedor também se inicia com a cessação da sua boa-fé, isto é, com o conhecimento da falta de causa.[566]

Hipóteses específicas, nas quais a mora é anterior à interpelação do devedor, são disciplinadas pelo legislador em disposições específicas, como as dos arts. 397 e 398 do Código Civil. Ademais, ao contrário do

564 "Art. 397. O inadimplemento da obrigação, positiva e líquida, no seu termo, constitui de pleno direito em mora o devedor.
Parágrafo único. Não havendo termo, a mora se constitui mediante interpelação judicial ou extrajudicial."

565 "Art. 240. A citação válida, ainda quando ordenada por juízo incompetente, induz litispendência, torna litigiosa a coisa e constitui em mora o devedor, ressalvado o disposto nos arts. 397 e 398 da Lei nº 10.406, de 10 de janeiro de 2002 (Código Civil)."

566 Em sentido diverso, sob a vigência do Código anterior, que igualmente não continha disposição a respeito do tema, Pontes de Miranda afirma que, tal como no § 819 do BGB, "com a litispendência, ou com o conhecimento anterior da falta de causa da recepção, começa a responsabilidade do que recebeu como para o devedor em mora. De regra, para a *condictio ob turpem vel iniustam causam*, tal responsabilidade é desde a recepção. Em se tratando de *causa finita*, ou de *causa data causa non secuta*, desde que se há de ter por cessada a causa, ou ter falhado o resultado, tal como se tira do conteúdo do ato jurídico" (Pontes de Miranda, Francisco Cavalcanti. *Tratado de direito privado*, tomo XXVI, cit., p. 192).

que se passa na disciplina do ato ilícito, não há, no enriquecimento sem causa, dano a ser indenizado por juros moratórios *ex re*.

A existência de regra sobre a correção monetária, no art. 884, *caput*, do Código Civil, é, além disso, indicativo bastante de que a mora do enriquecido não deve ser contada da data do enriquecimento sem causa. Do contrário, não haveria necessidade de regra especial sobre a correção monetária, uma vez que a constituição do devedor em mora, nos termos do art. 395, *caput*, do Código Civil, o torna responsável também pela atualização.

5.3. Prescrição

De acordo com o art. 189 do Código Civil,[567] o termo inicial do prazo prescricional deve corresponder ao momento em que caracterizado o enriquecimento sem causa. Nesse momento, surge a pretensão do titular do direito violado e, pois, a restituição pode ser por ele exigida.[568]

A propósito do tema, é preciso atentar a que, na *condictio ob rem* e na *condictio ob causam finitam*, a exigibilidade da restituição não surge no momento do deslocamento patrimonial, mas quando caracterizada a falta de causa, isto é, quando não verificado o fim visado pelas partes com a prestação ou quando a causa da prestação tenha deixado de existir.

O prazo prescricional aplicável ao enriquecimento sem causa, nos termos do art. 206, § 3º, IV, do Código Civil, é de três anos.[569]

Parte da doutrina sustenta que tal prazo deve ser aplicável também a outras hipóteses de restituição, como aquela prevista no art. 182 do Código Civil.[570] Tal interpretação não procede por duas razões.

Em primeiro lugar, como já observado no item 2.1 acima, a restituição disciplinada pelo art. 182 do Código Civil não é por enriquecimento sem

567 "Art. 189. Violado o direito, nasce para o titular a pretensão, que se extingue nos prazos a que aludem os arts. 205 e 206."

568 Menke, Fabiano. *Comentários ao Código Civil: Direito privado contemporâneo*. Coord. Giovanni Ettore Nanni, São Paulo: Saraiva, 2019, p. 337.

569 "Art. 206. Prescreve: (...) § 3º Em três anos: (...) IV – a pretensão de ressarcimento de enriquecimento sem causa."

570 Assim: Silva, Rodrigo da Guia. *Enriquecimento sem causa: as obrigações restitutórias no direito civil*. São Paulo: Revista dos Tribunais, 2018, pp. 266-268.

causa, mas por faltar ao receptor qualquer legitimação a ficar com o que recebeu.[571]

Em segundo lugar, dado o efeito *ex tunc* da restituição devida em função do art. 182 do Código Civil, o prazo trienal haveria de ser contado desde a data da atribuição patrimonial,[572] que, a coincidir com a data da celebração do negócio inválido, encerrar-se-ia um ano antes do prazo decadencial previsto no art. 178 do Código Civil para ajuizamento da ação anulatória. Sistematicamente, a solução pode não ser a mais adequada.

Problema mais difícil é o de saber se o prazo trienal do art. 206, § 3º, IV, do Código Civil é aplicável também à pretensão dirigida à restituição do pagamento indevido.

Para parte da doutrina, a resposta é negativa. Como justificativa, afirma-se que o enriquecimento sem causa e o pagamento indevido são espécies de uma categoria mais elevada, o enriquecimento injustificado, sendo certo que o art. 206, § 3º, IV, se dirige apenas ao primeiro.[573]

O argumento não é satisfatório. O pagamento indevido é espécie de enriquecimento sem causa por excelência. A preferência terminológica de autores como Pontes de Miranda pela expressão enriquecimento injustificado, como observado na introdução deste trabalho, deve-se ao fato de ela abranger não apenas casos de enriquecimento oriundo de uma prestação, a propósito dos quais faz sentido cogitar de uma causa de atribuição patrimonial, o que é precisamente o caso do pagamento indevido, mas também casos de enriquecimento por intervenção, nos quais não há atribuição patrimonial.[574]

[571] Pontes de Miranda, Francisco Cavalcanti. *Tratado de direito privado*, tomo XXVI, cit., p. 129.

[572] Isso porque "a pretensão surge (...) por incidência do regime das nulidades (...), desde o deslocamento patrimonial prestacional" (Neves, Julio Gonzaga Andrade. *A prescrição no direito civil brasileiro: natureza jurídica e eficácia*. Tese, São Paulo, Universidade de São Paulo, 2019, pp. 100-101).

[573] Martins-Costa, Judith; Haical, Gustavo. *Direito restituitório. Pagamento indevido e enriquecimento sem causa. Erro invalidante e erro elemento do pagamento indevido. Prescrição. Interrupção e* dies a quo. In: Revista dos Tribunais, vol. 956/2015, junho/2015, pp. 257-295, consultado em www.revistadostribunais.com.br.

[574] Pontes de Miranda, Francisco Cavalcanti. *Tratado de direito privado*, tomo XXVI, cit., pp. 119-120.

Em contrapartida, o Superior Tribunal de Justiça, em recurso repetitivo, concluiu pela aplicação do prazo prescricional de três anos ao pagamento indevido. De acordo com o julgado, "cuidando-se de pretensão de nulidade de cláusula de reajuste prevista em contrato de plano ou seguro de assistência à saúde ainda vigente, com a consequente repetição do indébito, a ação ajuizada está fundada no enriquecimento sem causa e, por isso, o prazo prescricional é o trienal de que trata o art. 206, § 3º, IV, do Código Civil de 2002".[575]

O julgado expressa confusão conceitual. Como se percebe no trecho reproduzido acima, a hipótese é de nulidade. Não possui, portanto, qualquer relação, seja com a repetição do indébito, nos termos do art. 876, seja com o enriquecimento sem causa, nos termos do art. 884, *caput*, do Código Civil. A propósito, cumpre reiterar que a restituição que se opera em razão da invalidade do negócio jurídico não é por enriquecimento sem causa, tampouco por pagamento indevido, o que significa dizer o mesmo.

Dogmaticamente, não há contraposição entre o pagamento indevido e o enriquecimento sem causa. Em princípio, a inaplicabilidade do prazo prescricional especial ao pagamento indevido apenas pode se fundar em critério literal.[576] Por outras palavras, é defensável que o prazo prescricional previsto no art. 206, § 3º, IV, do Código Civil seja aplicável apenas às hipóteses sujeitas aos arts. 884 e 885 do Código Civil, pois foi a estas disposições que o legislador denominou enriquecimento sem causa.

[575] STJ, REsp n.º 1.360.969/RS, 2ª Seção, rel. Min. Marco Aurélio Bellizze, j. 10.8.2016.

[576] A esse respeito, recente monografia afirma que, "independentemente de se entender que, em termos dogmáticos, o pagamento indevido deva ser considerado como espécie do gênero enriquecimento sem causa, mais precisamente um enriquecimento sem causa por prestação, a partir do momento em que o legislador optou expressamente por diferenciar os dois institutos no âmbito dos atos unilaterais de vontade geradores de obrigações, por certo que não se poderia desprezar isso para unificar o prazo de ambos sob a rubrica genérica do enriquecimento sem causa" (Nascimento, Fábio Calheiros do. *Pagamento indevido*. São Paulo: Almedina, 2019, pp. 141-142).

CONCLUSÕES

A origem do enriquecimento sem causa remonta a diferentes ações do direito romano, com especial destaque para a *condictio* e a *actio de in rem verso*. A *condictio* conferia tutela restitutória na hipótese de uma atribuição patrimonial realizada sem que existisse fundamento jurídico para que o receptor retivesse consigo aquilo que lhe fora atribuído. A *actio de in rem verso*, por sua vez, dirigia-se originalmente à restituição, pelo *pater familias*, do proveito obtido em virtude de prestação recebida por filho ou escravo que tivessem inadimplido contraprestação devida ao autor de tal prestação. Cuida-se, como se nota, de espécie de garantia relacionada à falta de uma contraprestação.

A *condictio* e o ulterior desenvolvimento da *actio de in rem verso* culminaram, no direito continental europeu, em dois diferentes modelos de enriquecimento sem causa, aqui denominados modelo alemão e modelo franco-italiano. Tais modelos apresentam pressupostos distintos. De um lado, o modelo alemão elenca apenas três pressupostos ao exercício das denominadas *Kondiktionen*, a saber: (i) enriquecimento; (ii) falta de causa; e (iii) ser o enriquecimento à custa de outrem. De outro lado, no modelo franco-italiano, os pressupostos da chamada ação *de in rem verso* são cinco: (i) enriquecimento; (ii) empobrecimento; (iii) nexo de causalidade; (iv) falta de causa; e (v) subsidiariedade.

No Código Civil de 1916, a disciplina legal da matéria concentrou-se no regime do pagamento indevido (*condictio indebiti*), de modo que, de início, o direito positivo brasileiro não conheceu uma regra geral de enriquecimento sem causa. Para suprir as lacunas existentes na legislação, a doutrina e a jurisprudência reconheceram a existência de ação fundada em um princípio da restituição do enriquecimento sem causa.

Acolhido como meio de suprir as lacunas do Código Civil de 1916, com o tempo, o uso do princípio foi de tal modo alargado que acabou por se consolidar na prática jurídica nacional a distinção entre, de um lado, o enriquecimento sem causa como fonte de obrigação e, de outro, como princípio, dissociado dos pressupostos do instituto. De maneira atécnica, portanto, doutrina e jurisprudência passaram a invocar o enriquecimento sem causa fora das fronteiras do instituto.

Apenas em 2002, com a introdução do art. 884, *caput*, do Código Civil, o direito positivo brasileiro conheceu uma regra geral subsidiária de enriquecimento sem causa. Os pressupostos da regra geral brasileira assemelham-se àqueles previstos no § 812 I 1 do BGB. Apesar disso, a norma é comumente analisada à luz das peculiaridades do modelo franco-italiano.

Designadamente, o art. 884, *caput*, do Código Civil adota três pressupostos para o surgimento da obrigação de restituir, a saber: (i) enriquecimento; (ii) falta de causa; e (iii) ser o enriquecimento à custa de outrem. Por disposição expressa do art. 886 do Código Civil, deve-se considerar ainda um quarto pressuposto: (iv) a inexistência de outra pretensão que compreenda a restituição.

Diversamente de projetos legislativos anteriores e de outras disposições do próprio Código Civil, no art. 884, o enriquecimento, primeiro pressuposto, não corresponde ao lucro patrimonial obtido. Nos termos em que redigido o art. 884, *caput* e parágrafo único, do Código Civil, o enriquecimento foi concebido segundo orientação real, isto é, consiste naquilo que foi objetivamente auferido, a ser monetariamente corrigido, ou na coisa certa recebida pelo enriquecido.

Na hipótese de enriquecimento por intervenção, o enriquecimento corresponde ao aproveitamento que a ordem jurídica destina a outrem, como conteúdo de posição jurídica de titularidade de outrem, e que o interventor, sem autorização, toma para si. Nas hipóteses de enriquecimento por prestação, por sua vez, o enriquecimento corresponde àquilo que foi prestado ao enriquecido. No chamado enriquecimento forçado, por fim, corresponde àquilo que foi empregado no patrimônio do enriquecido.

O segundo pressuposto corresponde à falta de causa. A noção de causa e dado enriquecimento há de ser buscada na alocação dos bens segundo a ordem jurídica. Em termos gerais, falta causa ao enriquecimento se faltar um fundamento jurídico para sua retenção pelo enriquecido.

Tal definição deve ser concretizada conforme o tipo que se tenha diante dos olhos. Na intervenção, falta causa à retenção do auferido se faltar ao interventor direito subjetivo a conferir-lhe o uso, a fruição, o consumo ou a disposição de determinado bem ou direito. Nessa hipótese, o enriquecimento é injustificado porque o interventor, sem autorização, toma para si aproveitamento ou faculdade que pertencem a outrem, como conteúdo de posição jurídica de titularidade de outrem. Releva, aqui, a noção de conteúdo de destinação (*Zuweisungsgehalt*), identificável, em concreto, conforme a possibilidade de violação de dada posição jurídica e a capacidade de remuneração da exploração usurpada.

A falta de causa da prestação, para efeito da obrigação de restituição fundada no enriquecimento sem causa, caracteriza-se tal como nas *condictiones* do direito romano. Demais hipóteses de enriquecimento sem causa, designadamente situações próprias ao enriquecimento forçado, deverão ser analisadas de acordo a destinação jurídica do enriquecimento auferido.

O terceiro pressuposto consiste em ser o enriquecimento à custa de outrem. O que caracteriza tal pressuposto e, por consequência, suscita a incidência da norma de enriquecimento sem causa é a circunstância de determinada vantagem achar-se no patrimônio de *A*, quando seu lugar não é aí, mas no patrimônio de *B*. Ser o enriquecimento à custa de outrem é, pois, outra perspectiva da falta de causa. Não obstante, o pressuposto preserva sua autonomia na determinação da direção e da extensão da restituição.

Ademais, o pressuposto põe em evidência a exigência de imediação entre as esferas patrimoniais envolvidas na relação jurídica de enriquecimento sem causa, a evitar a aplicação da tutela restitutória a um enriquecimento indireto e, pois, fora das fronteiras do instituto. Em particular, a imediação deve ser compreendida no sentido de que a relação obrigacional de enriquecimento sem causa que se estabelece entre o credor e o devedor da restituição deve estar fundada numa única valoração jurídica.

O quarto pressuposto, por fim, corresponde à subsidiariedade do instituto. A bem se ver, a clareza sobre os pressupostos do art. 884, *caput*, do Código Civil reduz a importância da subsidiariedade do enriquecimento sem causa, prevista no art. 886. Na maioria dos casos, a resposta sobre a incidência ou não do regime do enriquecimento sem causa pode ser resolvida de maneira satisfatória a nível de preenchimento do suporte fático, o que é circunstância bastante para refutar a restituição de um enriquecimento indireto.

O sentido da subsidiariedade, no art. 886 do Código Civil, pode ser explicado em função da evolução do regramento do instituto no ordenamento jurídico brasileiro. Por outras palavras, a regra geral do art. 884, *caput*, do Código Civil é subsidiária porque supre as lacunas existentes na legislação. Dada a literalidade do art. 886 do Código Civil, a subsidiariedade também conserva seu sentido em caso de concorrência dos pressupostos da tutela restitutória fundada no art. 884, *caput*, do Código Civil, com a tutela indenizatória fundada nos arts. 186 e 927 do Código Civil.

O art. 884, *caput*, do Código Civil confere tutela restitutória a ao menos quatro tipos de enriquecimento sem causa que não encontravam tutela na legislação anterior, ou a encontravam apenas parcialmente.

A mais relevante dessas quatro figuras é o enriquecimento auferido mediante intervenção em esfera patrimonial alheia, hipótese que confere ao titular de dado direito subjetivo pretensão dirigida à restituição do aproveitamento obtido por outrem em violação à destinação jurídica de tal aproveitamento.

A relevância do enriquecimento por intervenção reside em conferir tutela ao titular do direito violado independentemente da caracterização de um dano material e, pois, fora do âmbito da responsabilidade civil. A figura acaba, assim, por exercer função complementar às tutelas indenizatória e reivindicatória. São passíveis de intervenção, para efeito do art. 884, *caput*, do Código Civil, não apenas direitos absolutos, como os direitos reais e os direitos de personalidade, mas também outras posições jurídicas que destinem com exclusividade dado aproveitamento a seu titular.

A regra geral confere tutela, igualmente, às hipóteses de *condictio ob rem*, *condictio ob causam finitam* e ao chamado enriquecimento forçado.

O objeto da restituição, nos termos do art. 884, *caput* e parágrafo único, do Código Civil, consiste no valor daquilo que o enriquecido auferiu, corrigido monetariamente, na coisa determinada por ele recebida, ou no equivalente pecuniário da coisa determinada. A regra geral subsidiária de enriquecimento sem causa não prevê, assim, a restituição de uma diferença positiva verificada no patrimônio do enriquecido no momento em que exercida a pretensão restitutória. Em particular, a disciplina da matéria no direito brasileiro não prevê abertura a critérios subjetivos e, consequentemente, a um juízo patrimonial sobre o objeto da restituição, como ocorre em outros ordenamentos ou mesmo no regime do pagamento indevido.

Face à ausência de regra específica a propósito da matéria, o devedor da restituição deve ser considerado em mora desde a sua interpelação, nos termos do art. 397, parágrafo único, do Código Civil e do art. 240, *caput,* do Código de Processo Civil. O termo inicial do prazo prescricional de três anos, previsto no art. 206, § 3º, IV, do Código Civil, por fim, deve corresponder ao momento em que preenchidos todos os pressupostos do art. 884, *caput,* do Código Civil, a ser precisado no caso concreto.

REFERÊNCIAS

ALVIM, Agostinho. *Do enriquecimento sem causa*. In: Doutrinas essenciais Obrigações e Contratos, vol. 1, junho/2011, pp. 911-953.

AGUIAR JÚNIOR, Ruy Rosado de. *Comentários ao novo Código Civil*, vol. VI, tomo II. Coord. Sálvio de Figueiredo Teixeira, Rio de Janeiro: Forense, 2011.

AMERICANO, Jorge. *Ensaio sobre o enriquecimento sem causa*. São Paulo: Livraria Academica Saraiva & Cia., 1933.

AUER, Marietta. *A interpretação em conformidade com o direito primário*. In: Direitos fundamentais e direito privado: uma perspectiva de direito comparado, org. António Pinto Monteiro; Jörg Neuner; Ingo Sarlet, trad. Pedro Scherer de Mello Aleixo, Coimbra: Almedina, 2007.

AUER, Marietta. *Staudinger BGB: Eckpfeiler des Zivilrechts*. 6ª ed., Berlim: de Gruyter, 2018.

BARROS MONTEIRO, Washington de. *Curso de direito civil*, vol. 5. 37ª ed., atual. por Carlos Alberto Dabus Maluf e Regina Beatriz Tavares da Silva, São Paulo: Saraiva, 2010.

BAUR, Jürgen; STÜRNER, Rolf. *Sachenrecht*. 18ª ed., Munique: C.H.Beck, 2009.

BENACCHIO, Marcelo. *Comentários ao Código Civil: Direito privado contemporâneo*. Coord. Giovanni Ettore Nanni, São Paulo: Saraiva, 2019.

BETTI, Emilio. *Teoria generale del negozio giuridico*. Reimp. da 2ª ed., Nápoles: Edizioni Scientifiche Italiane, 2002.

BEVILAQUA, Clovis. *Codigo Civil dos Estados Unidos do Brasil*, vol. I. 5ª ed., Rio de Janeiro: Livraria Francisco Alves, 1936.

BEVILAQUA, Clovis. *Codigo Civil dos Estados Unidos do Brasil*, vol. IV. 5ª ed., Rio de Janeiro: Livraria Francisco Alves, 1938.

BEVILAQUA, Clovis. *Codigo Civil dos Estados Unidos do Brasil*, vol. V. 4ª ed., Rio de Janeiro: Livraria Francisco Alves, 1939.

BDINE JR., Hamid Charaf. *Código Civil comentado*. 12ª ed., coord. Cezar Peluso, Barueri: Manole, 2018.

BIANCA, Massimo. *Diritto civile*, vol. V. Milão: Giuffrè, 1994.

BYDLINSKI, Peter. *Grundzüge des Privatrechts*. 3ª ed., Viena: Manz, 1997.

von CAEMMERER, Ernst. *Bereicherung und unerlaubte Handlung*. In: Gesammelte Schriften, vol. I, org. Hans Leser, Tübingen: Mohr Siebeck, 1968.

von CAEMMERER, Ernst. *Grundprobleme des Bereicherungsrechts*. In: Gesammelte Schriften, vol. I, org. Hans Leser, Tübingen: Mohr Siebeck, 1968.

CAMPOS, Diogo José Paredes Leite de. *A subsidiariedade da obrigação de restituir o enriquecimento*. Reimp. da edição de 1974, Coimbra: Almedina, 2003.

CANARIS, Claus-Wilhelm. *Die Feststellung von Lücken im Gesetz*. Berlim: Duncker & Humblot, 1964.

CANARIS, Claus-Wilhelm. *Die Gegenleistungskondiktion*. In: Gesammelte Schriften, vol. III. Org. Jörg Neuner; Hans Christoph Grigoleit, Berlim: De Gruyter, 2012.

CANARIS, Claus-Wilhelm. *Funktion, Struktur und Falsifikation juristischer Theorien*. In: Gesammelte Schriften, vol. I. Org. Jörg Neuner; Hans Christoph Grigoleit, Berlim: De Gruyter, 2012.

CANARIS, Claus-Wilhelm. *Gewinnabschöpfung bei Verletzung des allgemeinen Persönlichkeitsrechts*. In: *Gesammelte Schriften*, vol. III: *Privatrecht*. Org. Jörg Neuner; Hans Christoph Grigoleit, Berlim: De Gruyter, 2012.

CANARIS, Claus-Wilhelm. *Handelsrecht*. 24ª ed., Munique: C.H.Beck, 2006.

CANARIS, Claus-Wilhelm. *Systemdenken und Systembegriff in der Jurisprudenz*. Berlim: Duncker & Humblot, 1969.

CARVALHO SANTOS, José Manuel de. *Código Civil brasileiro interpretado*, vol. XII. 10ª ed., Rio de Janeiro: Livraria Freitas Bastos, 1977.

COING, Helmut. *Europäisches Privatrecht*, vol. I. Munique: C.H.Beck, 1985.

CORTESE, Barbara. *Indebiti solutio ed arricchimento ingiustificato*. Pádua: Cedam, 2009.

COUTO E SILVA, Clóvis V. do. *A obrigação como processo*. Reimp., Rio de Janeiro: Editora FGV, 2006.

DELGADO, Mário Luiz. *Código Civil comentado: doutrina e jurisprudência*. 2ª ed., Anderson Schreiber et al., Rio de Janeiro: Forense, 2020.

DISSAUX, Nicolas; JAMIN, Christophe. *Projet de réforme du droit des contrats, du régime général et de la preuve des obligations: Commentaire article par article*. Paris: Dalloz, 2015.

ELLGER, Reinhard. *Bereicherung durch Eingriff*. Tübingen: Mohr Siebeck, 2002.

ENDEMANN, Friedrich. *Lehrbuch des Bürgerlichen Rechts*, vol. I. 6ª ed., Berlim: Carl Heymanns Verlag, 1899.

ENGISCH, Karl. *Einführung in das juristische Denken*. 9ª ed. atual. por Thomas Würtenberger, Stuttgart: Kohlhammer, 1997.

ENNECCERUS, Ludwig; NIPPERDEY, Hans Carl. *Lehrbuch des bürgerlichen Rechts*, vol. I. 13ª ed., Marburg: Elwert, 1931.

ESSER, Josef. *Vorverständnis und Methodenwahl in der Rechtsfindung.* Frankfurt: Athenäum, 1970.

FLUME, Werner. *Allgemeiner Teil des bürgerlichen Rechts,* vol. II: *das Rechtsgeschäft.* 4ª ed., Berlin: Springer-Verlag, 1992.

FLUME, Werner. *Der Wegfall der Bereicherung.* In: Studien zur Lehre von der ungerechtfertigten Bereicherung, org. Wolfgang Ernst, Tübingen: Mohr Siebeck, 2003.

FLUME, Werner. *Die Unterschiedlichkeit des römischen Kondiktionsrecht und des modernen Bereicherungsrechts am Beispiel des Wegfalls der Bereicherung.* In: Studien zur Lehre von der ungerechtfertigten Bereicherung, org. Wolfgang Ernst, Tübingen: Mohr Siebeck, 2003.

FORGIONI, Paula A. *Contrato de distribuição.* 3ª ed., São Paulo: Revista dos Tribunais, 2014.

GALLO, Paolo. *Arricchimento senza causa e quasi contratti.* 2ª ed., Turim: Utet Giuridica, 2008.

GOMES, Júlio Manuel Vieira. *O conceito de enriquecimento, o enriquecimento forçado e os vários paradigmas do enriquecimento sem causa.* Porto: Universidade Católica Portuguesa, 1998.

GOMES, Orlando. *Obrigações.* 12ª ed. atual. por Humberto Theodoro Júnior, Rio de Janeiro: Forense, 1999.

GREGOR, Stephan. *Das Bereicherungsverbot.* Tübingen: Mohr Siebeck, 2012.

GRIGOLEIT, Hans-Christoph. *Die Leistungszweckbestimmung zwischen Erfüllung und Bereicherungsausgleich.* In: Perspektiven des Privatrechts am Anfang des 21. Jahrhunderts: Festschrift für Dieter Medicus zum 80. Geburtstag. Colônia: Carl Heymanns Verlag, 2009.

GRIGOLEIT, Hans Christoph; AUER, Marietta. *Schuldrecht III: Bereicherungsrecht.* 2ª ed., Munique: C.H.Beck, 2016.

HÄHNCHEN, Susanne. *Die Causa Condictionis.* Berlim: Duncker & Humblot, 2003.

HERRLER, Sebastian. *Palandt BGB.* 78ª ed., Munique: C.H.Beck, 2019.

HILDEBRAND, Lucas Fajardo Nunes. *Pressupostos da obrigação de restituir o enriquecimento sem causa no Código Civil brasileiro.* Dissertação de mestrado, São Paulo, Universidade de São Paulo, 2010.

JOHNSTON, David; ZIMMERMANN, Reinhard. *Unjustified enrichment: surveying the landscape.* In: The comparative law of unjustified enrichment, Cambridge: Cambridge University Press, 2004.

JUNQUEIRA DE AZEVEDO, Antonio. *Contrato de opção de venda (put option) de ações. Conflito entre o critério de determinação do valor das ações e o piso mínimo estipulado para transferência. Interpretação do conceito de preço justo. A boa-fé e os usos, visando evitar o enriquecimento sem causa.* In: Novos estudos e pareceres de direito privado, São Paulo: Saraiva, 2009.

JUNQUEIRA DE AZEVEDO, Antonio. *Negócio jurídico e declaração negocial.* Tese, Universidade de São Paulo, 1986.

JUNQUEIRA DE AZEVEDO, Antonio. *Negócio jurídico: existência, validade e eficácia.* 4ª ed., São Paulo: Saraiva, 2008.

KASER, Max. *Das römische Privatrecht,* vol. I. 2ª ed., Munique: C.H.Beck, 1971.

KASER, Max. *Das römische Privatrecht,* vol. II. 2ª ed., Munique: C.H. Beck, 1975.

KASER, Max; HACKL, Karl. *Das römische Zivilprozessrecht.* 2ª ed., Munique: C.H. Beck, 1996.

KASER, Max; KNÜTEL, Rolf. *Römisches Privatrecht.* 20ª ed., Munique: C.H.Beck, 2014.

KÖHLER, Helmut. *BGB Allgemeiner Teil.* 41ª ed., Munique: C.H.Beck, 2017.

KONDER, Carlos Nelson. *Enriquecimento sem causa e pagamento indevido.* In: Obrigações: estudos na perspectiva civil-constitucional, coord. Gustavo Tepedino, Rio de Janeiro: Renovar, 2005.

KOZIOL, Helmut; WELSER, Rudolf. *Grundriss des bürgerlichen Rechts,* vol. II. 13ª ed., Viena: Manz, 2007.

KUPISCH, Berthold. *Die Versionsklage.* Heidelberg: Carl Winter Universitätsverlag, 1965.

KUPISCH, Berthold. *Ungerechtfertigte Bereicherung.* Heidelberg: R.v. Decker & C.F. Müller, 1987.

KUPISCH, Berthold. *Zum Rechtsgrund,* NJW 1985, 2370.

LAMEGO, José. *Elementos de metodologia jurídica.* Coimbra: Almedina, 2016.

LARENZ, Karl. *Methodenlehre der Rechtswissenschaft.* 6ª ed., Berlim: Springer-Verlag, 1991.

LARENZ, Karl; CANARIS, Claus-Wilhelm. *Lehrbuch des Schulrechts,* vol. II/2. 13ª ed., Munique: C.H.Beck, 1994.

LORENZ, Stephan. *Staudinger BGB: §§ 812-822 Ungerechtfertigte Bereicherung.* Berlim: De Gruyter, 2007.

DE LUCCA, Newton. *Comentários ao novo Código Civil,* vol. XII. Coord. Sálvio de Figueiredo Teixeira, Rio de Janeiro: Forense, 2003.

MALAURIE, Philippe; AYNES, Laurent; STOFFEL-MUNCK, Philippe. *Droit des obligations.* 9ª ed., Issy-les-Moulineaux: LGDJ, 2017.

MALUF, Carlos Alberto Dabus. *Pagamento indevido e enriquecimento sem causa.* In: Revista da Faculdade de Direito da Universidade de São Paulo, vol. 93, pp. 115-132, 1998.

MARCHI, Eduardo C. Silveira et al. (org). *Digesto ou Pandectas do imperador Justiniano,* vol. III. Tradução de Manoel da Cunha Lopes Vasconcellos (Conselheiro Vasconcellos). São Paulo: YK Editora, 2018.

MARINO, Francisco Paulo de Crescenzo. *Interpretação do negócio jurídico*. São Paulo: Saraiva, 2011.

MARTINS-COSTA, Judith. *A boa-fé no direito privado: critérios para a sua aplicação*. 2ª ed., Saraiva: São Paulo, 2018.

MARTINS-COSTA, Judith. *Comentários ao novo Código Civil*, vol. V, tomo I. 2ª ed., coord. Sálvio de Figueiredo Teixeira, Rio de Janeiro: Forense, 2005.

MARTINS-COSTA, Judith. *Comentários ao novo Código Civil*, vol. V, tomo II. 2ª ed., Coord. Sálvio de Figueiredo Teixeira, Rio de Janeiro: Forense, 2009.

MARTINS-COSTA, Judith. *O árbitro e o cálculo do montante da indenização*. In: *20 anos da lei de arbitragem*, coord. Carlos Alberto Carmona, Selma Ferreira Lemes, Pedro Batista Martins, São Paulo: Atlas, 2017.

MARTINS-COSTA, Judith; HAICAL, Gustavo. *Direito restituitório. Pagamento indevido e enriquecimento sem causa. Erro invalidante e erro elemento do pagamento indevido. Prescrição. Interrupção e* dies a quo. In: Revista dos Tribunais, vol. 956/2015, junho/2015, pp. 257-295.

MEDICUS, Dieter. *Gesetzliche Schuldverhältnisse*. 5ª ed., Munique: C.H.Beck, 2007.

MEDICUS, Dieter; Lorenz, Stephan. *Schuldrecht*, vol. II: *Besonderer Teil*. 18ª ed., Munique: C.H.Beck, 2018.

MELO, Diogo Leonardo Machado de. *Comentários ao Código Civil: Direito privado contemporâneo*. Coord. Giovanni Ettore Nanni, São Paulo: Saraiva, 2019.

MENEZES CORDEIRO, António. *Tratado de direito civil português*, vol. II: *Direito das obrigações*, tomo III. Coimbra: Almedina, 2010.

MENEZES LEITÃO, Luís Manuel Teles de. *O enriquecimento sem causa no direito civil*. Coimbra: Almedina, 2005.

MENEZES LEITÃO, Luís Manuel Teles de. *O enriquecimento sem causa no novo Código Civil brasileiro*. In: R. CEJ. Brasília, n. 25, pp. 24-33, abr./jun. 2004.

MENKE, Fabiano. *Comentários ao Código Civil: Direito privado contemporâneo*. Coord. Giovanni Ettore Nanni, São Paulo: Saraiva, 2019.

MICHELON JR., Cláudio. *Direito restituitório: Enriquecimento sem causa, pagamento indevido e gestão de negócios*. In: Biblioteca de direito civil, vol. 8, coord. Miguel Reale e Judith Martins-Costa, São Paulo: Revista dos Tribunais, 2007.

MICHELON JR., Cláudio. *O enriquecimento sem causa no Código Civil brasileiro*. In: *Obrigações*. Renan Lotufo, Giovanni Ettore Nanni (coord.), São Paulo: Atlas, 2011.

MORAES, Bernardo B. Queiroz de. *Manual de introdução ao Digesto*. São Paulo: YK Editora, 2017.

MORAES, Renato Duarte Franco de. *Enriquecimento sem causa e o enriquecimento por intervenção*. São Paulo: Almedina, 2021.

MOTA PINTO, Paulo. *Interesse contratual negativo e interesse contratual positivo*, vol. I. Coimbra: Coimbra Editora, 2008.

NANNI, Giovanni Ettore. *Enriquecimento sem causa*. 3ª ed., São Paulo: Saraiva, 2012.

NASCIMENTO, Fábio Calheiros do. *Pagamento indevido*. São Paulo: Almedina, 2019.

NEGREIROS, Teresa. *Enriquecimento sem causa: aspectos de sua aplicação no Brasil como um princípio geral de direito*. In: Revista da Ordem dos Advogados, Lisboa, vol. 55, n. 3, dez., 1995.

NEVES, Julio Gonzaga Andrade. *A prescrição no direito civil brasileiro: natureza jurídica e eficácia*. Tese, São Paulo, Universidade de São Paulo, 2019.

NONATO, Orosimbo. *Curso de obrigações*, 2ª Parte, vol. II. Rio de Janeiro: Forense, 1960.

NORONHA, Fernando. *Direito das obrigações*, vol. 1. São Paulo: Saraiva, 2003.

NORONHA, Fernando. *Enriquecimento sem causa*. In: Doutrinas essenciais Obrigações e Contratos, vol. 1, junho/2011, pp. 1085-1122.

OERTMANN, Paul. *Bereicherungsansprüche bei nichtigen Geschäften*. In: Deutsche Juristen-Zeitung, Nr. 21/22, Ano 20, 1915.

OERTMANN, Paul. *Bürgerliches Gesetzbuch*, vol. II: *Recht der Schuldverhältnisse*. 5ª ed., Berlim: Carl Heymanns Verlag, 1929.

PAES, Pedro. *Introdução ao estudo do enriquecimento sem causa*. Tese. Faculdade de Direito da Universidade de São Paulo, 1975.

PAIS DE VASCONCELOS, Pedro. *Contratos atípicos*. 2ª ed., Coimbra: Almedina, 2009.

PAULIN, Luiz Alfredo. *Adiantamento para futuro aumento de capital em face do art. 34, iv, da lei bancária*. In: Revista dos Tribunais, vol. 718/1995, agosto/1995, pp. 22-28.

PENTEADO, Luciano de Camargo. *Doação com encargo e causa contratual*. 2ª ed., São Paulo: Revista dos Tribunais, 2013.

PEREIRA, Alexandre Libório Dias. *Denúncia e indemnização de clientela nos contratos de distribuição: resenha de jurisprudência recente do STJ*. In: Boletim de ciências económicas, vol. LVII, tomo III, Faculdade de Direito da Universidade de Coimbra, 2014.

PEREIRA, Caio Mário da Silva. *Instituições de direito civil*, vol. II. 24ª ed. atual. por Guilherme Calmon Nogueira da Gama, Rio de Janeiro: Forense, 2010.

PEREIRA, Caio Mário da Silva. *Instituições de direito civil*, vol. III. 24ª ed. atual. por Caitlin Mulholland, Rio de Janeiro: Forense, 2020.

PEREIRA, Caio Mário da Silva. *Obrigações e contratos: pareceres*. Leonardo de Campos Melo, Ricardo Loretti Henrici, Cristiane da Silva Pereira Motta (org.), Rio de Janeiro: Forense, 2011.

PEREIRA COELHO, Francisco Manuel. *O enriquecimento e o dano*. Reimp., Coimbra: Almedina, 1999.

PINTO MONTEIRO, António. *Contrato de agência*. 7ª ed., Coimbra: Almedina, 2010.

PINTO MONTEIRO, António. *Contratos de distribuição comercial.* Coimbra: Almedina, 2009.

PINTO MONTEIRO, António. *Dívidas de valor e restituição do preço em caso de invalidade ou de resolução do contrato.* In: Estudos em homenagem ao Prof. Doutor José Joaquim Gomes Canotilho, vol. I, Coimbra: Coimbra Editora, 2012.

PONTES DE MIRANDA, Francisco Cavalcanti. *Einleitung.* In: Karl Heinsheimer (org.), Zivilgesetze der Gegenwart, vol. III: Brasilien Código Civil, Manheim: Bensheimer Verlag, 1928.

PONTES DE MIRANDA, Francisco Cavalcanti. *Fontes e evolução do direito civil brasileiro.* 2ª ed., Rio de Janeiro: Forense, 1981.

PONTES DE MIRANDA, Francisco Cavalcanti. *Tratado de direito privado,* tomo III. 3ª ed., Rio de Janeiro: Borsoi, 1970.

PONTES DE MIRANDA, Francisco Cavalcanti. *Tratado de direito privado,* tomo IV. 4ª ed., São Paulo: Revista dos Tribunais, 1983.

PONTES DE MIRANDA, Francisco Cavalcanti. *Tratado de direito privado,* tomo XXVI. 3ª ed., São Paulo: Revista dos Tribunais, 1984.

RODRIGUES JUNIOR, Otavio Luiz. *Direito civil contemporâneo: estatuto epistemológico, Constituição e direitos fundamentais.* Rio de Janeiro: Forense, 2019.

RODRIGUES, Silvio. *Direito civil,* vl. 3. 28ª ed., São Paulo: Saraiva, 2002.

ROSENVALD, Nelson. *Cláusula penal.* 2ª ed., Indaiatuba: Editora Foco, 2020.

SACCO, Rodolfo. *L'arricchimento ottenuto mediante fatto ingiusto: contributo alla teoria della responsabilità estracontrattuale.* Turim: Unione Tipografico-Editrice Torinense, 1959.

SAVI, Sérgio. *Reponsabilidade civil e enriquecimento sem causa: o lucro da intervenção.* São Paulo: Atlas, 2012.

von SAVIGNY, Friedrich Carl. *System des heutigen Römischen Rechts,* vol. III. Berlim: Veit und Comp., 1840.

von SAVIGNY, Friedrich Carl. *System des heutigen Römischen Rechts,* vol. V. Berlim: Veit und Comp., 1841.

SCHÄFER, Frank. *Historisch-kritischer Kommentar zum BGB,* vol. III, t. II. Tübingen: Mohr Siebeck, 2013.

SCHLECHTRIEM, Peter. *Restitution und Bereicherungsausgleich in Europa,* vol. I. Tübingen: Mohr Siebeck, 2000.

SCHLECHTRIEM, Peter. *Restitution und Bereicherungsausgleich in Europa,* vol. II. Tübingen: Mohr Siebeck, 2001.

SCHMIDT, Jan Peter. *Zivilrechtskodifikation in Brasilien.* Tübingen: Mohr Siebeck, 2009.

SCHULZ, Fritz. *System der Rechte auf den Eingriffserwerb.* In: Archiv für die civilistische Praxis, n. 105, 1909.

SCHWAB, Martin. *Münchener Kommentar zum BGB*, vol. VI. 6ª ed., Munique: C.H.Beck, 2013.

SCHWARZ, Fritz. *Die Grundlage der condictio im klassischen römischen Recht*. Münster: Böhlau, 1952.

SILVA, Rodrigo da Guia. *Enriquecimento sem causa: as obrigações restitutórias no direito civil*. São Paulo: Revista dos Tribunais, 2018.

SIRENA, Pietro. *La sussidiarietà dell'azione generale di arricchimento senza causa*. In: Rivista di diritto civile, ano LXIV, n. 2, mar/abr. 2018.

SPRAU, Hartwig. *Palandt BGB*. 78ª ed., Munique: C.H.Beck, 2019.

TARTUCE, Flávio. *Direito civil*, vol. 2. 14ª ed. Rio de Janeiro: Forense, 2019.

TEPEDINO, Gustavo; BARBOZA, Heloisa Helena; BODIN DE MORAES, Maria Celina. *Código civil interpretado conforme a Constituição da República*, vol. II. 2ª ed., Rio de Janeiro: Renovar, 2012.

TEPEDINO, Gustavo. *Correção monetária em contrato de empreitada a preço global no regime turnkey*. In: Soluções Práticas, vol. 2, novembro/2011, pp. 321-336.

TEPEDINO, Gustavo; SCHREIBER, Anderson. *Fundamentos do direito civil*, vol. 2: *obrigações*. 2ª ed., Rio de Janeiro: Forense, 2021.

TEPEDINO, Gustavo; TERRA, Aline de Miranda Valverde; GUEDES, Gisela Sampaio da Cruz. *Fundamentos do direito civil*, vol. 4: *responsabilidade civil*. 2ª ed., Rio de Janeiro: Forense, 2021.

TERRA, Aline de Miranda Valverde; GUEDES, Gisela Sampaio da Cruz. *Considerações acerca da exclusão do lucro ilícito do patrimônio do agente ofensor*. In: Revista da Faculdade de Direito da UERJ, n. 28, Rio de Janeiro, 2015.

THEODORO JUNIOR, Humberto. *Comentários ao novo código civil*, vol. III, tomo I. Coord. Sálvio de Figueiredo Teixeira, Rio de Janeiro: Forense, 2003.

THUME, Karl-Heinz. *Röhricht/Graf von Westphalen/Haas HGB Kommentar*. 5ª ed., Colônia: Otto Schmidt, 2019.

TRIMARCHI, Pietro. *L'arricchimento senza causa*. Milão: Giuffrè, 1962.

von TUHR, Andreas. *Zur Lehre von der ungerechtfertigten Bereicherung*. In: Aus Römischen und Bürgerlichen Recht: Festschrift für Bekker, Weimar: Hof-Buchdr., 1907.

von TUHR, Andreas. *Der Allgemeine Teil des Deutschen bürgerlichen* Rechts, vol. II, tomo I. Munique: Duncker & Humblot, 1914.

VALLE FERREIRA, José G. do. *Enriquecimento sem causa*. Belo Horizonte: Livraria Oscar Nicolai, 1950.

VENOSA, Sílvio de Salvo. *Direito civil*, vol. II. 13ª ed., São Paulo: Atlas, 2013.

VICENTE, Dário Moura. *Direito comparado*, vol. II: *Obrigações*. Coimbra: Almedina, 2017.

VILLELA, João Baptista. *Equilíbrio do contrato: os números e a vontade.* In: Revista dos Tribunais, n.º 900, out/2010.

WALD, Arnoldo. *Reforma da justiça e correção monetária.* In: Revista de informação legislativa, vol. 14, n. 56, out-dez/1977.

WILBURG, Walter. *Die Lehre von der ungerechtfertigten Bereicherung nach österreichischem und deutschem Recht: Kritik und Aufbau.* Graz: Leuschner & Lubensky, 1934.

WILBURG, Walter. *Zusammenspiel der Kräfte im Aufbau des Schuldrechts.* In: Archiv für die civilistische Praxis, n. 163, 1963.

WINDSCHEID, Bernhard. *Lehrbuch des Pandektenrechts,* vol. II. 8ª ed. atual. por Theodor Kipp, Frankfurt am Main: Rütten & Loening, 1900.

WOLF, Manfred; NEUNER, Jörg. *Allgemeiner Teil des bürgerlichen Rechts.* 10ª ed., Munique: C.H.Beck, 2012.

ZANETTI, Cristiano de Sousa. *Comentários ao Código Civil: Direito privado contemporâneo.* Coord. Giovanni Ettore Nanni, São Paulo: Saraiva, 2019.

ZANETTI, Cristiano de Sousa. *Direito contratual contemporâneo: a liberdade contratual e sua fragmentação.* São Paulo: Método, 2008.

ZANETTI, Cristiano de Sousa. *Responsabilidade pela ruptura das negociações.* São Paulo: Editora Juarez de Oliveira, 2005.

von ZEILLER, Franz. *Commentar über das Allgemeine Bürgerliche Gesetzbuch für die gesammten deutschen Erbländer der Oesterreichischen Monarchie,* vol. IV. Viena: Geistinger, 1813.

ZIMMERMANN, Reinhard. *Bereicherungsrecht in Europa: eine Einführung.* In: Grundstrukturen eines Europäischen Bereicherungsrechts. Tübingen: Mohr Siebeck, 2003.

ZIMMERMANN, Reinhard. *The law of obligations: Roman foundations of the civilian tradition.* Oxford: Oxford University Press, 1996.